주식 투자
생존 전략

주식 투자 생존 전략

초판 1쇄 인쇄 2023년 2월 14일
초판 1쇄 발행 2023년 2월 24일

지은이 한지영
펴낸이 고영성

책임편집 윤충희 편집 이지은 디자인 이화연

펴낸곳 주식회사 상상스퀘어
출판등록 2021년 4월 29일 제2021-000079호
주소 경기도 성남시 분당구 성남대로 52, 그랜드프라자 604호
전화 070-8666-3322
팩스 02-6499-3031
이메일 publication@sangsangsquare.com
홈페이지 www.sangsangsquare.com

ISBN 979-11-92389-14-1 03320

예측할 수 없는 것을 예측하라

INVESTMENT STRATEGY

주식

투자

한지영 지음

생존 전략

상상스퀘어

2022년 주식 시장을 회고해보면 두 가지 포인트가 보입니다. 첫 번째 포인트는 비정상적인 하락률로, 2022년 6월의 하락률이 무려 13.2%에 이릅니다. 외환위기 이후 13번째로 큰 하락인데, 우리 기업들의 체력을 감안하면 너무 심각한 패닉이었다는 생각이 듭니다.

두 번째 포인트는 주도주의 몰락입니다. BBIG(배터리, 바이오, 인터넷, 게임)로 통칭되던 2020년 코로나 팬데믹 때 가장 인기 있던 기업의 주가가 속절없이 빠졌습니다. 이 가운데 배터리 업종만이 버티는 듯했습니다만, 2022년 말의 패닉 국면에는 힘을 잃어버리는 모습을 보였습니다.

왜 이런 일이 벌어졌을까요?

여러 이유가 있겠지만 핵심 원인은 '수출 부진'이었다 봅니다. 2022년 봄을 고비로 한국 수출 증가율이 빠르게 둔화되고, 심지어 마이너스 증가율을 기록하면서 기업실적 전망이 악화되었죠. 2022년 하반기의 반도체 주식 폭락 사태는 참으로 견디기 힘든 고통이었습니다. 특히 실적 전망의 악화 속에 외국인 투자자들이 대거 주식을 매도하며 주식 가격의 하락 폭을 더욱 키웠습니다.

이에 못지않게 중요한 요인은 레버리지 투자의 청산이었습니다. 레버리지 투자란, 돈을 빌려 투자하는 것을 의미합니다. 주식 1억 원을 보유한 이가 금융기관에 가서 주식 담보대출 2억 원을 활용해 투자한다면, 그의 투자 규모는 3억 원으로 불어납니다. 만일 주가가 30% 오르면, 그의 투자 금액은 3억 9천만 원으로 불어나며 원금 대비 투자 수익이 무려 90%에 이를 것입니다. 그러나 주가가 빠지는 순간, 그의 투자는 재앙으로 변합니다. 30% 하락하는 순간, 손실 금액이 9천만 원에 이를 테니 말입니다.

이 지경이 되면 금융회사가 그에게 "추가적인 담보를 넣지 않으면, 내일 반대매매를 할 수밖에 없다."라고 통보할 것입니다. 즉, 2억 원을 회수하기 위해 그의 계좌에 있는 모든 주식을 시장가격으로 팔아 치우겠다는 뜻이죠. 이 과정에서 주식 가격이 폭락할 가능성이 높으며, 이 소식이 주변에 알려지는 순간 '저가 매수'를 계획하던 이들도 매수를 꺼릴 것입니다. 조금만 더 시간이 지나면 주식 가격이 더 떨어질 텐데, 굳이 비싼 값에 살 이유가 없기 때문이죠.

2022년에 대한 회고만으로도 벌써 '한국에서의 주식 투자'가 쉬운 일이 아니라는 것을 느낄 수 있습니다. 수출 경기도 봐야 하고, 미수나 신용융자 등 레버리지 투자의 흐름도 점검할 필요가 있죠. 이 정도의 지표도 챙기기 어렵다면, 저는 굳이 한국에서 주식 투자를 할 이유가 없다고 봅니다. 주주들에게 배당이나 자사주 매입 소각 같은 보상이 제대로 이뤄지지 않은 데다, 수시로 패닉 장세가 출현하는 곳이니 말입니다. 상황이 이럼에도 한국 주식에 투자하겠다는 마음을 먹은 분들에게 이 책은 큰 도움이 되리라 생각합니다. 주식 시장이 지금 어떤 국면에 있는지 판단하는 데 도움이 되는 지표들을 눈에 쏙쏙 들어오는 그림과 함께 친절하게 소개하니 말입니다. 물론 이 책 한 권 읽는다고 주식 투자의 달인이 되는 것은 아니겠지만, 달인의 길로 가는 소중한 디딤돌 역할은 하리라 생각됩니다.

홍춘욱 박사 · 이코노미스트

2022년 주식 시장 폭락 경험은 매크로 변수를 이해하는 것이 우리의 주식 계좌를 지키는 데 얼마나 중요한지를 깨닫게 했다. 이 책에서는 주식 시장의 흐름을 결정함에도, 사람들이 놓치기 쉬운 매크로 변수를 간결하게 담아냈다. 또한 많은 경험과 사례 분석을 토대로 제시하는 투자 원칙은 반드시 기억해둘 필요가 있다. 운에 휩쓸리는 그저 그런 개미에서 벗어나 진정한 투자자로 거듭나고자 하는 이들에게 반드시 읽어보기를 권한다.

윤영교 · KDB 산업은행 미래전략개발부 글로벌 경제팀 투자의 긴 역사를 보았을 때, 어떤 시대는 확신에 찬 동질화의 시대였고 어떤 시대는 의심이 팽배한 차별화의 시대였다. 동질화 시대의 투자는 눈 덮인 들판 위 앞서간 발자국을 따라가는 것만으로도 성공적인 성과를 거둘 때가 있다. 반면 차별화 시대의 투자는 녹아내린 눈 사이로 보이는 이정표를 찾으며 가야 하는 일이다. 그렇기에 이정표의 깃대가 견고하고 높을수록 눈이 녹기 시작했을 때 누구보다 먼저, 스스로 확신할 수 있는 정확한 방향을 가늠할 수가 있다. 이 책은 투자자들이 자신만의 투자 이정표를 꽂을 수 있도록 만드는 데 유용한 가이드라인을 제공한다.

최민아 · 미래에셋자산운용 투자풀 운용 부문

한지영

키움증권 리서치센터에서 투자 전략 애널리스트로 일하고 있다. 2018~2022년 한국경제 베스트 애널리스트 시황 부문, 2019~2022년 매일경제 베스트 애널리스트 시황 부문에 이름을 올렸으며, 가장 최근인 2022년에는 한국경제와 매일경제 베스트 애널리스트 시황 부문에서 모두 3위에 선정됐다. 〈머니맵〉, 〈삼프로TV〉, 〈815머니톡〉 등 경제 및 투자 유튜브 채널과 〈통합뉴스룸 ET〉, 〈SBS Biz〉, 〈한국경제 TV〉 등 다수의 채널에도 출연하고 있다. 번역한 책으로 《절대로! 배당은 거짓말하지 않는다》(리딩리더, 2013), 《밀레니얼머니》(새로운제안, 2017), 《소음과 투자》(에프엔미디어, 2022)가 있으며, 〈주간동아〉에 정기적으로 경제 및 투자 관련 칼럼을 기고하고 있다.

버티면 이긴다. 장기적인 투자 성공을 위해 투자자들이 가져야 하는 핵심 덕목이 아닌가 싶다. 2020년 3월 코로나 팬데믹 당시 주식 시장이 폭락하던 중에도 수많은 투자자는 마음속으로 이 말을 새기고 있었고, 인내의 열매를 맛보기도 했다. 그해 대부분 국가의 주식 시장은 저점 대비 100% 이상 폭등하면서 전례 없는 초강세장을 연출했다. 이윽고 2021년 코스피는 3,000pt 선을 넘어서기도 했으며, 급기야 4,000pt 선이라는 미지의 영역에 도달할 수 있다는 흥분과 환희에 가득 찼다. 중간중간 주가가 조정을 받기도 하고 위아래로 변동성이 극심하게 나타나기도 했지만 그래도 늘 그래왔듯이 버티면 이길 것이라고 생각했다. 예전부터 주식 투자를 해왔던 경험 많은 투자자들도, 2020년 동학개미운동이라는 일반인들의 주식 투자 열풍에 편승해 처음으로 투자에 나섰던 초보들도, 너 나 할 것 없이 버티면 코스피는 계속 상승할 것이고 부의 증식은 시간 문제라는 인식이 사회 전반적으로 만연했다.

수년간 투자전략 애널리스트로 일했고 개인적인 투자 경험까지 하면 15년 이상 주식 시장을 지켜봤던 나도 주식 시장의 본질을 정확히 설명하기는 어렵다. 확실히 말할 수 있는 것은 주식 시장이 그렇게 만만한 곳이 아니라는 점이다. 미국의 유명한 투자가 켄 피셔Kenneth Fisher가 이야기한 것처럼 주식 시장은 모욕의 달인이자 농락의 전문가다. 버티면 이긴다는 투자 전략은 2020년 이후 시중에 돈이 흘러넘치는 장세에서는 충분히 먹혔다. 하지만 그로부터 약 2년 넘는 시간이 지난 지금의 결과를 보자. 2022년 12월 30일, 주식 시장은 2년 전의 기대나 마음가짐과 달리 정반대의 상황이 됐다. 3,300pt 선까지 갔던 코스피는 1,000pt가 넘게 빠졌고 2022년 한해만 놓고 보면 연간 20% 이상 급락하는 역대급 약세장을 기록했다. 처참한 결과다.

그림 1(상)의 1982년 이후 코스피의 연간 등락률을 살펴보면, 한국 주식 시장은 1980년대~2000년대까지는 고도의 산업경기, 주식 시장의 불완전성(제도적 장치 미비 등), IMF 및 금융위기와 같은 시스템 리스크 등으로 인해 연간 등락률이 큰 폭으로 변동했지만, 2010년대 이후부터는 상대적으로 안정적인 주가 흐름을 연출했다. 하지만 2022년의 성과를 보면 지난 금융위기(-41%) 이후 가장 최악의 한 해를 보냈다. 그림 1(하)처럼 월간 단위로 보면 상황은 더욱 심각했다. 2022년 1월(-10%), 6월(-13%), 9월(-12%)에는 10%대 급락을 기록했다(12월에는

-9.5%로 등락률이 -10%대에 근접했다). 국내 증시 역사상 월간 10% 넘게 하락한 적은 IMF(-27%, 1997년 10월), 리먼 사태(-23%, 2008년 10월), 닷컴 버블 붕괴(-16%, 2000년 10월), 카드 대란(-13%, 2002년 12월) 등 한국 경제를 초토

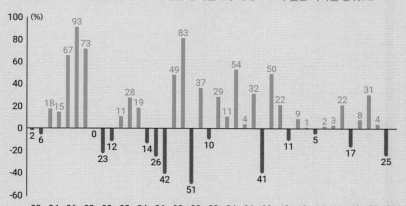

그림1 1982~2022년까지 코스피 연간 등락률(상), 역대 코스피 월간 하락률 상위(하)

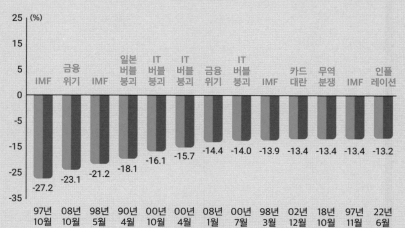

자료: 거래소

화시키는 사건이나 전 세계적인 신용 위기 상황에서 발생했다. 전 세계 주식 시장을 순식간에 패닉 상태로 만들었던 팬데믹 당시에도 월간 하락률은 10%대 초반에 그쳤으니 2022년 약세장의 충격은 수많은 투자자들에게 악몽 그 자체였다.

물론 1982년 이후 2022년까지 41년 동안 연간 플러스(+) 수익률을 기록했던 적이 27번이었던 반면, 연간 마이너스(-) 수익률을 기록했던 적이 14번이었으니, 장기적으로 주식을 보유하면 주식 계좌에 들어있는 돈은 불어나 있을 확률이 더 높다. 시중에 나와 있는 수많은 투자 서적이나 전문가의 인터뷰에서 공통적으로 장기 투자를 강조하는 것도 다 이유가 있다. 장기 투자의 중요성은 충분히 이해가 되는데, 대체 오늘날 주식 시장은 어디서부터 무엇이 잘못돼 나를 포함한 수많은 투자자를 손실이라는 재앙에 처하게 만들어 버린 것일까? 버티면 이기는 것이 아니라 버틸수록 지고 있는 형국이다. 2023년, 2024년 아니 그 이후에도 무슨 일이 벌어질지 모르는데 이대로 주식 투자를 계속하는 것이 맞는 것일지 회의감이 드는 사람도 많을 것이다. 절망에 빠져 있을 때 용기를 낼 수 있게 만드는 유대교 글귀인 "이 또한 지나가리라."를 가슴에 품고 버티면서 주식 시장에 남아 있을 자신감이 줄어드는 것은 어찌 보면 당연한 일일 것이다.

그렇다면 지금이라도 남은 계좌를 정리하고 주식 시장을 떠나야 할까? 지금 은행에서 금리도 높게 주는데 주식 시장에서 뺀 돈을 적금으로 옮기는 것이 맞지 않을까? 주식 시장에 몸을 담고 녹을 먹고 있는 애널리스트니까 그렇게 이야기한다는 비판을 무릅쓰고 과감히 이야기해보겠다. 주식 시장, 그곳에 계속 머물러 있길 바란다. 주식 시장은 오래 살아남는 자, 생존력이 강한 자가 이기는 곳이다. 그림 2에 나와 있는 코스피의 장기 차트뿐만 아니라, 미국, 유럽 등 대부분 주식 시장은 장기적으로 우상향하기 마련이다. 하지만 우상향하는 과정이 일직선에 45도 각도로 상승하는 것이 아니라 그 안에서 상승과 하락을 반복한다. 주식 시장은 강세장(상승장), 약세장(하락장), 박스권 등 여러 형태의 장세가 번갈아 출현하고, 이것이 하나의 사이클을 만든다. 강세장에서도 매일, 매주, 매달 주가가 상승하는 것 아니라 중간중간 조정이라는 형태의 주가 하락기가 존재한다. 이때의 주가 하락기는 깊고 심하지도 않은데, 마치 추진력을 얻기 위해 잠시 쉬어서 힘을 비축하는 것과 비슷하다. 약세장이 진행될 때도 중간 반등 랠리(베어마켓 랠리)가 나오기도 한다. 가장 이상적으로 투자 수익을 극대화할 수 있는 전략은 사이클 안의 작은 사이클에서 타이밍을 잡아 수시로 저점 매수와 고점 매도를 반복하는 전략, 즉 잔파도를 타는 방법이다. 하지만 현실적으로 이를 수행하기란 여간 어려운 일이 아니다. 장기적인 주가 움직임을 예측하는 일에 비하면 단기적인 움직임을 예측하는 것은 신의 영역에 가깝기 때문이다. 여기서 우리는 굳이 잔파도를 타지 않고 긴 시간을 두면서 크게 출렁이는 파도의 움직임만 포착하더라도, 즉 주가의 큰 사이클만 이해하더라도 주식 시장에서 생존 확률을 높일 수 있다.

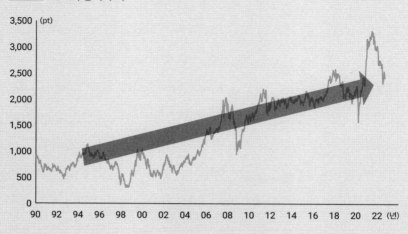

그림 2 코스피 장기 추이

이 책을 집어 든 독자 역시 주식 투자를 그만하기 위해서가 아니라 주식 투자를 하면서 좀 더 나은 수익을 거두는 방법을 알고 싶었을 것이라고 생각한다. 주식 계좌가 플러스이거나 마이너스이거나 수익에 상관없이 지금까지 버텨온 것만으로도 충분히 잘한 일이다. 그러니 앞으로도 계속 주식 시장에 남아서 버텨보자. 대신 이것 하나만 바꿔보자. 그저 버티면 이기는 것이 아니라 어떤 식으로 버티느냐가 성공의 관건이다. 왜 그래야 할까? 투자자 간 예측을 거래하는 과정에서 형성되는 것이 주가인데 문제는 주식 시장이 예측한 대로 흘러가지 않는 곳이기 때문이다. 오늘 내가 주식 시장을 예측하더라도 내일 혹은 미래의 어느 순간에 주식 시장을 둘러싼 환경이나 맥락이 바뀌면 예측의 효용성이 떨어진다. 과거에 주식 시장 상황을 예측해 맞췄던 유명한 전문가가 언론에 나와서 특정 사건이 주식 시장에 미치는 영향을 또다시 예측했다고 해보자. 그의 방송을 본 수많은 사람들이 그가 한 예측을 보고 자신의 투자 방법을 수정하게 되고, 그로 인해 그 예측은 무위로 돌아간다. 생각대로 되지 않는 곳, 다수의 예측대로 절대 흘러가지 않는 곳이 주식 시장이다. 하지만 이 지점에서 이야기하고 싶은 것이 있다. 예측 자체를 쓸모없는 것이라고 치부하지 말자는 것이다. 예측이 지닌 한계성을 인식하는 것만으로 충분하다. 그리고 그 한계성을 어떤 식으로 극복해 나갈지가 투자에 있어서 가장 중요한 일이라고 생각한다. 극복 방법에는 여러 가지가 있겠지만 먼저 예측을 수시로 업데이트해보자. 쉽게 말해, 다양한 투자 도구를 공부하면서 나만의 투자 도구 상자에 계속 추가해보는 것이다. 결국 어떤 식으로 버티느냐의 문제는 맨손, 맨몸을 넘어 어떤 도구를 다양하게 보유한 채로 버티는지의 문제로 귀결된다. 다양성을 강조하는 이유는 주식 시장에서 수익을 낼 수 있는 단 하나의 투자 전략 같은 것이 존재하지 않기 때문이다. 만약 그러한 전략이 존재한다면 다른 사람들도 너 나 할 것 없이 그 전략을 따라 하려 들 것이고 그 과정에 있어서 해당 전략의 유용성은 급격히 감소하기 마련이다. 복잡하게 생각할 것 없이 한 가지 투자 도구나 투자 이론만으로 주식 투자에 임하고 싶은 마음은 인지상정이지만, 주식 시장에서 생존 확률을 높이기 위해서는 불편함도 감수할 줄 알아야 한다.

영국의 유명 경제학자 존 메이너드 케인스John Maynard Keynes는 주식 시장을 미인대회라고 표현했다. 자신이 보기에 미인인 사람을 뽑는 것이 아니라 남들이 봤을 때 미인일 것 같은 사람을 뽑는 대회라는 것이다. 미의 기준은 국가마다 취향이 다르며 특정 시대상을 반영하기도 한다. 어떤 대회에서는 얼굴보다 스타일을 1순위로 두기도 하고, 모두의 예상을 깨고 의외의 인물이 우승하는 대회도 있기 마련이다. 또 누가 봐도 미인이라고 할 수 있는 후보자들이 몇 명 있다면, 이를 통해서 이번 미인대회의 방향성 혹은 미인이라는 기준의 장기적인 트렌드를 어느 정도 예측할 수 있다. 주식 시장에서도 마찬가지다. 챙겨봐야 할 것들이 수도 없이 많기는 하지만, 기업이나 국가의 주가, 실적, 경제 환경이 만들어내는 사이클을 예측하는 데 있어서 다양한 시기와 사건에 보편적으로 활용할 수 있는 유용한 지표들이 존재한다.

좀 더 현실적으로 이야기해서 한국 주식 시장에 투자하는 사람들에게 가장 중요한 지표에는 어떤 것이 있을까? 확률상 버텼을 때 수익을 낼 수 있는 타이밍을 제공하는 지표들이 있을까? 또 주식 시장이 위험하다는 신호를 미리 보내는 지표도 존재할까? 이 책은 그러한 의문점을 해소하는 데 도움을 준다.

예를 들어, 그림 3에 나오는 한국의 수출 지표가 그토록 중요한 이유는 한국 대표기업의 이익과 직결돼 있기 때문이다. 삼성전자, SK하이닉스, 현대차, 기아차, LG전자 등 이름만 들어도 아는 국내 유수의 초대형 시가총액 상위주들은 대부분 수출 업체라는 점을 상기해보면 된다. 이들 기업의 실적은 결국 해외에서 얼마나 장사를 잘하는지에 달려 있으므로 매월 발표되는 수출 결과가 중요한 셈이다. 한국 수출은 글로벌 투자자들도 많은 관심을 가지는 편이다. 한국 기업들이 해외로 제품이나 서비스를 수출한다는 것은 상대 교역 국가들의 제품이나 서비스의 수입을 의미한다. 한 국가의 수입은 곧 가계, 기업 등 실물경제주체들의 수요로 보면 된다. 이중 한국 수출에서 가장 높은 비중을 차지하는 국가는 전 세계 최대 국가인 중국과 미국이다. 2020년 말 기준으로 중국에 대한 수출 비중은 약 26%, 중국 시장에서 한국의 수출 점유율은 약 8.9%이며, 미국에 대한 수출 비중은 약 14%, 수출 점유율은 3.3%일 정도로 한국은 전 세계 수출 및 소비 경제에 있어서 중요한 위치를 차지하고 있다. 이렇듯 한국 수출은 전 세계 경제에 바로미터로 인식되는 가운데, 우리가 외국인 투자자라고 표현하는 글로벌 투자자들에게 한국 수출은 바로미터를 넘어서

그림 3　한국 수출 증감율과 코스피 영업 이익 전망치 증감율

자료: 한국은행, 블룸버그

전 세계 기업들의 이익 변화와 방향성을 미리 가늠해볼 수 있는 선행 지표 역할로 작용하는 경향이 있다. 2022년 들어서 한국 주식 시장이 연이은 하락장을 겪은 것도 연방준비제도의 긴축, 인플레이션 등 매크로 불확실성이 전 세계 수요와 한국 수출에 부정적인 영향을 가한 영향이 큰 것으로 보면 된다. 글로벌 기업들의 이익 전망이 취약해지고, 미국, 유럽 등 주요국 주식 시장 역시 부진한 흐름을 이어가고 있는 것도 마찬가지다. 그만큼 수출은 한국의 전반적인 실물 경제, 한국 주식 시장, 더 나아가 글로벌 경제와 주식 시장에서도 중요한 바로미터, 탄광 속 카나리아 역할을 한다.

또 그림 4에 나오는 미국의 ISM 제조업 PMI 지표는 한국 수출에

그림 4   미국 ISM 제조업 PMI 증감률과 한국 수출 증감률

자료: 블룸버그

6개월 정도 시차를 두고 선행하는 역할을 한다. 2021~2022년 중 두 자릿수 대의 고성장세를 이어갔던 한국의 수출 증가율이 올해 여름 이후 한 자릿수로 주저앉았고 내년에는 마이너스 증가율도 대비해야 한다는 목소리가 높아지는 것도 ISM 제조업 PMI 지표상 미국의 제조업 경기가 둔화되고 있는 영향이 크다. 이 같은 한국 수출 둔화는 삼성전자나 현대차 등 국내 대기업의 실적에 부정적인 충격을 가하고 있으며, 한국 증시의 취약한 흐름을 유발하고 있다. 따라서 한국 주식시장 반등의 키는 미국발 제조업 수요 변화 여부에 달려 있을 확률이 높다.

2022년 내내 인플레이션은 투자자들과 중앙은행, 정부를 모두 힘들게 했다. 정확한 궤적까지는 아니더라도 어느 정도 경로만 파악할 수 있으면 좋을 텐데 인플레이션을 예측하는 법은 없을까? 그림 5의 위쪽은 클리블랜드 연방준비은행의 인플레이션 나우 캐스팅이라고 부르는 지표를 나타낸 것으로 클리블랜드 연방준비은행에서 다양한 인플레이션 데이터(유가, 농산물, 각종 물가 지표 등)를 집계해 자체적으로 내놓은 인플레이션 예측치 지표다. 수시로 예측치를 업데이트하는 만큼 적중률이 생각보다 높은데, 소비자물가와 비교해보면 꽤 높은 적중률로 실제 인플레이션을 예측하고 있다. 이외에도 전통적으로 인플레이션을 예측할 때 유용한 지표는 그림 5의 아래쪽에 있는 국제유가다. 석유는 우리가 자동차를 타고 다닐 때 넣는 휘발유, 기업들이 공장을 가동하거나 원자재를 가공할 때 연료 및 재료로 사용되는 만

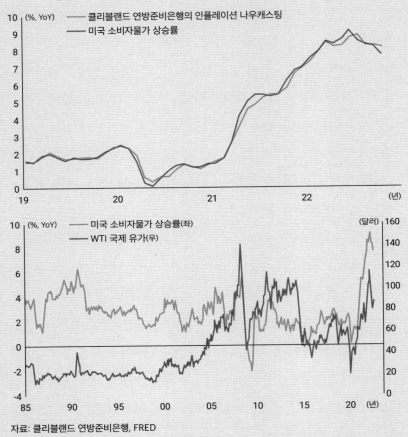

그림 5 클리블랜드 연방준비은행의 인플레이션 나우캐스팅과 미국 소비자물가 상승률(상), 미국 소비자물가 상승률과 WTI 국제 유가(하)

자료: 클리블랜드 연방준비은행, FRED

큼, 국제 유가는 전반적인 인플레이션에 미치는 영향이 큰 편이다. 다음 달 소비자 물가가 정확히 몇 %를 기록할 것이라고 예측해주는 마법의 수정 구슬은 존재하지 않지만, 이 책을 통해 전반적인 인플레이선 경로를 가늠하는 데 있어서 유용한 정보를 제공하는 지표들을 이야기해 나갈 것이다.

우리가 수익을 낼 확률이 높은 자리에 들어가서 버티기 위해서는 수출, ISM, 인플레이션 등 매크로 지표의 방향성을 체크하는 것도 중요하지만, 주식 시장의 변곡점을 만들어내는 이벤트도 알아 두는 것이 좋다. 삼성전자, 애플과 같은 유명 기업들의 실적이나 인플레이션 등으로 인해 지표나 데이터 자체에서 변곡점이 발생하기도 하지만 2022년만 놓고 보면 미국의 중앙은행인 연방준비제도의 통화정책회의(FOMC)가 변곡점을 많이 만들어냈다. 그림 6은 연방준비제도가 금리 변화 등 통화정책이 어떠한 메커니즘을 통해 실물 경제와 주식 시장에 영향을 미치는지를 나타낸 것이다. 연방준비제도가 FOMC에서 기준 금리를 결정하면, 단기 및 장기 금리에 변화가 생기면서 가계의 소비와 기업의 지출에 영향을 주게 된다. 이 같은 소비와 기업의 행동 변화는 결국 주식 시장에서도 주가 변화를 만들어 낸다. 2022년 주식 시장에서 수시로 출현한 급락에는 연방준비제도가 지대한 영향을 끼쳤다. 2022년 초, 연방준비제도가 드디어 금리 인상에 나설 것이라는 전망이 부각됨에 따라 증시는 한 차례 조정을 받았다. 어느 정도 조정을 받다 보니 많은 사람들이 "그래. 긴축하는 건 다들 알고 있었던 일이고, 그 타이밍이 좀 빨리 왔을 뿐이야. 연방준비제도에서 인플레이션도 일시적인 현상이라고 했으니 곧 긴축도 끝나겠지."라는 기대감을 품었다. 하지만 그 기대는 잠시, 일시적일 줄 알았던 인플레이션이

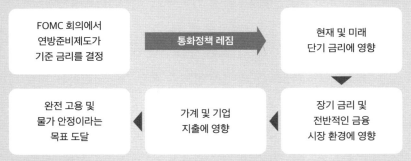

그림 6 연방준비제도 통화정책의 실물 경제 전달 메커니즘

FOMC 회의에서 연방준비제도가 기준 금리를 결정

통화정책 레짐

현재 및 미래 단기 금리에 영향

완전 고용 및 물가 안정이라는 목표 도달

가계 및 기업 지출에 영향

장기 금리 및 전반적인 금융 시장 환경에 영향

자료: 연방준비제도

더 이상 일시적이지 않다는 것을 알기까지는 얼마 걸리지 않았다. 연방준비제도도 자신들이 인플레이션 전망을 잘못했다고 시인했다. 이들은 자신들의 실수를 만회하기 위해 공격적으로 금리 인상을 단행하기 시작했고, 이들의 긴축 정책은 지금도 계속되고 있다. 하지만 수많은 주식 투자자들을 잠 못 이루게 만들었던 연방준비제도의 긴축 정책이 영원하지는 않을 것이다. 이들의 금리 인상은 언젠가 멈출 것이며, 그동안 공격적으로 진행됐던 긴축이 경제에 미치는 부정적인 충격으로부터 벗어나기 위해 어느 시점에서는 금리를 인하하는 완화 정책으로 들어갈 것이다. 그리고 이 책에서는 과연 연방준비제도가 언제쯤 정책을 선회하는지에 대한 단서를 제공할 것이다.

이처럼 주식 시장은 어떤 지표와 이벤트에 주목하면 주가의 방향성과 변곡점을 파악할 수 있도록 알려주지만, 이따금씩 위험 신호를 보내기도 한다. '지금 분위기가 좋지 않아. 조심해!'라고 말이다. 한국 주식 시장에 투자하는 사람들이 수시로 체크해봐야 하는 위험 신호 지표는 빚을 내서 투자하는 레버리지 행위를 의미하는 신용매매 관련 지표다. 그림 7은 코스피와 코스닥의 신용융자 잔고로 주식 시장이 상승할 때는 신용잔고 금액이 늘어나며, 주식 시장이 하락할 때는 신용잔고 금액이 감소하는 경향이 짙다. 주식 시장이 향후 상승할 것이라는 분위기가 지배적이라고 가정해보자. 상승이 예상되는 상황 속에서 내 투자 수익을 극대화하려면 모아 놓았던 저축의 일부를 꺼내 종잣돈을 늘려서 투자 금액을 키우는 것이 첫 번째 방법일 것이다. 만약 종잣돈이 부족하다면 빚을 내서 투자한 뒤 수익을 실현해 빚을 갚고 남은 수익을 내 돈으로 가져가면 된다. 후자의 경우가 바로 신용잔고매매(이하 신용매매)의 특성이다. 반대로 주식 시장의 하락할 것이라는 분위기가 지배적이며 스스로도 하락에 베팅하기로 마음먹었다면, 평가 손익 발생 여부를 떠나 먼저 빚을 내서 들어간 주식 포지션을 정리하는 것이 앞날의 시장에 대응하는 데 유리할 것이다. 신용매매가 가진 특성으로 인해 강세장, 혹은 상승장에서는 레버리지 자금 유입이 증시의 상승 탄력을 강화시키기도 하지만, 약세장 혹은 조정장에서는 레버리지가 시장의 추가 하락을 부추기는 악재가 된다. 신용잔고는 주식 시장의 과열 혹은 냉각 여부를 판별할 때 도움이 되는 지표다. 신용잔고가 단기간에 급증하면, 빚내서 주식 투자하는 사람이 늘어나고 있다는 것으로 볼 수 있으며 이는 주식 시장의 과열 신호로 간주하곤 한다. 반대로 신용잔고가 단기간에 급감하면, 빚

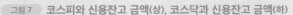

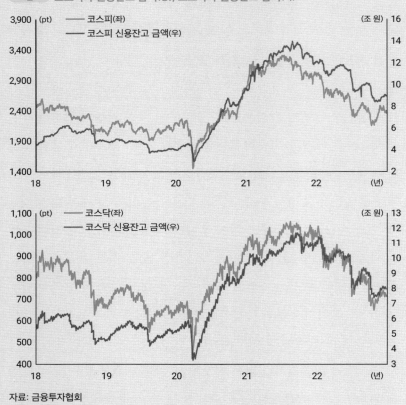

그림 7 코스피와 신용잔고 금액(상), 코스닥과 신용잔고 금액(하)

자료: 금융투자협회

내서 주식 투자한 사람이 빚낸 포지션을 청선하거나 반대매매라는 강제 청산을 당하고 있는 것으로 볼 수 있으며, 주식 시장이 냉각되고 있다는 신호일 것이다.

지금까지 이야기한 내용을 토대로 이 책의 핵심을 요약해보자면 이렇다. 이 책은 언론 기사, 유튜브, SNS를 통해 얻은 수많은 투자 정보에 의존하는 것을 넘어 여러 투자 지표, 매크로 지표를 직접 확인하고 데이터를 만들어보면서 투자 레벨업을 달성하는 데 도움을 주고자 한다. 크게 3개의 장으로 구성돼 있으며, 전반적으로 주식 시장이 앞으로 이렇게 될 것이니 지금 사야 한다거나 특정 주식을 사라는 내용이 아니라, 투자할 때 레퍼런스 용도로 활용할 수 있는 내용으로 구성돼 있다. 1장, '영원할 것만 같았던 시간들'에서는 2020년 이후 현재까지의 주식 시장에서 벌어졌던 희로애락을 다각적인 관점에서 살펴보고 원인과 배경을 조명한다. 또한 저금리, 고금리 시대 여부와 상관없이 주식 투자를 해야 하는 당위성을 설명하고, 주식 시장이라는 존재를 좀 더 알아가기 위해 마켓 사이클을 포함한 여러 특성을 살펴본다. 이 책의 중심이라고 할 수 있는 2장, '생존 투자를 위한 도구'에서는 투자 레벨업을 달성하기 위한 다양한 투자 도구를 소개한다. 한국의 수출 지표, 인플레이션 지표, FOMC, 중국 경제 지표 등 기업 실적과 거시경제 환경 변화에 대한 심도 깊은 이해를 돕는 지표들이 등장한다. 또 변동성 지수, 투자 심리지수, 신용잔고(빚내서 주식 투자), MSCI(외국인 수급) 등 실적과 함께 주가를 결정하는 심리, 수급에 관해서도 이야기한다. 좋은 결과는 좋은 아이디어에서 나온다는 말이 있는 것처럼 3장, '투자 아이디어 찾기'에서는 2장에서 습득한 도구를 토대로 좀 더 좋은 투자 전략을 도출하는 데 도움이 될 만한 아이디어를 소개한다.

주식 투자를 하는 이상 우리는 수많은 불확실성에 직면할 수밖에 없다. 하지만 주식 시장에는 언제나 불확실성이 존재했고, 이 불확실성이 무조건 피해야 할 대상은 아니라는 점을 기억할 필요가 있다. 2000년대 초 럼스펠드 미 국방부 장관은 불확실성을 '알려진 불확실성Known Unknowns'과 '알려지지 않은 불확실성Unknown Unknowns'으로 구분해서 접근해야 한다고 이야기했다. 그림 8은 이와 같은 럼스펠드 장관의 불확실성 접근 방식을 주식 시장에 적용해본 것이다. 여기서 내가 하고 싶은 이야기는 불확실성을 사전에 대응 가능한 불확실성과 터지고 나서야 반응하게 되는 불확실성으로 구분해야 한다는 것이다. 사전에 대응 가능한 불확실성에는 경기침체, 기업들의 실적 부진, 연방준비제도의 정책, 러-우 전쟁 종결, 신흥국 자본유출 등 현시점에서 이미 어느 정도 알고 있고 대비하고 있는 것들이 있다. 반면 사후에나 반응할 수 있는 불확실성에는 중국의 대만 침공, 크레딧 시장 위기의 주식 시장 전이, 혹은 러-우 전쟁처럼 아무도 예상하지 못했던 블랙 스완 급 이벤트가 해당된다. 후자의 경우는 그야말로 예측 불가능 영역이자 발생 확률이 낮은 영역이고, 경제와 금융 시장에 미치는 충격을 예상조차 할 수 없는 것들이다. 하지만 주식 시장은 확률과 싸워야 하는 곳인 만큼, 합리적인 관점에서 상대적으로 높은 확률을 지닌 사전 대응의 영역에서 계속 투자해야 한다는 것을 기본 전제로 삼을 필요가 있다. 그리고 이 책에서 강조하는 도구들이 독자들로 하여금 그곳에 존재하는 수많은 불확실성이 만들어 내는 주가 흐름에 일일이 반응하는 것이 아니라, 이성적으로 대응하는 데 도움이 되기를 진심으로 희망한다. 반응은 인간에게 내재된 본성과 관련이 있다. 위험이 발생하면 뒤도 안 돌아보고 도망치거나 피하려는 습성은 주식 시장에서 손실의 규모를 키우는 위험을 초래한다. 반대로 대응은 인류가 오랜 기간 습득한 이성적인 사고방식과 관련이 있다. 주식 시장에 대형 사건이 발생한다고 하더라도 동물적인 본능에 의존해 반응하기보다는 이성적인 사고방식으로 현상과 원인을 분석하고 대응하는 것이 여러분의 생존 확률을 높여줄 것이다.

그림 8 4개의 유형으로 구분한 불확실성 매트릭스

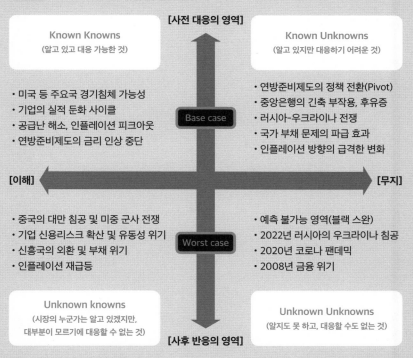

[사전 대응의 영역]

Known Knowns
(알고 있고 대응 가능한 것)

Known Unknowns
(알고 있지만 대응하기 어려운 것)

· 미국 등 주요국 경기침체 가능성
· 기업의 실적 둔화 사이클
· 공급난 해소, 인플레이션 피크아웃
· 연방준비제도의 금리 인상 중단

Base case

· 연방준비제도의 정책 전환(Pivot)
· 중앙은행의 긴축 부작용, 후유증
· 러시아-우크라이나 전쟁
· 국가 부채 문제의 파급 효과
· 인플레이션 방향의 급격한 변화

[이해]   **[무지]**

· 중국의 대만 침공 및 미중 군사 전쟁
· 기업 신용리스크 확산 및 유동성 위기
· 신흥국의 외환 및 부채 위기
· 인플레이션 재급등

Worst case

· 예측 불가능 영역(블랙 스완)
· 2022년 러시아의 우크라이나 침공
· 2020년 코로나 팬데믹
· 2008년 금융 위기

Unknown knowns
(시장의 누군가는 알고 있겠지만,
대부분이 모르기에 대응할 수 없는 것)

Unknown Unknowns
(알지도 못 하고, 대응할 수도 없는 것)

[사후 반응의 영역]

대상 독자를 초보 투자자가 아닌 초보에서 중급으로 넘어가려는 투자자로 상정한 만큼 책 중간중간 내가 이야기하는 내용이 어렵게 다가올 수도 있다. 하지만 최대한 이해하기 쉽게 내용을 전개하고자 심혈을 기울였다. 그럼에도 주식 시장이나 각 매크로 지표 혹은 투자 아이디어와 관련된 이야기를 하는 과정에서 난해하게 느껴지는 부분이 있다면 전적으로 저자인 나에게 책임이 있는 것이지 이 책을 구입한 여러분의 잘못이 아니라는 점을 기억해주길 바란다. 부디 이 책이 주식 시장에 생존하며 장기적인 부의 증식을 달성하는 데 있어서 조금이라도 도움이 될 수 있길 바라며, 본격적으로 이야기를 시작해보고자 한다.

차례

1 | 어디서부터 잘못된 걸까? 앞으로 어떻게 해야 할까?

2 | 생존 투자를 위한 도구

3 | 투자 아이디어 찾기

1

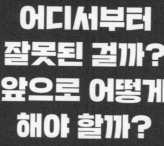

어디서부터 잘못된 걸까? 앞으로 어떻게 해야 할까?

INVESTMENT STRATEGY

지금 주식 시장은...

인정하자. 당분간 주식 투자로 손쉽게 돈을 벌 수 있는 시기는 없다. 적어도 향후 2~3년간은 말이다. 2020년 3월, 코로나 팬데믹으로 인해 각국 중앙은행과 정부가 막대한 유동성을 공급하면서 전 세계 주식 시장은 그야말로 역사상 전례 없는 초단기 강세장을 연출했다. 개인의 대규모 주식 투자 참여를 뜻하는 신조어인 '동학개미운동'이 파생된 것도 이 시기다. 2020년 3월, 코스피가 연간 저점인 1,400pt 선에서 단숨에 2,000pt 선을 넘어 3,000pt 선을 돌파하자 평소 주식 투자에 관심이 없던 사람조차 너 나 할 것 없이 주식 시장에 뛰어들었다. 이러한 대규모 투자금 유입에 힘입어 주식 시장에서는 엄청난 유동성 파티가 펼쳐졌고, "돈을 넣으면 알아서 복사가 된다."라는 유행어가 생길 정도로 지난 2년간의 주식 시장에서는 모두가 행복했다. 월급만으로는 최소한의 생활밖에 누리지 못하고, 내 집 마련은 꿈도 꿀 수

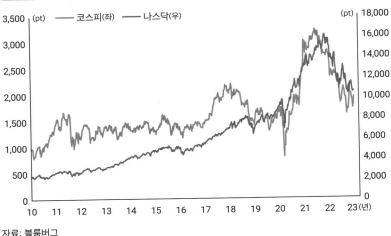

그림 1.1 코스피와 나스닥

자료: 블룸버그

없는 상황 속에서 주식 시장이 재테크로 집을 사고 부자가 될 수 있다는 꿈을 현실로 이뤄주는 듯했다.

　영원할 것만 같았던 강세장의 행복은 어느 순간 약세장의 불행으로 빠르게 바뀌고 말았다. 주식 시장이 쉴 새 없이 상승하는 것은 아니며 하락은 자연스러운 점이다. 문제는 이번 하락의 정도가 생각보다 심각하다는 점이다. 코스피 기준으로 올해 급락이 어느 정도인지 확인해보자. 코스피는 2022년 한 해 동안 25% 하락했으며, 1월(-10%)과 6월(-13%), 9월(-12%)에는 10%대 급락을 기록했다. 이렇게 한 해 동안 코스피에서 월간 10%대 급락이 3번이나 출현한 것은 분명 정상적인 상황이 아니다. 국내 증시 역사상 코스피가 월간 10% 이상 하락하는 것은 IMF(-27%, 1997년 10월), 리먼 사태(-23%, 2008년 10월), 닷컴 버블 붕괴(-16%, 2000년 10월), 카드 대란(-13%, 2002년 12월) 등 한국 경제를 초토

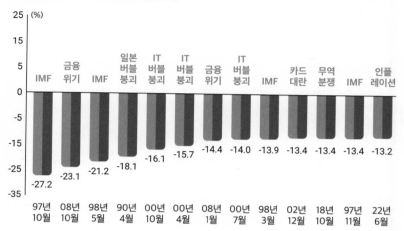

그림 1.2 역대 코스피 월간 하락률 상위

	IMF	금융 위기	IMF	일본 버블 붕괴	IT 버블 붕괴	IT 버블 붕괴	금융 위기	IT 버블 붕괴	IMF	카드 대란	무역 분쟁	IMF	인플 레이션

값: -27.2, -23.1, -21.2, -18.1, -16.1, -15.7, -14.4, -14.0, -13.9, -13.4, -13.4, -13.4, -13.2

97년 10월, 08년 10월, 98년 5월, 90년 4월, 00년 10월, 00년 4월, 08년 1월, 00년 7월, 98년 3월, 02년 12월, 18년 10월, 97년 11월, 22년 6월

자료: 블룸버그

화시키는 사건이나 전 세계적인 신용 위기 상황에서 발생했다. 전 세계 주식 시장을 순식간에 패닉 상태로 만들었던 팬데믹 당시에도 월간 하락률은 10%대 초반에 그쳤다. 약 10년간 유례없는 장기 강세장을 누려왔던 미국과 유럽 주식 시장도 대부분 상반기 혹은 분기 단위로 처참한 수익률을 제공했다.

이쯤 되면 "우리가 모르는 무언가 혹은 뭘 모르는지조차 모르는 대형 악재가 터진 것은 아닐까?"라는 불안감을 느낄 수 있다. 다행히 블랙 스완 급 악재가 터진 것은 아니다. 중앙은행의 공격적인 금리 인상, 경기침체, 에너지 위기와 같은 기존 불확실성 혹은 악재가 지금까지 금융 시장을 괴롭히고 있는 것이다. 이를 유발한 근본적인 원인은 고인플레이션(=고물가)이다. '인플레이션 → 중앙은행 금리 인상 → 시중 유동성 감소 및 수요 둔화 → 경기침체 우려 증폭 → 금융 시장 불

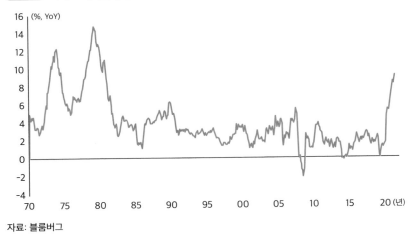

그림 1.3 미국 소비자물가 상승률

자료: 블룸버그

안'으로 이어지는 악순환이 발생하고 있는 셈이다. 악재의 성격을 규정하자면 발생할 확률이 낮았던 악재들이 동시에 발생한 것으로 보면 된다. 리먼 사태와 같은 일부 사례를 제외하면 일반적으로 금융 시장 불안이 실물 경제에 미치는 영향은 제한적으로 충격이 가해지거나 시차를 두고 진행된다. 하지만 지금은 인플레이션이 문제인 만큼 당장 밖으로 나가보면 곳곳에서 물가가 오른 것을 쉽게 확인할 수 있다. 기름값, 장바구니 물가, 비행기 푯값, 숙박비 그리고 직장인에게 가장 큰 영향을 주는 런치 인플레이션(점심값 급등)까지 밖에 나가는 것 자체가 돈이라는 이야기가 절로 나올 정도로 실물 경제에서도 인플레이션이 체감되는 실정이다. 다시 말해, 인플레이션이라는 악재는 단순히 주식 시장에서만 문제가 되는 것이 아니라 일상적인 경제생활에 지장을 줄 정도의 문제로 번지고 있다.

인플레이션은
주식 시장에 좋다?

주식 시장은 고정된 요소들로 움직이지 않고 상황에 따라 가변성을 띠는 요소들로 움직이는 경향이 강하다. 쉽게 말해 시대적인 환경, 정부와 중앙은행의 정책 우선순위, 경제 여건 등 증시를 둘러싼 맥락이 변하면 기존의 매뉴얼 북, 플레이 북이 작동하지 않는다. 지금 주식 시장이 1년 넘게 싸우고 있는 인플레이션 문제도 마찬가지다. 2020년대 이전 수십 년 동안 인플레이션은 주식에 긍정적인 변수였다. 그림 1.4에서 확인할 수 있듯이 2020년대 이전에는 물가가 상승하는 국면에서 주식 시장도 동반 상승하는 패턴이 흔히 관찰됐다. 물가가 상승한다는 것, 즉 인플레이션이 발생한다는 것은 경제가 좋아지고 있다는 신호였다. 2008년 금융 위기 이후 전 세계 경제는 수요의 급격한 침체를 맞이했고, 수요 둔화는 사람들이 기업의 제품과 서비스를 덜 구입한다는 것을 의미했다. 이는 전 세계의 물가 하락을 견인했고, 연

그림 1.4 인플레이션과 주식 시장의 관계

S&P500 상승률(좌)
미국 소비자물가 상승률(우)

자료: 블룸버그

방준비제도를 포함한 주요국의 중앙은행은 비전통적인 통화 정책(제로금리, 양적완화)을 통해 시중에 유동성을 대거 투입하면서 수요를 되살리고자 노력했다. 이런 맥락에서 인플레이션이 발생한다는 것은 수요 개선 및 경기 회복의 신호였다.

주식 시장에서도 기업의 실적 개선세로 받아들여졌던 만큼 인플레이션은 주가를 상승시키는 주요 동인이었다. 주가가 인플레이션과 높은 상관관계를 가지고 있는 또 다른 이유는 주식 시장이 실질이 아닌 명목 이익 성장에 주목하는 데서 찾아볼 수 있다. 경제학적인 관점에서 '실질'이라는 변수는 인플레이션을 차감한 변수인데, 대표적으로 경제성장률은 인플레이션을 차감한 실질 경제성장률로 발표한다. 하지만 주식 시장은 실질 기준으로 발표하지 않는다. 주가를 움직이는 대표적인 요소인 기업 실적을 생각해보자. 예를 들어, 삼성전자가 분기 실적을 발표할 때, "인플레이션을 차감한 우리 회사의 분기 실적은 ××조 원입니다."라고 발표하지 않는다. 인플레이션이 실적에 이미 반영된 명목상의 실적을 발표하는 것이 일반적이다. 똑같은 제품을 팔았다고 하더라도 인플레이션이 1%대일 때의 기업 실적과 2%, 3%, 4%대일 때의 기업 실적은 차이가 나기 마련이며, 비즈니스의 다른 모든 환경이 불변한다고 가정했을 때 인플레이션 정도 차이만으로도 기업 실적이 달라지는 셈이다.

이런 관점에서 그동안 인플레이션은 특히 경기 민감 업종에 속해 있는 기업에 유리한 환경이었다. '인플레이션 발생 = 수요 개선'의 논리가 작동했기 때문이다. 기업은 수요가 뒷받침되고 있으니 원자재 비용 상승, 임금 상승 등 생산 비용 증가분을 고객에게 제공하는 제품과 서비스 가격에 일정 부분 마진을 더 얹어서 전가할 수 있다. 이는 자연스레 기업의 실적 상승을 만들어 냈고 주가에도 긍정적으로 반영돼 왔다. 디플레이션일 때는 정반대의 현상이 나타난다. 실질 이익이 아니라 명목 이익 성장이 거래되는 곳이 주식 시장인 만큼, 디플레이션(물가 하락) 시기에는 기업의 실적도 인플레이션 시기에 비해 부진하는 경향이 있다. 이처럼 2020년대 이전의 전 세계 경제와 주식 시장에 있어 인플레이션이라는 존재는 공급이 아닌 수요를 컨트롤하면 정도가 변하는 존재였다.

하지만 2020년대 이후로는 인플레이션을 둘러싼 맥락이 바뀌었다. 이제는 수요 측면을 컨트롤하는 문제가 아닌 공급 측면에서 컨트롤이 제한되는 환경으로 바뀌었다. 2022년 초 러시아의 우크라이나 침공으로 인한 에너지와 농산물 가격 급변, 이상 기후 및 기후 변화에 대응하기 위한 주요국 정부들의 환경 규제, 대만이나 중동 등 세계 곳곳에서 일어나는 지정학적인 긴장감, 코로나 사태 이후 전 세계적인 물류 대란 등 모든 것이 공급 측면의 인플레이션 환경을 바꿔 놓았다. 주식 투자자 입장에서 이러한 상황이 무서운 이유는 과거와 달리 정부와 중앙은행이 물가를 컨트롤하는 데 한계가 있고, 이는 주식 시장 변화와 직결돼 있는 통화 정책의 영향력을 축소시키는 것이기 때문이다. 통상적으로 폭락장 이후 V자 반등이 출현하는 경향이 있지만, 당분간 이를 기대하기는 어려운 이유는 중앙은행이나 정부에서 유동성 공급이나 부양책을 쓸 수 없다는 데 있다. 정부, 중앙은행 등 관련 정책 결정자들은 스스로 통제하기 어려운 공급 측면의 인플레이션을 내버려 두되, 수요 측면에서 긴축 정책을 펴면서 성장을 훼손하더라도 인플레이션 잡기에 총력을 기울일 것이기 때문이다.

2022년 7월, 노벨경제학상 수상자 폴 크루그먼Paul Krugman 교수의 〈인플레이션 전망, 내가 틀렸다.I was wrong about inflation〉라는 칼럼도 오늘날 경제와 주식 시장의 맥락 변화를 잘 설명해준다. 그는 코로나 이후의 정부와 중앙은행의 공격적인 부양책으로 인해 경제와 고용 시장이 일시적으로 과열되더라도 인플레이션이 급격하게 높아지지 않을 것으로 전망했다. 하지만 코로나라는 전염병에 대한 감염의 두려움과 생활 방식의 변화, 자산 가격 상승에 따른 조기 퇴직, 이민자 감소, 전쟁, 공급난 등이 자신의 예측을 틀리게 만들었다고 밝혔다. 또 2008년 금융 위기 이후 경기 회복 과정을 예측할 때 과거의 경제 모델이 잘 맞았고, 이는 2020년 코로나 팬데믹 이후에도 과거의 경제 모델을 적용하도록 만들었지만, 오히려 잘못된 해석과 정책 대응을 제시하는 방향으로 이끌었음을 시인했다. 우리는 지난 수십 년간 적용했던 경제 모델과 논리들을 무비판, 무조건적으로 수용하지 말자는 시사점을 안겨준 폴 크루그먼의 반성문에 주목해야 한다. 2022년 여름 크레디트 스위스Credit Suisse의 신용전략가 졸탄 포자르Zoltan Pozsar의 말대로 이제 중앙은행의 입에서 나오는 단어 혹은 몸짓을 해석해 주식 시장에 적용하는 것이 아니라 푸틴, 시진핑과 같은 정치 지도자의 말과 행동을 해석하는 것이 더 중요해지는 시대가 될지도 모른다.

1. 어디서부터 잘못된 걸까? 앞으로 어떻게 해야 할까?

Investment Strategy

예측할 수 없는 것을
예측하라

주식 시장은 정해진 운율에 맞춰 움직이는 곳이 아니라 예측하기 어렵게 수시로 변주곡을 연주하는 장소다. 데이터와 심리가 급변한다는 것은 정확한 예측으로 시장의 움직임이 변하는 타이밍을 재는 것이 어렵다는 이야기다. 〈월스트리트 저널〉의 유명한 투자 칼럼니스트 제이슨 츠바이크Jason Zweig는 자신의 저서 《투자의 비밀Your Money & Your Brain》에서 예측의 어려움에 대해 "예측의 정확도에 관해, 모든 예측에는 두 가지 동일한 문제가 있다. 첫째, 그들은 과거에 일어난 일이 일어날 수 있었던 유일한 경우라고 가정한다. 둘째, 그들은 장기 예측을 위해 단기 과거에 너무 많이 의존한다. 최근 일어난 일이 미래 예측에 가장 크게 영향을 미친다."라는 인상 깊은 설명을 하기도 했다.

워런 버핏Warren Buffett을 포함해 투자의 구루들을 제외한 대다수의 투자자들이 주식 시장에서 꾸준한 수익을 내기가 어려운 것도, 소수만 돈을 벌게 되는 이유도 바로 시장의 기대를 예측하기가 어렵다는 데서 찾아볼 수 있다. 주식 시장은 온갖 인간 군상이 한데 모여 어우러지는 과정에서 심리가 자주 바뀌는 곳이다. 또 이미 주가에 반영돼 있다는 '선반영', '킹반영'이라는 주식 시장의 은어에서 알 수 있듯이, 투자자들은 미래의 사건이나 이벤트가 실제로 일어난 뒤에 투자하기보다는 미래에 일어날 사건이나 이벤트의 경로를 사전에 파악해 투자하는 편이다. 현재 시점에서 보면 2023년도 혹은 그 이상의 미래 사건은 아직 일어나지 않은 일이지만, 투자자들은 그 시기에 일어나거나 일어나지 않은 일에 대해서 각자의 예상을 반영한다. 리처드 번스타인Richard Bernstein의 저서 《소음과 투자Navigate the Noise》의 표현을 빌리자면, "주가 흐름은 미래 사건에 대한 사람들의 인식 변화를 반영하는 것이지, 실제 일어날 사건을 반영하는 것이 아니다."

이처럼 주식 시장을 전망할 수는 있으나, 그 전망이 실제로 정확히 맞을 확률은 낮다. 정확한 예측이 불가능하다는 이야기다. 2020년 코로나 팬데믹 이후 약 1년 반 동안 주식 시장이 단기간에 저점 대비 100% 이상 폭발적인 상승을 할 줄 누가 알았을까? 2022년 1월까지만 해도 모든 군사 전문가, 주식 전문가, 언론은 러시아의 우크라이나 침공이 비현실적인 시나리오라고 했지만, 실제로 일어났다. 이후 "나는 그럴 줄 알았다."라고 이야기할 수도 있지만, 그 당시만 해도 우리가 예측할 수 없는 일들이 대부분이었다. 이렇게 예측 불가능한 세계, 즉 복잡계로 불릴 수 있는 주식 시장을 보면 온갖 전망과 예측이 담긴 보고서와 책 그리고 이를 인터넷과 방송에 나와서 이야기하는 전문가들이 쉴 새 없이 등장한다. 예측할 수 없는 것을 예측하려 드는 오늘날의 주식 시장 생태계에서 우리는 과연 어떻게 해야 할지 좀처럼 갈피를 잡기 어렵다.

그렇다고 예측하는 일 자체가 무의미하다는 것은 아니다. 예측이 없으면 목표를 설정할 수 없다. 또 목표를 이루지 못했을 때의 결과를 반성해 자신 삶에 적용할 수도 없다. 예측이 없으면 미래를 알 수 없는 데서 오는 신비와 설렘, 도전 의식, 상상력도 부재하게 된다. 예측이 쓸모없다는 것과 예측 가능성의 한계를 인식하는 것은 차원이 다른 이야기이고, 우리는 후자에 무게 중심을 둬야 한다. 2021년 하버드대학교에서 진행한 연구에 의하면 동물들의 사냥 성공률은 치타가 58%, 사자가 25%, 늑대가 14%였다. 그런데 이들보다 사냥 성공률이 압도적으로 높은 동물이 95%의 성공률을 자랑하는 잠자리였다. 잠자리의 눈은 아주 작은 움직임도 포착할 수 있으며, 날개는 빠른 속도로 이곳저곳 날아다닐 수 있도록 설계됐다. 잠자리가 사냥을 잘하는 이유는 치타나 호랑이 같은 다른 포식자처럼 사냥감이 어디에서 무엇을 하는지 관찰하는 데서 그치지 않고, 어디로 움직일지 예측하고 그에 따라 대응하는 데 있다고 한다. 그렇다. 어렵고 힘든 일이지만 투자자들에게는 예측이 필요하다. 그리고 그 예측을 베이스로 전략을 짜면서도 변주곡을 연주하는 주식 시장의 상황에 맞게 대응해 나가는 자세를 습득해야 한다.

왜 주식 투자를
계속해야 하는가?

여러 데이터와 변수를 고려해 투자 전략을 수립하고, 시장 상황에 맞춰 그때그때 대응해야 한다고 이야기했다. 하지만 전문가 혹은 전업투자자가 아닌 이상 이를 꾸준히 수행하기는 어렵다. 돈 좀 벌어보겠다고 2020년 동학개미운동 시류에 편승해 종잣돈을 주식 시장에 투입했지만, 수익의 기쁨은 잠시일 뿐 코스피가 3,300pt 선에서 2,200pt 선까지 내려가는 과정에서 대부분 손실의 아픔으로 바뀌었을 것이다. 주식의 '주'자만 들어도 손사래를 치게 되는 것도 당연하다.

실제로 2020년부터 2022년까지 국내 개인 투자자들의 성과를 계산해보면 안타까운 마음이 앞선다. 한국 거래소는 국내 투자 주체를 개인, 기관, 외국인으로 분류해 각각의 순매수 데이터를 제공한다. 이 같은 주체별 순매수 데이터에서 코스피 기준으로 지수대별 순매수 금액을 계산해보면, 상징적인 코스피 지수대였던 3,000pt 선 이상에

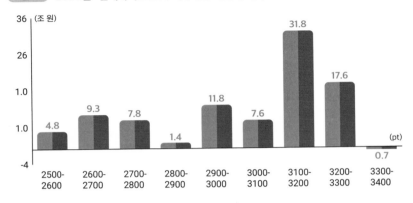

그림 1.5 2020년~현재까지 코스피 지수대별 개인 투자자 순매수 금액

서 순매수한 누적 금액이 약 56조 원이며, 2,500pt 선 이상에서 순매수한 금액까지 합하면 약 90조 원 이상이 된다. 3,000pt 선 이상에서 유입된 개인들의 투자금 56조 원은 무엇을 의미할까? 주식 시장에서 흔하게 사용하는 표현대로 물려있다고 할 수 있다.

코스피 3,000pt 선을 마지막으로 본 것이 2021년 말이었고, 2022년 들어서는 줄곧 내리막을 겪은 상황 속에, 2022년 중에는 코스피가 2,150pt 선까지 하락한 적이 있었으니, 3,000pt 선 이상에서 진입한 수많은 개인 투자자가 느꼈을 손실의 고통은 이루 말할 수 없을 것이다. 물론 기민한 혹은 자포자기한 투자자 중 일부는 이미 각자의 기준에 따라 손절매*를 단행해 피해를 최소화했을 수 있다. 인플

---

* 매도를 통해 계좌 상의 평가 손실을 실제 손실로 확정하는 것

레이션 불안이 일정 부분 완화된 가운데 추가 조정을 받기가 어렵다는 공감대가 형성되면서, 코스피가 2,500pt 선을 회복함에 따라 계좌 손실도 일정 부분 만회했을 것이다. 하지만 이코노미스트, 투자 전략가 등 거시 경제를 보는 투자 전문가들의 이야기를 들어보면 계속해서 위험 요인이 남아 있고, 2023년에는 전형적인 경기침체가 찾아온다고 이야기하고 있으니 뭔가 불안하다. 그렇다면 "주식 시장 분위기가 조금 괜찮아진 것 같은데 분위기 괜찮을 때 팔아서 이 돈이라도 건지는 게 낫지 않을까?" 하는 마음이 앞설 법하다. 더 나아가 역사적으로 주식 시장이 약세장에 진입한 이후 전고점을 회복하기까지는 상당한 시간이 소요됐다. 표 1.1에서 확인할 수 있듯이 한국(코스피)과 미국(S&P500) 주식 시장은 여러 차례 약세장에 진입했으며, 평균적으로 전고점을 회복하기까지 3년 정도의 시간이 필요했다. 약세장, 이름만 들어도 쳐다보기 싫은 장세를 우리는 제대로 맞이하고 있다. 게다가 이제 막 약세장 초중반부에 있으니 손실을 완전히 복구하는 것은 꿈만 같은 일일 수도 있다. 정말 지금이라도 팔고서 주식 시장을 떠나야 할까?

또 지금이 인플레이션 시대라는 점도 고려해야 한다. 인플레이션은 언젠가 잡히겠지만, 잡힌다고 하더라도 중앙은행의 2% 내외 수준이지 마이너스 물가라는 디플레이션 시대로 빠르게 이행할 것 같지는 않아 보인다. 자본주의 태동 이후 금융 시장의 역사를 돌이켜보면 인플레이션이 플러스를 기록하는 환경이 일반적이었으며, 이런 환경에서는 실질 수익, 실질 구매력을 따져봐야 한다. 표 1.2에서는 인

표 1.1 코스피(상), S&P500(하) 약세장 프로파일

고점	저점	낙폭(%)	기간(일)	회복	기간(일)	기간(년)
1980-05-08	1981-01-06	-22.0	243	1981-04-29	113	0.3
1981-07-07	1982-05-14	-36.1	311	1986-02-10	1368	3.7
1989-04-01	1992-08-21	-54.4	1238	1994-09-17	757	2.1
1994-11-08	1998-06-16	-75.4	1316	2005-09-07	2640	7.2
2000-01-04	2001-09-17	-55.7	622	2005-07-14	1396	3.8
2007-10-31	2008-10-24	-54.5	359	2011-01-03	801	2.2
2011-05-02	2011-09-26	-25.9	147	2017-05-04	2047	5.6
2018-01-29	2020-03-19	-43.9	780	2020-11-23	249	0.7
평균		-46.0	627		1171	3.2

고점	저점	낙폭(%)	기간(일)	회복	기간(일)	기간(년)
1957-07-15	1957-10-22	-20.7	99	1958-09-16	329	0.9
1961-12-12	1962-06-26	-28.0	196	1963-09-03	434	1.2
1966-02-09	1966-10-07	-22.2	240	1967-05-04	209	0.6
1968-11-29	1970-05-26	-36.1	543	1972-03-06	650	1.8
1973-01-11	1974-10-03	-48.2	630	1980-07-17	2114	5.8
1976-09-21	1978-03-06	-19.4	531	1979-08-15	527	1.4
1980-11-28	1982-08-12	-27.1	622	1982-11-03	83	0.2
1987-08-25	1987-12-04	-33.5	101	1989-07-26	600	1.6
1990-07-16	1990-10-11	-19.9	87	1991-02-13	125	0.3
1998-07-17	1998-08-31	-19.3	45	1998-11-23	84	0.2
2000-03-24	2002-10-09	-49.1	929	2007-05-30	1694	4.6
2007-10-09	2009-03-09	-56.8	517	2013-03-28	1480	4.1
2011-04-29	2011-10-03	-19.4	157	2012-02-24	144	0.4
2018-09-20	2018-12-24	-19.8	95	2019-04-23	120	0.3
2020-02-19	2020-03-23	-33.9	33	2020-08-18	148	0.4
평균		-30.2	322		538	3.2

표 1.2 인플레이션을 반영한 주식, 채권, 현금의 성과 비교(1900~2012년, 《밀레니얼머니》 참고)

단위(%)	주식	채권	현금
남아프리카	7.32	1.84	0.98
호주	7.30	1.60	0.70
미국	6.26	2.01	0.90
뉴질랜드	5.93	2.15	1.66
캐나다	5.70	2.23	1.54
스웨덴	5.60	2.61	1.90
영국	5.23	1.51	0.93
핀란드	5.21	-0.10	-0.51
덴마크	5.01	3.18	2.16
네덜란드	4.85	1.54	0.62
스위스	4.25	2.21	0.81
노르웨이	4.13	1.85	1.16
아일랜드	3.85	1.20	0.67
일본	3.76	-1.03	-1.88
스페인	3.41	1.33	0.28
독일	3.05	-1.71	-2.38
프랑스	2.98	0.01	-2.81
벨기에	2.46	0.20	-0.26
이탈리아	1.75	-1.55	-3.64
오스트리아	0.63	-4.04	-8.21

플레이션을 차감한 주식, 채권, 현금의 역사적인 수익률 추이를 확인할 수 있는데, 시간이 지날수록 주식이 채권이나 현금보다 우월한 성과를 냈음을 시사한다. 물론 앞서 언급했듯이 주식 시장은 실질 이익성장이 아니라 명목 이익 성장을 중시하는 곳이다. 인플레이션이 이

미 반영된 명목상의 이익 변화에 따라 주가가 변화하는 것은 맞지만, 일상 경제생활과 재테크를 하는 관점에서 다른 자산군과 상대적으로 비교할 때는 실질 관점에서 바라보는 것이 적절하다.

결국 재테크를 통해 돈을 벌고 자산을 증식하기 위해서는 주식 투자가 선택이 아닌 필수라는 결론에 도달하게 된다. 유명 투자 칼럼니스트 모건 하우절Morgan Housel은 자신의 저서 《돈의 심리학The Psychology of Money》에서 돈이 주는 내재 가치를 역설했다. 그는 "원하는 것을 원할 때, 원하는 사람과 함께 할 수 있다는 사실이야말로 사람을 행복하게 만드는 가장 뚜렷한 생활 양식상의 변수였다. 이런 관점에서 돈에 내재하는 가장 큰 가치는 내 시간을 마음대로 쓸 수 있다는 사실에 있다."라고 강조했다. 직장, 아르바이트, 사업 등 노동을 통해 마련한 소득의 일부를 예·적금에만 넣어 두는 것과 개인 위험 성향에 따라 다르겠지만 일정 비중을 주식에도 투자하는 것, 두 가지 상황을 가정해 보자. 과연 어느 쪽이 돈이 주는 내재 가치를 더 크게 만들 수 있을까? 답은 바로 나온다. 저금리, 고금리 기조와 무관하게, 인플레이션 수준과 상관없이 우리는 주식 투자를 계속하면서 주식 시장에 머물러 있어야 한다.

Investment Strategy

어떻게 버티는지가
중요하다

지금처럼 주식 시장에 남아서 투자를 해야 한다는 사실은 변함없지만, 투자 접근법은 변화가 필요할 수 있다. 수많은 사람들이 2020년 코로나 팬데믹 이후 동학개미운동 열풍이 불던 시기에 주식 투자를 처음 시작했거나, 한동안 투자를 하지 않고 있다가 해당 이벤트를 계기로 다시 주식 시장에 복귀했을 것이다. 이 당시 주식 시장에 진입했던 대다수는 어렵지 않게 투자 수익을 냈을 것이며, 아마도 "주식 투자가 이렇게 쉬운 거구나. 이름만 들으면 아는 주식 몇 개 사 놓고 기다리면 알아서 오르네."라고 생각했을지도 모른다.

'초심자의 행운'이라는 용어가 있다. 도박이나 주식 시장에서 자주 회자되는 용어로 이제 막 입문하는 사람들이 지식이나 기술이 없어도 돈을 벌게 되는 행운을 의미한다. 초심자의 행운에 대한 해석은 다양하다. 한쪽에서는 그야말로 운이나 우연에 의해 발생한 수익이 워낙 뇌리에 강하게 남아서 확증 편향(보고 싶은 것만 보는 행위)으로 작용한 것이라고 이야기한다. 다른 한쪽에서는 초보자일수록 압박감, 당황과 같은 감정적인 부담이 덜한 채 투자에 임하다 보니 오히려 불확실성과 변동성이 높은 주식 시장에서 심리적으로 초연하게 대처하면서 수익을 내는 것이라고 주장한다. 두 가지 의견 모두 충분히 설득력이 있다.

개인적인 경험담에 비춰보면, 주식 시장에서 초심자의 행운은 타이밍과 연관돼 있다. 내가 처음 주식 투자에 입문했던 시기는 2007년이었다. 그 당시 한국 주식 시장은 역대급 강세장을 기록하고 있었으며 사상 최초로 코스피가 2,000pt 선을 돌파하기도 했다. 조선, 중공업 등 시클리컬Cyclical 관련 종목이 수시로 상한가를 기록했으며, 대형 자산운용사에서는 잇따라 공모 펀드를 출시하면서 대히트를 쳤다. 한국 증시에 매월 수천억 원 이상의 돈이 들어왔으니, 그 당시에는 역대급 유동성 장세가 진행되고 있다고 해도 과언이 아니었다. 이때는 이름만 들어도 아는 우량주, 대형주들도 너 나 할 것 없이 상승했던 모두가 행복한 시절이었다. 나도 마찬가지였다. 대학생이었지만 500만 원의 투자금으로 시작해 수백만 원 이상의 수익을 내곤 했으니 말이다. 손대는 종목마다 곧바로 수익으로 연결되니 그때는 내가 투자에 남다른 재능이 있는 줄 알았다. 하지만 1년 뒤 미국 대형 투자 은행 리먼 브라더스 파산이 촉발한 전대미문의 금융 위기가 발생했고, 결과는 여러분이 아는 그대로 나를 포함해 수많은 투자자가 막대한 손실을 입었다.

하고 싶은 말은 이것이다. 주식 투자를 처음 시작하는 사람들이 진입하는 시기는 주식 시장이 강세장에 있을 때이며, 강세장이 진행되는 기간에는 수익 발생 확률이 박스권이나 약세장 등 다른 기간에 비해 상대적으로 더 높다는 것이다. 운과 타이밍이 수익의 기회를 더 많이 제공하는 셈이다. 주식 시장이 강세장에 들어설 때는 언론 등 주요 매체가 증시 열풍에 대해 보도하고, 인터넷, 커뮤니티, 직장 등 주변 곳곳에서 주식 투자로 큰돈을 벌었다는 영웅담이 자주 들린다. 평소 주식 투자에 관심 없던 사람도 이런 이야기들을 자주 듣다 보면, '나도 한번 해볼까?'라고 생각하면서 주식 투자에 뛰어들게 되고, 주식 시장에는 신규 진입자들의 자금이라는 새로운 유동성이 유입되면서 강세장은 기존에 예상했던 것보다 더 연장된다. 그 과정에서 신규 진입자의 상당수는 유동성 효과가 만들어내는 수익을 경험하게 되고, 이것이 주식 시장에서 발생하는 초심자의 행운을 설명한

그림 1.6 2007년 강세장과 2020년 강세장 비교

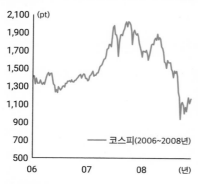
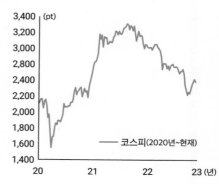

자료: 블룸버그

1. 어디서부터 잘못된 걸까? 앞으로 어떻게 해야 할까?

다고 생각한다. 파울로 코엘료Paulo Coelho는 소설 《연금술사The Alchemist》
에서 "무언가를 찾아 나서는 도전은 언제나 초심자의 행운으로 시작
되지만, 반드시 가혹한 시험으로 끝난다."라고 이야기했다. 주식 시
장도 그렇다. 초심자의 행운으로 투자 수익을 낸 이후에 운과 타이
밍을 실력으로 착각한 채 계속 주식 시장에 머물러 있다 보면 힘겨
운 시험대가 기다리기 마련이다. 코스피가 2,000pt 선을 최초로 돌파
했던 2007년 강세장 사례를 개인적인 경험을 보태서 이야기했지만,
3,000pt 선이라는 미지의 환희 영역에 도달했던 2020~2021년 강세장
도 별반 다르지 않은 것으로 보인다.

새로운 분야에 발을 들이자마자 성공하게 되면 그것이 실력인지
운인지 구분할 길이 없다. 더욱이 주식 시장은 예측 불가능한 일들이
자주 일어나는 곳인 만큼, 주식 시장을 돈만 넣으면 알아서 벌어다 주
는 돈 복사기 취급하거나 한탕주의로 접근하는 사고방식을 버려야
한다. 물론 주식 시장이 대호황기에 있을 때는 투기적인 행위로 얼마
든지 돈을 벌 수 있다. 또 주식 시장이 약세장에 있더라도 전혀 예측
하지 못한 호재들이 터져서 순식간에 강세장으로 진입할 수 있기 때
문에 굳이 투기적인 마인드에서 벗어나야 하냐는 반문도 제기할 수
있다. 그렇지만 돈이 주는 내재 가치를 극대화하고 부의 증식을 이루
기 위해서는 주식 시장에 오랫동안 머물러야 하는데, 투기만 고수하
면 이를 달성하기는커녕 내재 가치의 상실, 부의 감소를 겪을 가능성
이 높다.

주식 시장에서 항상 성공만 할 수는 없다. 나중에 이야기하겠지만

역사적으로 전 세계 주식 시장을 통틀어 매년 꾸준히 수익을 내는 투자자들은 워런 버핏을 포함해 극소수에 불과하다. 주식 시장이라는 곳은 성공과 실패를 수시로 경험하는 장소이고, 오히려 투자를 시작한 지 얼마 안 된 사람일수록 실패를 경험해보는 것도 나쁘지 않다는 것이 내 입장이다. 실패는 성공이 결코 줄 수 없는 자기 객관화를 선사하기 때문이다. 나도 그렇지만 여전히 많은 사람들이 마이너스가 난 계좌에서 벗어나지 못하고 있으며, 괜히 투자했다고 후회만 할 때가 많다. 이제는 그런 후회를 넘어서 2021년 고점 이후 계단식 하락을 겪게 만들었던 작금의 약세장을 어떤 식으로 반면교사 삼을지, 또 투자 방식에 있어서 어떻게 자기 객관화를 할지 고민해야 할 때다. 동학농민운동에 빗댄 표현인 '동학개미운동'이라는 용어에는 부정적인 의미가 내포돼 있다. 반봉건, 반외세의 동학농민운동 자체는 실패의 역사였다. 현재까지의 결과만 놓고 보면 동학개미운동은 초반에만 반짝 성공했던 운동이라고 볼 수 있다. 하지만 동학농민군과 달리 오늘날 동학개미들에게는 얼마든지 반전의 기회가 있다. 그 반전의 기회를 잡는 것은 주식 시장의 속성을 이해하는 데서부터 시작한다.

주식 시장부터
이해하자

주식 시장은 그 안에 상장된 수많은 개별 주식의 움직임에 영향을 받으며, 개별 주식의 주가를 변화시키는 요인은 실적이다. 기업이 매 분기 혹은 매년 얼마나 이익을 내고 있으며, 앞으로는 얼마나 벌 수 있을지를 놓고 투자자들 간에 매수, 매도 거래가 일어나는 과정을 통해 주가가 결정된다. 주가는 '실적의 함수'라고 불려도 손색이 없지만, 실적 이외에도 다양한 외부 환경에 영향을 받기 마련이다. 가령 기업 실적이 아무리 좋게 나와도 실적 발표 시점에 중앙은행의 통화정책회의 이벤트를 앞두고 있거나, 예상치 못한 지정학적 변수가 발생하면 실적과 무관한 주가 흐름을 보인다. 또 실적과 대외 환경에 변화가 없을 때도 단순한 수급적 요인(특정 보유 주체들의 차익 실현성 매도 물량 등)이나, 실적은 잘 나왔지만 투자자들이 기존에 예상했던 수준에서 벗어나는 경우에도 전혀 다른 주가 변화를 연출하는 경향이 있다. 이처럼 실적, 매크로, 수급, 심리 등 여러 복잡한 변수가 주식 시장을 움직이게 만든다. 단기 혹은 장기, 아니면 특정 시기에 더 많은 영향을 미치는 변수가 주가의 움직임을 수시로 뒤바뀌게 만드는 만큼, 수학 공식처럼 단 하나의 정답이라는 게 존재하지 않는 곳이 주식 시장이다.

이처럼 확실한 것이 하나도 없는 주식 시장에서 먼저 해야 할 것은 기본적인 투자 성향 설정이다. 쉽게 말해 낙관론자와 비관론자 중 어느 성향이 자신에게 잘 맞는지를 파악해야 한다. 물론 낙관론을 가지고 주식 투자에 뛰어들더라도 상황이 급변해 주가가 폭락하면 금세 비관론자로 바뀔 수가 있다. 반대로 비관론을 가지고 있더라도 증시가 폭등하면서 강세장에 진입한다면 얼마든지 낙관론자로 바뀔 수 있다. 심리적인 관점에서 사람은 사회적인 동물, 집단생활을 추구하는 동물인 이상 주변 분위기에 영향을 받지 않을 수 없기 때문이다. 그럼에도 투자 성향을 설정할 때 개인적으로는 낙관론적인 성향을 기본으로 가져가는 것이 좋다고 생각한다. 이 주장을 하는 이유는 미국 증시나 한국 증시 등 주요국들의 주식 시장 역사를 돌이켜 봤을 때 강세장이 더 자주 출현했고, 그 시기도 약세장에 비해 길었다는 데에 있다.

그림 1.7은 대표적인 미국의 주가 지수인 S&P500을 기준으로 1940년대 이후 현재까지 출현한 강세장과 약세장을 나타낸 것이다. 이 기간 동안 강세장은 14회, 약세장은 13회 출현했다. 빈도상으로는 강세장이 소폭 우위였지만, 빈도보다 길이에 주목해야 한다. 강세장이 출현했을 때 평균적인 길이는 4.4년인 반면 약세장의 평균적인 길

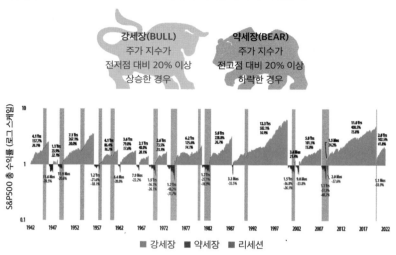

그림 1.7 1940~2020년, S&P500의 강세 사이클과 약세 사이클 비교

강세장(BULL)
주가 지수가
전저점 대비 20% 이상
상승한 경우

약세장(BEAR)
주가 지수가
전고점 대비 20% 이상
하락한 경우

■ 강세장 ■ 약세장 ■ 리세션

자료: First Trust

이는 11.4개월에 그쳤다. 무엇보다 중요한 사실은 강세장에 베팅했을 때 얻을 수 있는 평균 수익률이 150%에 달했지만, 약세장에 베팅했을 때 얻을 수 있는 평균 수익률은 32%에 불과했다는 것이다. 이를 미뤄봤을 때, 비관론보다는 낙관론을 갖고 투자에 임하는 것이 수익을 낼 확률을 높여주지 않을까? 물론 금융 위기를 다룬 영화 〈빅쇼트 The Big Short〉의 마이클 버리Michael Burry처럼 약세장에서 약세론자의 성향을 가지고 지수 하락에 베팅하는 인버스 상품에 투자해서 단기에 큰돈을 벌 수도 있다. 뒤에도 이야기하겠지만 주가 하락에 베팅하는 숏 포지션을 잡는 행위는 롱 포지션을 잡을 때보다 더 힘겨운 일이다. 결국 출현 빈도와 길이 수익률 모두 역사적으로 강세장이 우위에 있었다는 점은 낙관론을 기본 투자 성향으로 가져가는 것이 좋다는 의견

에 힘을 실어준다. 미국의 유명 투자 칼럼니스트 모건 하우절도 이렇게 이야기하지 않았던가.

> "나쁜 상황이 계속 나쁜 채로 남아 있을 것이라는 가정은 누구나 쉽게 할 수 있는 예측이고 설득력도 있다. 세상이 바뀌는 것을 굳이 상상할 필요가 없기 때문이다. 그러나 문제는 고쳐지고, 사람들은 적응한다. 위협이 크면 해결책이 나올 동인도 똑같이 커진다. 이는 경제사에서 흔히 볼 수 있는 플롯임에도 불구하고, 단편적 예측을 내놓는 비관주의자들은 이 사실을 너무 쉽게 잊는다."
>
> 《돈의 심리학》, 모건 하우절

고민이 되는 지점은 2020~2021년에 느꼈던 '지금의 강세장이 영원할 것'이라는 분위기가 '지금의 약세장은 영원할 것'이라는 분위기로 바뀌었다는 것이다. 상황이 이렇다 보니 무엇을 보고 의존하면서 주식 시장에 머물러 있어야 할지 모르겠다고 생각하는 사람도 있을 것이다. 물론 단기적인 주가 움직임은 내·외부적인 요인, 심리 및 수급에 의해 빠르게 영향을 받는 만큼 속도 변화에 제때 대응하기는 어렵다. 내일 날씨와 다음 주 날씨를 예측하는 일이 어려운 것처럼 말이다. 하지만 여름이 되면 덥고, 겨울이 되면 춥듯이 기상 전문가가 아니더라도 기후는 상대적으로 예측하기 수월하다. 주식 시장도 단기적인 움직임을 예측하는 것은 어렵지만, 중장기적인 주가 움직임은 우상향하는 경향이 있다. 더 나아가 우상향하는 과정에서 상승과 하락이라는 사이클이 존재한다는 사실에 주목할 필요가 있다. 벤저민 그레이엄Benjamin Graham은 주식 시장을 "단기적으로는 투표 기계이지만, 장기적으로는 저울이다."라고 말했다. 투표 기계 관점에서는 다른 사람들이 어디에 투표할 것인지, 저울의 관점에서는 무게 중심이 어디에 쏠려 있는지를 파악하는 일이 중요함을 시사한다. 이런 관점에서 우리가 주식 시장에서 어느 위치에 있는지 알게 된다면 수익을 낼 수 있는 가능성을 높일 수 있다.

변하는 것과
변하지 않는 것

낙관론을 기본적인 투자 성향으로 설정하는 게 좋은 것은 사실이다. 굳이 상세하게 설명하지 않더라도 대부분의 투자 서적을 보거나 대가의 말에 귀를 기울여보면 투자 기간을 길게 가져갈수록 수익을 낼 확률이 늘어난다는 것을 알 수 있다. 그림 1.8은 S&P500 지수 투자 가정 시 보유 기간별 손실 발생 확률을 나타낸 것이다. 특정 자산군에 투자한 후 길게 보유할수록 손실을 볼 가능성이 제로에 수렴한다는 역사적인 사실을 잘 보여준다. 데이트레이딩이나 수개월 단위로 보유하는 투자 방법으로 더 큰 수익을 만들어 낼 수 있지만, 그와 반대로 손실의 위험도 커진다는 것을 염두에 둬야 한다. 주식 시장에서 중요한 것은 생존이다. 단기간의 수익 극대화를 지속적으로 실현해가면 전 세계의 모든 부를 가져갈 수 있을 것이다. 하지만 주식 시장 역

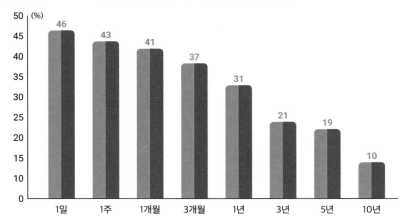

그림 1.8 S&P500 지수 투자 가정 시 보유 기간별 손실 발생 확률(1930~2021년 1월)

자료: RBA advisors

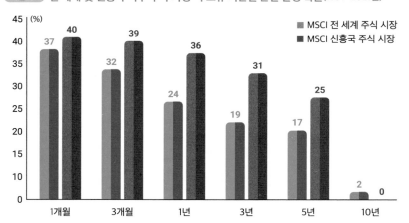

그림 1.9 전 세계 및 신흥국 지수 투자 가정 시 보유 기간별 손실 발생 확률(1991~2021년)

자료: RBA advisors

사상 이런 과업을 달성한 인물은 단 한 명도 없었다. 전설적인 단기

트레이딩의 대가였던 제시 리버모어Jesse Livermore만 봐도 큰돈을 버는

과정에서 여러 차례 파산했고 끝내 자살로 생을 마감했다. 결국 단기 고수익만큼은 아니더라도 꾸준한 수익을 내면서 생존하는 것이 성공적인 주식 투자의 목적을 달성할 수 있는 길이며, 생존을 위해서는 손실 확률을 최소화하는 것이 우선순위다. 주가 지수를 추종하는 상품이든 개별 주식이든 보유 기간을 길게 가져갈 필요가 있으며, 그 기간은 최소 1년 이상으로 하는 것이 좋다.

왜 이런 이야기를 하는지 최근의 사례를 들어서 설명해보고자 한다. 2020년 2월부터 본격적으로 시작된 코로나 팬데믹 사태 전, 1월 말 코스피는 2,100~2,200pt 선 부근에서 지루한 등락을 반복하는 박스권에 있었다. 이후 2월 특정 종교 집단에서 발생한 코로나 재확산으로 2월 말에 2,000pt 선을 하회한 후 미국, 유럽 등 전 세계로 코로나 팬데믹이 확산됨에 따라 전 세계 증시는 일대 폭락을 겪었다. 3월 중 코스피는 한때 1,400pt 선까지 주저앉았으니 단기간에 전례 없는 폭락장이 출현한 셈이었다. 만약 2,100pt 선에서 한국 증시에 투자한 투자자가 보유 기간을 몇 개월 단위로 짧게 가져갔다면, 손익분기점 구간인 2,100pt 선에서 이하에서 주식을 팔았을 것이고 막대한 손실을 입었을 것이다. 반면 보유 기간을 1년 단위로 가져갔다면 코스피 3,000pt 선 이상에서 주식을 팔아 큰 수익을 얻었을 것이다. 물론 2022년 8월 코스피가 2,400pt 선까지 내려오면서 전고점인 3,300pt 선 대비 20% 이상 하락세를 보였지만, 2020년 초의 주가 수준을 상회하고 있으므로 여전히 수익 발생 구간에 머물러 있을 것이다. 이처럼 주식 투자를 했을 때 투자 기간을 길게 가져가면 갈수록 손실 발생 확률은 줄어들고, 수익 발생 확률은 늘어나기 마련이다. 특히 10년 이상 보유한다면 손실은 거의 입지 않는다는 것이 주식 시장이 주는 역사적인 교훈이다. 투자 기간이 짧으면 주식 시장의 사소한 사건이나 소음들이 손실의 위험을 증가시키고, 투자 기간이 길면 길수록 그러한 위험에 휘말리지 않게 되는 셈이다.

실제 주식 시장에서 주목받는 의견은 약세론이다. 유튜브, TV, 기사 등의 매체에서 많은 조회수를 기록하는 것도 비관적인 논조가 담긴 기사다. 물론 시장에 낙관과 탐욕이 만연할 때는 현재 상황에 대한 비판적인 시각을 접하는 것이 투자 전략을 실행하는 데 있어서 균형을 잡도록 도움을 주는 것이 사실이다. 그리고 주식 시장이 어느 환경에 있건 간에 저마다 사야 할 이유와 팔아야 할 이유가 존재하는 것도 자명하다. 비관론을 무조건 걸러 들으라는 이야기는 결코 아니다. 하지만 투자 시계 측면에서 비관론을 수용하면서도 가급적 주식 시장에 오래 머물러 있는 것이 투자 수익을 쌓아가는 데 도움이 된다는 점을 기억해야 한다. 오늘날 한국에는 국내 증시에 투자하는 동학개미뿐만 아니라 미국 증시에 투자하는 서학개미도 있으니, 서학개미를 위한 사례를 하나 더 들어보겠다.

표 1.3은 1930년 이후 10년 단위로 계산한 S&P500의 수익률(1), 주가가 가장 많이 빠진 날 10거래일을 배제했을 때의 수익률(2), 주가가 가장 많이 오른 날 10거래일을 배제했을 때의 수익률(3), 주가가 가장 많이 빠지거나 올랐을 때 10거래일을 배제했을 때의 수익률(4)을 보여 준다. 직관적으로 봤을 때 최악의 10거래일만 피한다면 가장 막대

표 1.3 1930년 이후 10년 단위로 측정한 S&P500의 수익률 및 특정 시나리오상의 수익률

연도	(1) 10년간 평균 수익률	(2) 주가가 가장 많이 빠진 날 10거래일 배제	(3) 주가가 가장 많이 오른 날 10거래일 배제	(4) 주가가 가장 많이 빠지거나 올랐을 때 10거래일 배제
1930	-42%	39%	-79%	-50%
1940	35%	136%	-14%	51%
1950	257%	425%	167%	293%
1960	54%	107%	14%	54%
1970	17%	59%	-20%	8%
1980	227%	572%	108%	328%
1990	316%	526%	186%	330%
2000	-24%	57%	62%	-21%
2010	190%	351%	95%	203%
2020	18%	125%	33%	27%
1930년 이후	17,715%	3,793,787%	28%	27,213%

자료: CNBC

한 수익률을 얻을 수 있다(평균 %). 반면 최고의 10거래일만 피했을 때 얻게 되는 수익은 볼품없다. 또 최고와 최악의 10거래일을 모두 피했을 때도 꽤 높은 수익을 건질 수 있음을 확인할 수 있다. 하지만 여기서 중요한 것은 시장의 타이밍을 정확히 포착하기가 어렵다는 점이다. 과거 데이터나 차트를 보면 충분히 피할 수 있었을 것 같다고 생각할지 모르지만, 어디까지나 사후적인 해석일 뿐 실제 그 시기에 있었던 대부분의 사람은 정확한 타이밍을 재면서 투자하지 못했을 것이다. 그래서 (1)에 있는 연간 평균 수익률을 주목하는 것이 좋다. 특정 상황을 피하기 위해서 증시를 떠나는 마켓 타이밍 전략을 성공적으로 수행하기 어려운 만큼, 차라리 주식 시장에 오래 머물러 있는 것

이 현실적인 대안이라고 생각한다.

비슷한 관점에서 나심 니콜라스 탈레브Nassim Nicholas Taleb는 저서 《행운에 속지 마라Fooled by Randomness》에서 "수시로 주가를 확인하지 말고, 간헐적으로 확인하는 것이 좋다."라고 이야기했다.

> "유복하게 은퇴한 치과 의사가 쾌적하고 화창한 마을에 살고 있다고 가정하자. 그는 탁월한 투자자여서 미국 단기 국채보다 연 15% 높은 수익을 올리고 있고 오차율, 즉 변동성은 연 10%다. (중략) 연 15% 수익률에 변동성이 연 10%라면 한 해에 수익이 발생할 확률이 93%라는 뜻이다. 그러나 1초 단위로 본다면 수익이 발생할 확률은 50.02%에 불과하다. 시간 단위를 아주 짧게 잡으면 승산이 크게 낮아진다. (중략) 하루 8시간씩 분 단위로 실적을 확인한다면, 그는 매일 241분 기쁨을 경험하고 239분 고통을 경험하게 된다. 1년이면 기쁨 60,688분에 고통 60,271분을 경험하게 된다. 손실로 말미암은 고통이 이익으로 얻는 기쁨보다 강도가 심하기 때문에 치과 의사는 실적을 빈번하게 확인함으로써 엄청난 심리적 적자를 보는 셈이다."
>
> 《행운에 속지 마라》, 나심 니콜라스 탈레브

HTS, MTS를 수시로 열어서 계좌 수익률을 확인하다 보면, 실시간으로 변하는 수익률을 보면서 심리적인 동요나 희열이 자주 교차하게 된다. 탈레브가 지적한 것처럼 인간은 손실로 인한 고통을 더 크게 느끼기 때문에 심적으로, 육체적으로 지칠 수밖에 없다. 그 과정에서

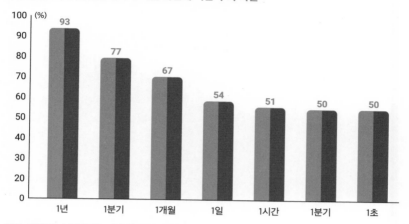

그림 1.10 시간 단위별 계좌 수익률 확인에 따른 수익 확률

자료: 《행운에 속지 마라》, 나심 니콜라스 탈레브

소음에 휩쓸리면서 불필요한 매매를 하게 되고, 그러한 매매는 끝내 손실로 귀결되는 사례를 심심치 않게 접할 수 있다. 이 책을 읽는 독자 중 상당수는 주식 투자를 전업으로 하기보다 직장인, 학생, 자영업자 등 다른 본업이 있는 사람일 것이다. 이러한 유형의 투자자들은 수익률을 매일 체크하는 것보다 한 달 혹은 분기, 더 좋은 것은 일 년 단위로 체크하는 것이 수익 발생 확률을 더 높일 수 있을 것이다. 매일 주식 시장을 챙겨봐야 하는 애널리스트로서 불가피하게 동의하기 어려운 부분도 있으나 "휴대전화나 태블릿PC로 실시간 주가를 확인하는 투자자를 볼 때마다 나는 웃고 또 웃는다."라는 탈레브의 이야기에는 충분히 수긍이 간다.

무조건 버티면 이길까?

주식 시장에서 장기 투자를 강조할 때 '존버'라는 은어를 쓰곤 하는데, 쉽게 말해 '버티면 이긴다'라는 의미다. 여러 차례 언급했다시피 주식을 산 후에 무조건 오래 들고 있으면 어떻게든 수익이 나는 것이 주식 시장의 특성인 것은 맞다. 하지만 지금 이 대목에서 "주식 시장에서 버티는 것이 정말 능사일까요? 저는 2021년 초에 들어가서 지금까지 1년 넘게 버티고 있는데 손실만 커지고 있는데요?" 같은 의문을 던질 수 있다. 주식 시장을 분석하는 애널리스트 입장에서 고객 혹은 일반인 분들에게 무조건 버티라고만 이야기하는 것도 올바른 애널리스트의 자세가 아니라고 생각한다. 최소한 지금 주식 시장이 어떤 환경에 있고 무슨 일이 일어나고 있는지 알고 버티는 것과 무작정 버티는 것에는 확연한 차이가 존재한다. 최소한 그 차이를 메꾸는 과정이 필요하다. 2020년 코로나 팬데믹 급락장 이후 급등장 사례를 언급하면서 장기 보유의 중요성을 강조했다. 그리고 올해 초 연방준비제도 금리 인상, 러시아와 우크라이나 전쟁, 인플레이션과 같은 악재로 인해 급락장이 출현했으니 다시 급등장이 뒤따를 것이라고 기대할 법도 하다. 하지만 2020년과 지금은 증시를 둘러싼 주변 환경이 다르기 때문에 모두가 행복했던 강세장이 재연될 가능성은 낮다. 닷컴 버블, 금융 위기, 팬데믹 등 역사적으로 대형 사건이 촉발하면서 증시가 폭락한 다음 급격한 반등이 나타나는 'V자 반등'이 일어나려면 특정 조건이 충족되어야 한다.

먼저 투자 심리적인 측면에서 많은 사람들이 "이 정도 주가가 빠지고 밸류에이션(기업 가치)도 낮아질 만큼 낮아졌으니, 악재는 다 반영됐다."라고 인식해서 매도로 일관했던 분위기가 저점 매수세의 분위기로 바뀌어야 한다. 그다음은 사실상 가장 중요한 조건으로, 증시에 유동성이 대규모로 공급되는 것이다. 대형 위기가 발생하면 주식

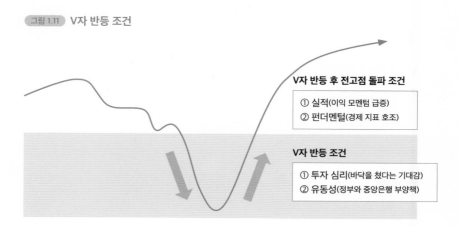

그림 1.11 V자 반등 조건

V자 반등 후 전고점 돌파 조건
① 실적(이익 모멘텀 급증)
② 펀더멘털(경제 지표 호조)

V자 반등 조건
① 투자 심리(바닥을 쳤다는 기대감)
② 유동성(정부와 중앙은행 부양책)

시장이 폭락하는 것뿐만 아니라 실물 경제에도 큰 피해가 뒤따른다. 소비자가 제품과 서비스를 구입하는 수요가 위축되고, 기업의 실적은 악화되며, 대규모 실업이 발생한다. 이때 정부와 중앙은행은 재정 정책과 통화 정책을 활용해 경기 부양에 나선다. 정부는 각종 보조금 지원, 부채 탕감과 같은 재정 지원책을 실행하고, 중앙은행은 금리 인하, 채권 매입을 통해서 시중 금융 시장에 유동성을 공급한다. 그렇게 푼 돈의 상당 부분은 주식 시장으로 유입되면서 주가 상승에 거대한 촉매를 불러일으킨다.

이런 관점에서 보자면 지금의 주식 시장 상황은 어떨까? 많은 주식 투자자들이 2022년 연초부터 이어왔던 악재를 주식 시장에서 소화하고 있다는 점에 공감대를 형성하고 있는 만큼 투자 심리상으로는 V자 반등의 조건 하나를 충족한 것으로 보인다. 하지만 두 번째 조건인 유동성은 전혀 충족되지 못했다. 지금 중앙은행은 인플레이션 문제를 해결하기 위해 경제와 고용 시장의 희생을 일정 부분 감소하더라도 완화 정책이 아닌 긴축 정책을 계속 고수해야 하는 입장이다. 즉, 유동성을 시중에 공급하는 것이 아니라 금리 인상 혹은 채권 매각을 통해 유동성을 흡수해야 하기 때문에 주식 시장이 과거처럼 V자 반등을 연출할 것이라고 기대하기 어려운 실정이다.

더 나아가 과거에 비해 오늘날 주식 시장에서 유동성이 주가에 미치는 힘이 강력해졌다는 점도 주목해야 한다. 유동성의 주가 영향력은 투자자의 예상과도 연관돼 있다. 주가를 결정하는 요인은 크게 세 가지로 구분할 수 있다. 먼저 주가는 기업 실적 그 자체를 대변한다는 측면에서 기업의 이익 성장이 첫 번째 주가 결정 요인이다. 다음으로 기업이 벌어들인 이익의 일부를 떼어 내 주주들에게 돌려주는 차원에서 지급하는 배당이 두 번째 요인이다. 마지막으로 기업의 주가가 싼지, 비싼지를 파악할 때 보편적으로 사용하는 PER^Price Earnings Ratio(주가 수익 비율)* 같은 밸류에이션 멀티플이 세 번째 요인이다. 여기서 마지막에 언급한 밸류에이션 멀티플이 유동성과 직결돼 있다. 주식 투자를 하다 보면 동일한 업종에 있고 그해 벌어들인 이익의 차이가 크지 않은데도 특정 기업의 주가(액면가는 동일하다고 가정)가 상대적으로 높게 형성되는 기업이 있다. 이에 대해 학계에도 여러 해석이 존재하지만, 개인적인 판단으로는 투자자들이 미래의 사업 성장 기대감 혹은 고유의 매력 있는 스토리에 매료돼 앞으로 돈을 더 잘 벌 것이라고 예상하면서 자금을 투입한 결과일 가능성이 높다. 특히 시장에 자금이 넘쳐나는, 즉 유동성이 풍부한 시기에 투자자들은 '현재'보다 '미래'에 베팅하는 성향이 짙어진다.

유명한 재테크 관련 명언 중 "마음의 여유는 계좌에서 나온다."라는 이야기가 있다. 주식 시장에 돈이 많을 때는 투자자들의 마음에 여유가 생긴다. 어느 기업이 당장에 이익을 내지 못하더라도, 아니면 적자를 보고 있더라도 그 기업이 미래의 어느 시점에는 돈을 벌 것이라는 기대감만 제공하면 투자자들은 선뜻 매수에 나서는 경향이 있다. 그런 생각을 가지고 하나둘씩 모인 투자자들의 자금이 주식 매수세

---

* 주가가 이익에 비해 몇 배 수준으로 거래되는지 나타내는 지표

를 확대시키고, 이윽고 기업의 밸류에이션(기업가치)을 상대적으로 높게 만든다. 이것이 밸류에이션 멀티플 효과다. 이 같은 유동성이 주가에 미치는 요인은 지난 2008년 금융 위기의 충격에서 벗어나고자 2012년부터 시작된 연방준비제도의 비전통적 통화 정책인 양적완화 전후로 눈에 띄게 달라졌다.

그림 1.12는 S&P500 지수 기준으로 이익 성장, 배당, 밸류에이션 멀티플이 주가 수익률에 얼마나 기여하는지를 두 가지 시기로 구분해 추적한 것이다. 1871년부터 2021년까지 약 150년 동안 평균적으로 이익 성장(45%)과 배당(49%)이 주가에 미치는 기여도는 94%대로 사실상 이 두 가지 요인이 주가 변화를 만들어내는 절대적인 원동력이었다. 밸류에이션 멀티플은 6%에 불과했으니 말이다. 하지만 중앙은행이 본격적인 초저금리 및 양적완화 정책을 통해 시중에 막대한

그림 1.12 시기별 S&P500의 이익 성장, 배당, 밸류에이션 멀티플이 주가 수익률에서 차지하는 기여도

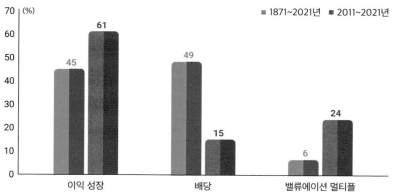

자료: Investor Amnesia

그림 1.13 미국 통화량(M2) 증가율과 S&P500 및 코스피

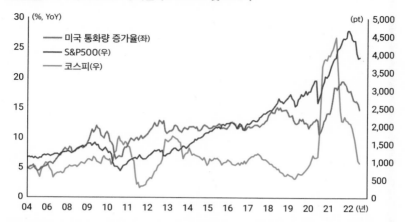

통화량(유동성)이 증가하는 시기에는 주식 시장도 같이 상승하며, 통화량이 감소하는 시기에는 주식 시장도 같이 하락하는 경향이 있다.

자료: 블룸버그

유동성을 공급하기 시작했던 2012년부터 2021년까지의 상황을 보면 이야기가 달라진다. 이익 성장이 미치는 기여도는 61%로 이전 시기에 비해 상승했지만, 배당이 미치는 기여도는 15%로 감소했다. 물론 어디까지나 상대적인 비중을 측정한 것인 만큼 기업들이 이전에 비해 배당에 인색해졌다고 결론짓는 것은 비약이 있긴 하다. 더 중요하게 봐야 할 것은 밸류에이션 멀티플의 기여도가 6%대에서 24%대로 급증했다는 사실이다. 이를 통해 우리가 알 수 있는 것은 저금리와 과잉 유동성이 최근 약 10여 년 동안 증시에 미치는 영향력이 막대해졌다는 점이다. 앞서 여러 차례 이야기했던 2020년 코로나 팬데믹 이후의 초강세장을 경험할 수 있었던 배경도 전례 없는 팬데믹 위기에 전례 없는 공격적인 유동성 공급의 힘이 크게 기여했다. 이처럼 유동성

과잉 시대에 익숙해져 있던 수많은 투자자들은 어쩌면 상당 기간 유동성 축소 시대에 적응해야 할지도 모른다. 지난 150년의 주식 시장 역사가 그랬듯이 다시 기업의 펀더멘털Fundamental(실적, 배당)에 더욱 신경을 쓰면서 투자해야 할 필요성도 높아질 것이다.

익숙한 것에
익숙해지지 말자

지난 10여 년간 우리는 저인플레이션과 풍부한 유동성 환경에 있었다. 하지만 지금은 2020년 코로나 팬데믹과 그 이후의 전례 없는 경기 부양책, 러시아와 우크라이나 전쟁으로 인한 고유가 사태와 에너지 위기 등으로 인한 고인플레이션과 유동성 축소 시기에 직면해 있다. 달리 말해 그동안은 물가가 좀처럼 오르지 않고, 중앙은행도 완화 정책을 시행하며, 주식 시장으로도 돈이 지속적으로 흘러 들어오는 환경에 익숙했다면, 이제는 정반대의 환경에 익숙해져야 하는 상황이다. 지난 3월 이후 통화 정책 결정 회의 때마다 계속해서 공격적인 금리 인상을 단행하고 있는 연방준비제도는 인플레이션이 잡히지 않으면 2023년에도 금리 인상 정책을 고수할 것이라고 이야기한다. 하지만 우리가 고민해야 할 게 있다. 앞서 몇 차례 언급했듯이 주식 시장은 예상치 못한 사건들이 벌어지는 곳이며 우리는 이 안에서 예측 가능성의 한계를 인식해야 한다는 것이다. 위에서 앞으로 본격적인 유동성 축소 시대가 도래할 것이며 주식 투자를 할 때의 난이도도 대폭 올라갈 수 있다는 식으로 이야기했다. 하지만 실제 주식 시장은 전혀 예상하지 못한 방향으로 흘러갈 수 있다. 아마존, 애플, 삼성전자 등 글로벌 대기업이나 어느 신생 기업에서 인플레이션을 획기적으로 낮출 수 있는 신기술이나 시스템을 개발할지도 모른다. 또 중앙은행이 갑자기 생각을 바꿔서 이만하면 물가가 잡혔으니, 이제는 금리 인하 등 부양책을 통해서 침체되거나 위축된 경기를 회복시킬 수도 있다. 주식 시장은 이에 환호해서 초유의 강세장에 진입하고 그저 주식을 사기만 해도 오르는, 모든 투자자가 우수한 투자 수익을 거두면서 행복해하는 장세가 도래할 수도 있다. 지금 한 이야기는 내 머릿속의 행복회로를 최대한 돌려서 가상의 증시 전망을 해본 것이다. 이 부분을 읽은 여러분 중 상당수는 "엉뚱한 소리 하고 있네. 그런 게 실제로 가능할 것 같냐? 지금 주식 시장을 보면 좋아 보이는 게 하나도 없고, 언론이나 유튜브를 봐도 앞으로는 힘든 시장이 될 거라고 한목소리로 이야기하는데 말이야."라는 식으로 생각할 것이다.

이 책은 미래를 전망하는 책이 아니다. 나 역시 과거에 일어난 현상을 살펴보고 미래에 어떤 일이 일어날지 분석하는 애널리스트 업무를 하고 있지만, 적중률을 떠나서 예측하거나 전망하는 데는 한계점이 존재한다는 것을 잘 알고 있다. 주식 시장은 수많은 투자자들의 예측을 거래하는 시장이라고 생각한다. 특정 기업이나 특정 국가에 대한 주가를 놓고 어떤 이는 싸다고 생각해 매수하고, 다른 어떤 이는 비싸다고 생각해 매도한다. 매수세와 매도세가 균형점을 찾는 곳에서 주가가 형성이 된다. 주식 투자를 해본 사람이라면 한 번쯤 "예측보다는 대응이다."라는 이야기를 들어본 적이 있을 것이다. 앞날이 어떻게 될지 모르는 주식 시장에서 충분히 매력적인 조언으로 들리기는 한다. 하지만 이 말에는 다소 모순적인 면이 있다. 대응이라는 것은 어떤 일이 일어날 것이라는 전제하에 계획을 수립하고 그에 맞춰 전략적으로 움직인다는 의미가 내포돼 있는데, 여기서 '어떤 일이 일어날 것'에는 반드시 예측이 수반되어야 한다. 적중률을 높이는 데 자신이 없다고 해서 예측 자체를 포기해버리면 대응하는 것이 불가능하다. 각자가 정해진 예측을 토대로 투자 전략을 수립한 뒤에 예측이 맞으면 전략을 유지하고 예측이 틀리면 전략을 수정해 나가는 것. 이것이 주식 시장에서의 올바른 투자 방법이라고 생각한다. 물론 전세계 경제 상황, 지정학적 사건 등 매크로 이벤트나 신제품 출시, 특정 사업의 성공, 경영진 교체, 공장 사고 발생 등 개별 기업 이벤트를 모두 도외시하고 주가 하나만 쳐다보면서 투자할 수 있기는 하다. 이런 유형에는 대부분 차트 분석가 아니면 하루에도 수십 번씩 매매하는 단기 트레이더가 해당된다.* 예측 자체를 하지 않으면 예측이 실패할 일도 없다. 영화 〈기생충〉에서 송강호가 말했던 "계획대로 했을 때 무조건 계획대로 되지 않으니까, 나는 무계획으로 산다."라는 대

---

* 내가 자신 있게 설명하고 이야기할 수 있는 영역이 아니며 이 책의 취지에도 크게 부합하지 않는 만큼 말을 아낀다. 다만 투자를 전업으로 하는 사람이 아닌 이상 단기 트레이딩은 어려운 영역이라는 정도로만 이야기하겠다. 하물며 이들도 단기적인 주가 움직임에 대응하기 위해서 플랜을 세워 놓는다.

사처럼 말이다. 하지만 계획 없이 주식 시장에 진입했다가는 아무런 성과 없이 손실만 보고 나올 가능성이 매우 높다. 그러니 예측을 쓸 모없는 것이라고 치부하지 말고, 무조건 예측보다 대응이라고 하지 말고, 예측을 시도해야 한다. 그 가능성에 한계가 있다는 점을 염두에 둔 채 말이다. 앞서 주식 시장에서 가장 중요한 것은 생존이라고 이야기했다. 결국 우리가 생존하기 위해서는 예측을 하되, 다양한 루트(기사, 책, 영상, 주변 사람들의 이야기 등)를 반영해 수시로 업데이트하면서 예측을 지속적으로 수정해 나가는 것이 좋다. 또 예측을 하기 이전에 중요한 작업이 하나 더 있는데, 지금 우리가 주식 시장에서 어느 위치에 있는지를 파악하는 것이다.

주식 시장
사이클의 이해

방심하다가 예상치 못한 곳에서 큰 시련을 만나거나 의도치 않은 행운이 수시로 벌어지는 곳이 주식 시장이다. 이곳에서는 언제나 돈을 벌 기회가 있다. 전 세계 경제나 주식 시장이 어떤 상황을 겪든 간에 어떤 섹터나 종목들은 아랑곳하지 않고 투자자들에게 수익의 기회를 제공한다. 롱 포지션*을 구축하거나 숏 포지션**을 구축해서, 아니면 이 두 개의 포지션을 혼합해서 수익을 내는 것은 이론상으로 얼마든지 가능하다. 전 세계 주식 시장이 코로나 사태로 하루에 5% 이상 폭락을 하던 2020년 3월에도 상한가를 치는 종목들이 있었고, 반대로 주식 시장이 5% 이상 폭등할 때도 하한가를 치는 종목들이 있었던 사

---

*   주식을 매수한 후 주가 상승 시 수익을 내는 포지션
** 증권사로부터 주식을 빌려서 먼저 매도한 후 주가가 하락하면 이를 되사들여 빌린 주식을 갚
     으면서 남는 차익을 통해 수익을 내는 포지션

례를 떠올려 보면 된다. 주가가 우상향하는 강세장, 주가가 우하향하는 약세장, 지지부진하게 정체된 흐름을 보이는 박스권, 이 모든 상황 속에서도 얼마든지 수익을 낼 수 있다는 것이 주식 시장의 특성이다.

그러나 여기서 중요한 것은 어떤 섹터나 종목을 통해 '얼마든지' 수익을 낼 수 있느냐가 아니라 '어떤 상황'에서 수익을 낼 수 있는지다. 주식 시장이 어떤 환경에 있는지, 우리가 주식 시장 사이클상 어느 위치에 있는지에 따라 수익을 낼 수 있는 확률이 달라진다. 전쟁, 경기침체, 전염병과 같이 온갖 위기가 주식 시장에 한꺼번에 들이닥치더라도 수익을 내는 것 자체는 가능하지만, 이러한 환경 속에서 수익을 낼 수 있는 확률이 얼마나 될까? 1%도 되지 않을 만큼 지극히 희박할 것이다. 반대로 중앙은행이 금리를 인하하거나, 전쟁이 휴전된다면 시장 전반적인 환경이 좋아짐에 따라 수익을 낼 수 있는 확률이 큰 폭으로 올라갈 것이다.

주식 관련 유튜브나 커뮤니티를 보면 "지금은 들어갈 자리가 아닙니다. 자리가 안 좋습니다. 배팅해볼 만한 자리입니다."라는 이야기를 자주 듣는다. 누군가는 단순히 기술적인 관점에서 주가 차트를 보고 이야기하는 것일 수도 있고, 다른 누군가는 펀더멘털 관점에서 매크로 환경이나 개별 기업의 사업 환경을 보고 이야기하는 것일 수도 있다. 결국 자신의 투자 성향이 기술적 분석이든 기본적 분석이든 아니면 톱다운이든 바텀업이든 간에 현재 내가 서 있는 자리가 어떤 상태인지 파악하는 것이 위험을 감수하며 뛰어든 주식 시장에서 이길 가능성을 높여준다는 사실에 주목해야 한다. 축구나 농구와 같이 단체

그림 1.14 상승과 하락을 반복하며 사이클을 형성하는 주식 시장

로 하는 구기 종목에서도 골을 넣거나 훌륭한 경기 기록을 남기기 위해서는 위치 선정이 중요하다. 누가 참가하는지도 제대로 알지 못하는 수많은 투자자가 한데 모인 주식 시장에서도 위치 선정을 잘하는 것이 필수적이며, 이를 위해서는 주식 시장의 사이클을 알아 둘 필요가 있다.

예전에 비해 날씨의 경계가 뚜렷하지는 않지만 우리는 매년 봄, 여름, 가을, 겨울이라는 사계절을 겪는다. 미국 문학의 거장 마크 트웨인Mark Twain은 "역사는 그대로 반복되지 않지만, 운율은 반복된다."라고 말했다. 영화나 드라마에서도 주제와 내용은 다르더라도 발단-전개-위기-절정-결말이라는 플롯 자체는 100년 전이나 지금이나 변하지 않았다. 사계절, 운율, 플롯과 같이 일련의 과정이 반복되는 것을 일컬어 사이클이라고 부른다. 이러한 사이클은 주식 시장에도 존재한다. 과거의 역사를 돌이켜보면 주식 시장은 장기적으로 우상향한다. 앞서 낙관적인 성향을 갖는 것이 좋다고 이야기했던 것도 같은 맥락이다. 하지만 우상향하는 과정이 일직선으로 45도 각도처럼 상

승하는 것이 아니라, 그 안에서 상승과 하락을 반복한다. 기간이 10년이든 100년이든 그 시기에 주식 시장은 강세장, 약세장, 박스권 등 여러 형태의 장세가 번갈아 출현하고, 이것이 하나의 사이클을 만든다. 밀물과 썰물이 만들어내는 커다란 파도 안에도 잔파도가 있듯이, 주식 시장의 사이클 안에는 또 다른 작은 사이클이 있다. 주가가 저점 대비 20~30% 이상 상승하거나 연이은 사상 최고치를 경신하는 강세장에서도 매일, 매주, 매달 주가가 상승하는 것이 아니라 중간중간 조정이라는 형태의 주가 하락기가 존재한다. 이 때의 주가 하락기는 깊고 심하지 않은데, 마치 추진력을 얻기 위해 잠시 쉬면서 힘을 비축하는 것과 비슷하다. 반대로 주가가 저점 대비 20~30% 이상 하락하는 극심한 약세장이 진행될 때 중간 반등 랠리(베어마켓 랠리)가 나오기도 한다. 가장 이상적으로 투자 수익을 극대화할 수 있는 전략은 사이클 안의 작은 사이클에서 타이밍을 잡아 수시로 저점 매수, 고점 매도를 반복하는 전략, 즉 잔파도를 타는 방법이 이에 해당한다. 하지만 현실적으로 이를 수행하기란 여간 어려운 일이 아니다. 장기적인 주가 움직임을 예측하는 일에 비하면 단기적인 움직임을 예측하는 것은 신의 영역에 가깝기 때문이다. 굳이 잔파도를 타지 않고 긴 시간을 두고 크게 출렁이는 파도의 움직임만 포착하더라도, 즉 주가의 큰 사이클만 이해하더라도 주식 시장에서의 생존 확률을 높일 수 있다.

주가는 단순하게 상승, 하락, 보합이라는 3가지 형태의 움직임을 보이지만 이를 사이클로 구분하기는 추상적이다. 주가가 상승하는 데도 여러 가지 이유가 있고, 하락하는 데도 또 다른 수많은 이유가

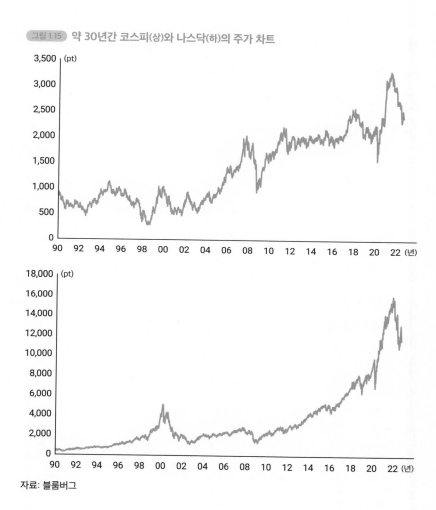

그림 1.15 약 30년간 코스피(상)와 나스닥(하)의 주가 차트

자료: 블룸버그

있기 때문에 어떤 조건이나 환경에서 상승이나 하락을 많이 하는지 분류하는 작업이 필요하다. 그리고 이를 분류했을 때 주식 시장에서는 회복, 성숙, 후퇴, 침체가 하나의 사이클을 형성한다. 일본의 유명한 투자가인 우라가미 구니오가 주창한 사계절 장세의 표현을 빌리

자면, '금융장세-실적장세-역금융장세-역실적장세'가 주식 시장의 사이클이다. 이를 정리해보면 다음과 같다.

1. **금융장세(회복)**: 경제가 특정 요인에 의해 침체에 빠져들고 이로 인해 주식 시장도 기업 실적이 크게 훼손되면서 급락하고 나면, 정부와 중앙은행은 대규모 보조금, 규제 완화, 금리 인하, 양적 완화 등 각종 재정 및 통화 부양책을 집행해 실물 경제 회복에 총력을 기울인다. 그 과정에서 창출되는 막대한 시중 유동성이 주식 시장으로 유입된다. 은행들은 예대마진(장단기 금리차)이 좋아져서 대출에 적극적이고, 일반인들 입장에서도 금리가 낮다 보니 돈을 빌리는 부담도 적어진다. 주식 투자자에게도 이제까

그림 1.16 주식 시장의 사계

봄	여름	가을	겨울
회복	성숙	후퇴	침체
금융장세	실적장세	역금융장세	역실적장세
경기 및 고용 회복	적당한 경제 성장	평균 이상 인플레이션	경기 및 고용 위축
주식 시장 반등	리플레이션	중앙은행 금리 인상	기업 이익 위축
중앙은행 부양책	중앙은행 정책 정상화	타이트한 신용 여건	주식 시장 하락
장단기 금리차 확대	금리 상승	기업 이익 둔화	금리 하락
	기업 이익 호조	장단기 금리차 역전	
	주식 시장 강제		

지 겪었던 주가 급락에 상당 부분 경기침체, 버블 붕괴 등 악재가 반영됐으니, 이쯤 되면 바닥을 찍었을 것이라는 인식이 확산된다. 경제와 기업 실적은 이제 막 회복되는 단계지만, 막대한 유동성과 주가 바닥 인식의 조합은 주식 시장의 본격적인 반등을 이끌어낸다. 이 기간에는 주가 반등을 일시적인 것으로 받아들이는 투자자들도 상당수다.

2. **실적장세(성숙)**: 주식 시장은 바닥을 치고 올라가고 있고, 경제와 기업 실적은 본격적으로 개선되기 시작한다. 이전 금융장세에서는 기업 실적이 부진하더라도, 앞으로는 좋아질 것이라는 기대감이 과잉 유동성과 만나 주가 상승 모멘텀이 강해진다. 이때 신고가를 기록하는 종목들도 늘어나고, 뉴스에서는 주식 시장에 대한 낙관론을 보도하는 비중이 증가한다. 애널리스트의 매수 보고서들은 인기를 끌고, 주식 관련 유튜브 채널의 조회수도 가장 많이 나오는 시기이자, 신규 투자자들이 가장 많이 진입하는 구간이기도 하다. 경제 측면에서는 극심한 수요 위축이 만들어냈던 디플레이션(물가 하락 현상)이 실물 경제가 호전됨에 따라 리플레이션(물가 상승 전환 현상)으로 바뀐다. 이 현상이 지속되면 얼마 지나지 않아 중앙은행은 그동안의 공격적인 완화 정책을 거두고, 경기와 주식 시장이 펀더멘털 이상으로 과열되는 것을 방지하기 위해 양적완화 축소 등 정상화 작업에 나선다. 다만 금리 인상, 양적긴축 등 실제적인 긴축 정책에 나서는 것

은 자제하고, 통화정책회의나 특정 연설 자리에서 투자자들에게 정책 정상화의 신호를 미리 전달하는 편이다.

3. **역금융장세(성숙)**: 주식 시장은 상승 추세 자체를 유지하고 있지만, 시간이 지날수록 상승 탄력이 둔화되고 신고가를 기록하는 종목 수도 현저하게 줄어든다. 기업들의 실적도 좋은 편이고 다음 해의 실적도 대체로 올해보다는 높게 나올 것이라는 전망이 지배적이긴 하나, 증가율은 둔화되면서 실적이 곧 정점을 찍을 것이라는 애널리스트의 의견도 등장한다. 또 여전히 금융 시장이나 실물 경제에 돈이 많이 풀려 있는 상태이기 때문에 리플레이션을 넘어서 인플레이션(본격적인 물가 상승세)이 발생한다. 중앙은행은 책무인 물가 안정을 도모하기 위해 금리 인상 등 긴축 정책을 단행한다. 물론 긴축 정책을 실시하는 것은 경제가 이전 위기에서 완전히 회복됐을 뿐만 아니라 계속 좋아지고 있다는 신호로 받아들여진다. 금리 인상 초기 구간에서는 주식 시장도 이런 낙관적인 해석에 힘입어 상승하지만 금리 인상 부담이 누적되기 시작하면서 분위기가 바뀌기 시작한다.

4. **역실적장세(후퇴)**: 계속되는 중앙은행의 금리 인상과 정부의 지출 축소로 실물 경제 주체들의 소비 수요가 감소하고 기업 실적 전망도 어두워진다. 언론, 유튜브 등 매체에서는 비관적인 논조의 기사와 콘텐츠가 높은 조회수를 기록하고, 댓글의 분위기도 험

악해진다. 애널리스트들도 당분간 기업들의 실적이 그리 좋지 않을 것이라는 의견을 많이 내는 경향이 있다. 실제로 기업 실적이 본격적으로 둔화됨에 따라 이들은 투자와 고용을 꺼리게 되고, 고용 시장의 위축은 근로자들의 소득을 줄어들게 만들면서 전반적인 경제는 침체에 빠지기 시작한다. 단기 금리는 기준 금리 인상으로 인해 높은 수준에 있지만, 기준 금리뿐만 아니라 미래 성장 전망까지 반영하는 장기 금리는 하락한다. 단기 금리가 올라가고 장기 금리가 하락하는 현상은 은행들의 예대마진을 악화시킨다(장단기 금리차 축소). 은행이 대출에 소극적으로 나서면서 실물 경제에는 돈이 돌지 않게 된다. 이 모든 것들은 주식 시장을 극심한 약세장으로 밀어 넣는다. 투자자들이 주식 시장을 가장 많이 떠나는 시기이기도 하다.

물론 위에서 이야기한 내용이 실제 주식 시장에 정확하게 들어맞는 것은 아니다. 또 특정 장세에 머루르는 시기도 생각보다 짧아서, 마치 그 장세를 건너뛰는 것처럼 보이는 시기도 있다. 그렇지만 이렇게 4개의 장세로 만들어진 주식 시장 사이클은 특정 시대나 특정 주식 시장에 상관없이 나타나는 공통적인 특성이다. "세부 내용은 다르지만, 운율은 반복된다."라는 개념을 기억하자. 주식 시장의 사이클을 이해하는 것만으로도 초보 동학개미에서 벗어나 한층 더 레벨업한 투자자로 넘어갈 수 있다. 하워드 막스Howard Marks는 《투자와 마켓 사이클의 법칙Mastering the Market Cycle》에서 "모든 것에는 사이클이 있고,

사이클에서 나의 위치를 알면 확률을 내 편으로 만드는 데 도움이 된다."라고 이야기했다. 사이클상 어느 위치에 있는지를 알 수 있으면 수익과 손실을 관리할 수 있다는 것이다.

주식 시장은 사이클에 따라 시시각각 변하며 그에 따라 수익과 손실을 볼 확률도 수시로 달라지기 마련이다. 이걸 생각해보자. 현재 주식 시장이 인플레이션, 긴축, 침체, 전쟁 등 다양한 불확실성에 노출돼 있는 가운데 약세장에서 좀처럼 빠져나오지 못하고 있다는 실정이다. 이쯤 되면 "손실을 확정 짓고 현금을 조금이라도 건진 다음에 당분간 주식 시장은 쳐다보지도 말까?"라고 생각할 수도 있다. 하지만 앞서 여러 차례 강조했듯이 특정 시기에 따라 주식과 현금 비중을 조절하는 작업은 필요하더라도 가급적 주식 시장에 오래 머물러 있는 것이 좋다. 주식 시장은 역사적으로 약세장보다 강세장이 더 길었으니 말이다. 수익의 발생 확률이 감소하는 구간에서는 주식 비중을 크게 늘리지 말고 현재 비중을 유지하거나 좋은 주식을 분할 매수하는 것이 좋다. 반대로 수익 발생 확률이 증가하는 구간에서는 주식 비중을 늘리거나 좋은 기업이지만 주가가 비싼 주식을 분할 매도하는 전략이 더 유용할 수 있다. 그렇다고 해서 무조건 주식을 들고 버티면 된다고 이야기하려는 것은 아니다. 정글과 다름없는 주식 시장에서 생존 확률을 높이려면 다양한 환경에 대한 이해와 그에 따른 전략적인 대응이 필요한데, 우선적으로는 주식 시장에 남아 있는 것이 전제 조건이라는 점을 이야기하고 싶은 것이다.

주식 시장에서 투자자들의 마음을 뒤흔드는 용어인 '불확실성'도 마찬가지다. 경기 둔화를 둘러싼 불확실성, 중앙은행의 긴축에 관한 불확실성, 기업 실적 발표를 앞둔 불확실성 등 불확실성이라는 용어는 증시에 존재하는 모든 재료, 변수에 단골 메뉴처럼 따라다닌다. 지금 이 순간에도 증시를 둘러보면 인플레이션과 연방준비제도의 긴축 정책으로 인해 불확실성이 너무 높으니 조심해야 한다는 이야기가 수시로 들린다. 고조됐던 국가 간의 갈등이 해결되는 구도가 형성되면 시장은 이를 '불확실성 완화'로 받아들이면서 증시가 강세를 보이곤 한다. 반면 특정 사건이 예상과 달리 좋지 못한 방향으로 종료되면 '불확실성 증폭'이라고 받아들이면서 증시가 약세를 보이는 등 시장은 불확실성에 수위를 매기는 습성이 있다. 인간인 이상 확실하지 않은 것이나 미지에 대한 두려움을 갖는 것은 지난 수만 년에 걸쳐 뿌리 깊게 내재된 우리 고유의 본성이다. 이런 이유로 "주식 시장은 불확실성을 싫어한다."라는 명제는 당연한 것처럼 보인다. 매년 말 다음 해의 경제나 주식 시장을 전망할 때 혹은 특정 포럼이나 세미나가 열릴 때 '대외 불확실성이 그 어느 때보다 높을 것으로 예상되는 내년, 불확실성이 증폭된 시기의 대처 방법'과 같은 표현이 자주 등장하는 것도 이상한 일은 아니다. 그렇다. 주식 시장에 불확실성이 존재한다는 것은 전혀 이상한 일이 아니다. 주식 투자 본연의 목적을 생각해보자. 특정 위험을 감수하면서 수익을 얻으려는 행위가 주식 투자다. 위험이라는 것에는 불확실성 혹은 변동성이 수반되기 마련이다. 위험과 불확실성이 없는 투자는 현금을 들고 있는 것밖에 없다. 하지만 현금을 보유하고 있으면, 그에 따른 이익을 기대하기 힘들다. 하다못해 안전하다고 여겨지는 채권에 투자하는 데도 채무불이행에 따른 원금손실 위험, 금리 상승에 따른 채권 평가손 위험 등 다양한 위험을 감내해야 하는데, 주식 시장은 오죽할까 싶다. 불확실성은 주식 시장의 근간이다. 불확실성이 없으면 주식 시장이 아니라 현금 시장에 불과할 것이다. '변동성의 시대'라는 표현도 사실상 주식 시장 그 자체라고 보면 된다.

그림 1.17은 대형 투자은행 BofA가 매월 전 세계 펀드 매니저를 대상으로 설문한 내용 중 현시점에서 가장 불확실성이 높은 요인을 나타낸다. 2021년 하반기부터 2022년까지 주식 시장에 불확실성을 유발하는 핵심 요인은 중앙은행의 긴축과 인플레이션이다. 그 이전의 불확실성은 무엇이었을까? 2020년부터 2021년 상반기까지는 코로나 팬데믹이었고, 2018년부터 2019년에는 미국과 중국의 무역 분쟁, 2017년에는 중앙은행의 정책 실수 등 매년, 매시기마다 서로 다른 요인들이 증시의 불확실성으로 자리 잡고 있었다. 정도나 종류에 차이가 있을 뿐, 불확실성은 언제나 투자자들 주변을 맴돌고 있던 것이다. 이런 관점에서 불확실성은 피해야 할 대상이 아니라 투자 수익을 내기 위해서 활용해야 하는 대상이다. 본능적으로는 피하고 싶은 것이 인지상정이지만, 투자를 할 때는 본능을 거스르는 마음가짐이 필요하다. "다음 달은 미국의 통화 정책 이벤트로 불확실성이 높을 것이다. 다가오는 새해에는 경제, 지정학, 정치 등 여러 불확실성이 증폭될 것으로 예상된다." 이런 이야기 자체에 문제가 있는 것은 아니다. 하지만 불확실성이 높다고 해서 주식 시장을 떠나버리거나 지나치게

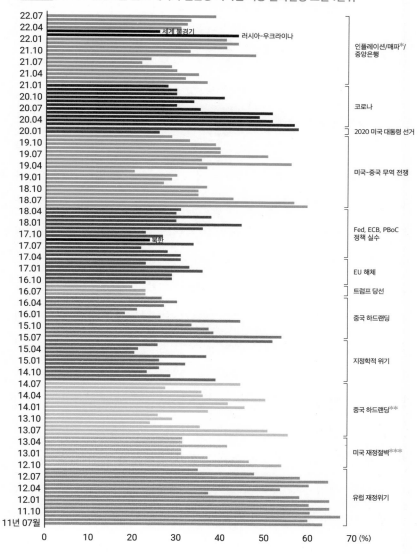

그림 1.17 BofA의 글로벌 펀드 매니저 설문상 시기별 시장 불확실성 요인 1순위

세계 불경기 러시아-우크라이나

인플레이션/매파*/
중앙은행

코로나

2020 미국 대통령 선거

미국-중국 무역 전쟁

Fed, ECB, PBoC
정책 실수

EU 해체

트럼프 당선

중국 하드랜딩

지정학적 위기

중국 하드랜딩**

미국 재정절벽***

유럽 재정위기

북한

*   긴축 경제를 선호, 금리 인상, 재정 안정성을 추구하는 입장

**   경제가 급격히 추락하는 상황을 의미한다. 반대로 급격한 경기침체나 실업 증가를 야기하지
     않으면서 경제성장률을 낮추는 것을 소프트랜딩이라고 한다.

*** 정부의 재정지출이 갑자기 삭감되거나 중단되어 경제에 충격을 주는 현상

움츠러드는 투자 방법은 그리 적절해 보이지 않는다. 불확실성, 다른 말로 주가의 변동성은 우리가 다양한 도구를 활용해 관리해야 하는 대상이다. 앞서 매크로 관점에서 주식 시장에 사계절 장세가 존재하고 그것이 일련의 사이클을 형성한다고 이야기했다.

주식 시장에서 투자 비중을 확대할지 또는 축소할지와 관련된 포지션 변경 관점에서도 또 다른 사이클이 존재한다. 이 또한 4개의 장세로 구분할 수 있는데, 각 장세에 유효한 전략에 따라 '불타기, 물타기, 버티기, 버리기'로 구분할 수 있다. 이를 '4기 장세'라고 부르겠다. '불타기'는 폭락장 이후 V자 반등장 혹은 급등장에서 볼 수 있는 전략으로 상승하고 있는 주가를 따라가면서 매수하는 것이다. 매수 평균 단가가 높아지는 부담은 존재하지만, 정부나 중앙은행발 정책 호재 또는 기업의 이익 호조 등이 만들어내는 급등장에서는 보유 주식의 단가를 걱정하기보다는 총량을 늘려가는 전략이 효과적인 편이다. '물타기'는 강세장에서 중간중간 출현하는 조정장에서 볼 수 있다. 아무리 강세장에 진입했더라도 주식 시장이 매일 빠짐없이 쉬지도 않고 상승만 하는 것은 아니다. 단기 과열 부담, 특정 투자자의 차익실현 욕구 확대 등으로 상승하는 주가에 제동이 걸리는 경향이 있다. 이때는 아직 상승 추세가 살아있기 때문에 일시적으로 주가 하락세를 보이는 주식을 매수해 평균 단가를 낮춤과 동시에 보유 주식 수량을 늘린다면, 조정 이후 다시 상승 추세로 복귀하는 장세에서 이득을 볼 가능성이 높아진다. '버티기'는 주식 시장이 방향성 없이 박스권 흐름을 이어갈 때 자주 보이는 전략이다. 통상적으로 특정 대형 이벤트를 앞둔 경계 심리로 주가 변동성이 확대되면서도 동시에 해당 이벤트가 종료된 이후에 위나 아래나 방향성이 뚜렷해질 것으로 예상되는 때에는 버티기 전략이 유용하다. 물론 그 이벤트 이전에 주식 비중을 축소시키고 현금을 마련해 대비하는 것도 하나의 방법일 수 있다. 하지만 그렇게 비중을 줄여 놓은 채 이벤트를 맞이했더라도 호재 혹은 악재의 기정사실화라는 인식으로 방향성이 주식에 유리하게 조성될 가능성도 대비해야 하므로 버티기 전략이 더 유용할 수 있다. 마지막으로 '버리기'는 특정 대형 악재로 인해 주가가 고점 대비 20% 이상 하락하거나 추세가 완전히 하락세로 접어드는 것이 뚜렷해질 때 보이는 전략이다. 증시 폭락기 혹은 약세장 진입기가 대표적인 사례로 이때는 들고 있던 주식을 처분하면서 현금을 많이 들고 있는 전략이 유용할 수 있다. 하지만 수차례 강조했듯이 주식 시장은 예상치 못한 일들이 벌어지는 곳이고, 약세장보다는 강세장의 출현 빈도와 길이, 수익률이 높았다는 점에서, 버리기 전략을 취하는 것은 개인적으로 그다지 추천하지 않는다. 불타기, 물타기, 버티기 세 개의 전략만 잘 활용해도 주식 시장에서 위험과 수익을 관리할 수 있다. 이런 관점에서 2장에서는 주식 시장의 여러 사이클에서 발생할 수 있는 불확실성과 변동성을 기회로 쓰일 수 있게 하면서, 사기 전략을 전술적으로 활용할 수 있는 다양한 도구를 소개한다.

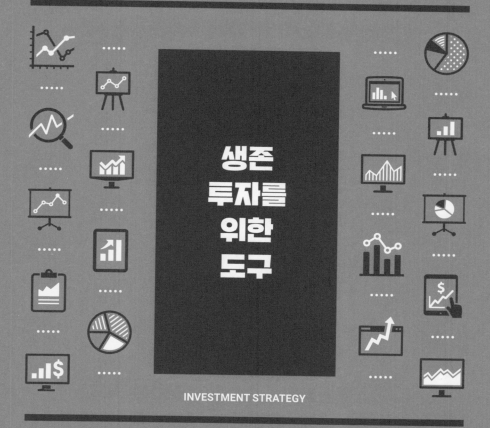

2

생존
투자를
위한
도구

INVESTMENT STRATEGY

주식 시장에서
살아남기 위한 투자 도구

주식 투자와 관련된 뉴스나 책, 블로그를 보면 투자 방법이 실로 다
양하다는 것을 알게 된다. 기본 분석, 가치 투자, 모멘텀 투자, 스타일
투자, 매크로 전략, 기술적 분석, 이평선 투자, 자산 배분 등 정말 다양
한 투자 도구가 곳곳에 존재한다. 주식 투자를 처음 해보는 사람이나
2020년 이후 주식 시장에 들어온 초보 투자자에게는 "이렇게 많은 투
자 방법이 있는데 나에게는 어떤 방법이 잘 맞는 걸까?"라는 고민을
안겨줄 것이다. 사실 초보 투자자뿐만 아니라 나름 주식 시장에 오래
있던 투자자 또는 증권사 애널리스트, 펀드 매니저들도 자주 고민하
는 주제이기도 하다. 로버트 해그스트롬은 자신의 저서 《현명한 투자
자의 인문학Investing: The Last Liberal Art》에서 이에 대한 고민을 다음과 같이
잘 설명했다.

"투자 전략은 왜 그렇게 다양할까? 파머는 기본 전략에 따라 행동 패턴이 달라진다는 사실에서 해답을 찾는다. 어떤 행동 패턴이 수익을 내면, 행위자들은 이 명백한 패턴을 이용하려고 몰려들고, 결국 부작용을 일으킨다. 많은 행위자가 동일한 전략을 사용하기 시작하면 수익성이 떨어진다."

《현명한 투자자의 인문학》, 로버트 해그스트롬

전략의 다양성은 예측할 수 없는 여러 환경 속에서 이를 극복하며 헤쳐 나갈 수 있는 동력을 제공한다는 이야기로 들린다. 하나의 전략만 우직하게 고집하면 주식 시장에서 손실의 크기를 키울 수 있는 리스크를 떠안기 마련이다. 우리가 자주 먹는 과일인 바나나를 예로 들어보자. 과일 가게, 마트, 인터넷 등 어디서나 쉽게 구입할 수 있는 바나나의 품종은 캐번디시라는 품종 단 하나다. 물론 1,000여 종이 넘는 다양한 바나나 품종이 존재하지만, 대량 생산, 유통, 보관에 용이한 품종은 캐번디시로 사실상 전 세계 모든 사람이 해당 품종을 먹고 있는 셈이다. 단일 품종 혹은 단일 제품에 의존하면 편의성은 존재하지만, 치명적인 결함도 내포돼 있다. 전부 똑같다는 것은 전부 똑같은 병이나 위험에 노출되기 쉽다는 의미다. 캐번디시와 함께 바나나의 2대 품종으로 자리 잡았던 그로 미셸이라는 품종의 바나나도 파나마병으로 인해 대부분 멸종됐는데 지금 절대적인 우세 품종이 된 캐번디시도 파나마병에 대한 뚜렷한 치료법을 찾지 못해 위기를 겪고 있다고 전해진다.

자연의 힘이 지구와 인류에 예측 불가능성을 제공하는 것처럼 다양한 인간 군상들이 한데 어우러진 주식 시장에서도 예상치 못한 일들이 발생할 수밖에 없다. 따라서 한 가지 도구에 의존할 것이 아니라 여러 도구를 배워 두는 것이 장기적으로 생존 확률을 높여줄 것이다. 나를 포함한 대부분의 이들은 1~2년 바짝 주식 투자를 해서 성공하려는 목적을 가지고 있지 않을 것이다. 근로소득, 사업소득 이외에 장기적으로 투자소득을 쌓아가면서 인생 후반부까지 부의 증식을 이루기 위해 이 책을 집어 들었을 것이다. 또한 주식 시장에서 수익을 낼 수 있는 단 하나의 투자 전략은 존재하지 않는다. 그런 전략이 존재한다면 다른 사람도 그 전략을 복제하거나 모방할 것이고, 그 과정에서 해당 전략의 유용성은 급격히 감소할 것이다. 물론 일관된 투자 전략을 유지하는 것의 중요성도 결코 간과할 수는 없다. A라는 투자 전략이 B라는 환경에서는 잘 먹히지 않지만, C라는 환경에서는 잘 먹힐 수도 있지 않은가. 이런 이유로 앞에서 주식 시장의 사이클에서 우리가 어느 위치에 있는지를 파악하는 작업이 중요하다고 설파한 것이다. 어려운 고민거리이자 논쟁거리이지만, 현재 존재하는 투자 전략을 카테고리화하고, 그 안에서 각자 자기에게 맞는 도구들을 필요할 때 꺼내 쓸 수 있는 법을 알아 둘 필요가 있다.

주식 시장에서 투자 전략은 크게 톱다운 전략과 바텀업 전략 두 가지로 구분된다. 톱다운 전략은 경제, 금리, 환율, 중앙은행 통화 정책 등 전 세계 경제 및 금융 시장 상황을 먼저 분석한 후 투자 대상 국가를 선정하고, 다시 한번 해당 국가의 산업, 인구, 정치 등을 고려해 투자 업종이나 종목을 선정하는 방식이다. 위에서부터 아래로 투자 대상을 찾는 하향식 접근 방법이며, 이를 매크로 전략이라고 부르기도 한다. 바텀업 전략은 톱다운 전략과 정반대의 성격이다. 외부적인 요인, 매크로 환경 등에 대한 분석 비중을 최소화하고 비즈니스, 실적, 지배 구조, 합병 등 다양한 개별 기업들의 요인을 분석해 투자 종목을 선정하는 전략이다. 특정 종목의 사업 환경이나 실적이 좋을 것으로 예상되면 동종 업계에 있는 경쟁 업체들의 상황도 비슷할 수 있기에, 종목 선정 후 비슷한 업종으로 투자 대상을 확장하기도 한다. 더 나아가서 특정 업종의 전망이 밝다고 생각되면 여러 국가 중 해당 업종이 국가 경제에서 차지하는 비중이 높은 국가로까지 그 대상을 늘려 가기도 한다.

위의 두 가지 전략 모두 많은 공부와 고민 그리고 시행착오를 거쳐야만 내 것으로 체화할 수 있다. 이런 이유 때문인지 일반 투자자뿐만 아니라 펀드 매니저들도 매크로(톱다운)나 바텀업 중 하나만 선호하는 경향이 있음을 애널리스트 생활을 하면서 알 수 있었다. 펀드 매니저마다 개인차는 있겠지만, 운용 부서의 본부장 혹은 팀장 등 시니어급 펀드 매니저들은 펀드 운용 전체를 총괄해야 하는 입장이다 보니 (바텀업도 추구하지만) 큰 그림을 그려야 하기 때문에 매크로를 집중해서 보는 편이다. 반면 특정 업종만 주력해서 담당하는 시니어 이하급 펀드 매니저들은 업종 내 종목 선정을 통해 수익을 내거나 아이디어를 제시해야 하기에 바텀업을 중시하는 편이다. 그리고 펀드 매니저들이 한데 모여 있는 운용사 전체 관점에서는 시장 상황에 따라 매크로와 바텀업의 균형을 적절히 옮겨가는 운용 방식을 추구한다. 이

책을 읽는 독자들 대부분이 갓 주식 투자를 시작했거나 3년 미만의 투자 경험(코로나 팬데믹 이후 처음으로 투자를 시작한 사람)을 보유한 투자자라는 것을 전제로 했을 때, 이들에게 매크로 전략과 바텀업 전략 내에서 고려해야 하는 수많은 요인을 일일이 배우면서 자기 것으로 만들라고 요구하기가 어렵다는 사실을 잘 알고 있다. 솔직히 고백하자면, 수년 넘게 애널리스트 생활을 해온 나도 아직까지 주식 시장에 대해 모르는 게 너무나도 많다. 예상치 못한 일들이 발생하다 보니 전망도 종종 틀리곤 한다. 중앙은행들이 가보지 않은 공격적인 금리 인상의 길을 걷고 있다는 평가가 자주 들리는 것과 마찬가지로, 나 역시 앞으로 주식 시장이 어떠한 구조적인 변화를 겪을지 고민하기 위해 다양한 분석 방법, 지표, 이벤트를 수시로 공부하는 입장에 놓여있다. 사족이 조금 있었지만, 하고 싶은 이야기는 이것이다. 나나 여러분들이나 주식 시장에 최대한 오래 머무르면서 예금 금리 이상의 수익을 꾸준히 축적해 장기적인 부의 증식을 추구하는 것이 공통된 목표다. 이런 관점에서 주식 시장의 사이클 내에서 일어날 수 있는 다양한 사건에 효율적으로 대응하기 위해서는 매크로나 바텀업 둘 중 하나만 내 것으로 만드는 것이 아니라, 둘 다 내 것으로 만들 필요가 있다. 수많은 지표와 이벤트를 배워야 하지만, 그 안에서도 상대적으로 중요도가 높은 것들이 있다. 다시 말해 전 세계 수많은 투자자들이 보편적으로 보는 중요한 것들이 존재한다.

복잡하게 생각할 것 없이 편하게 한 가지 투자 도구나 투자 이론만 가지고 주식 투자를 하고 싶은 것은 당연하다. 하지만 인간의 주관이 교차하는 곳이자 그 주관의 형태에 따라 상황이 달라지는 주식 시장에서는 현실의 무게와 다양성이 도구나 이론을 넘어서는 법이다. 이는 예측 불가능한 시장이 투자자들에게 던지는 고민거리이지만, 이러한 시장 상황 앞에서 천재지변을 마주한 것처럼 전혀 손을 쓸 수 없는 것은 아니다. 주식 시장은 미인대회라는 이야기를 한다. 자신이 보기에 미인인 사람을 뽑는 게 아니라 남들이 봤을 때 미인일 것 같은 사람을 뽑는 것이 미인대회의 특징이다. 미의 기준은 국가마다 다르며 특정 시대상을 반영하기도 한다. 또 누가 봐도 미인이라고 할 수 있는 후보자를 통해 이번 미인대회의 방향성 혹은 미인이라는 기준의 장기적인 트렌드를 어느 정도 예측할 수 있다.

주식 투자 관점에서도 마찬가지다. 주식 시장에는 챙겨봐야 할 것들이 수도 없이 많지만, 기업이나 국가의 주가, 실적을 예측하는 데 있어서 다양한 시기와 사건에 보편적으로 활용할 수 있는 유용한 매크로, 바텀업 지표가 존재한다는 것이 내 입장이다. 몇 가지 것들만 보면 되기에 결코 부담이 크지 않으니 걱정하지 않아도 된다고 이야기하고 싶다. 이들 지표와 이벤트만 잘 이해하고 배워 놓아도 특정 사건이나 주가 흐름에 일일이 반응하는 것이 아니라 적절하게 대응할 수 있을 것이라고 생각한다. 반응은 인간에게 내재된 본성과 관련이 있다. 위험이 발생하면 뒤도 안 돌아보고 도망치거나 피하려는 습성은 주식 시장에서 때론 손실의 규모를 크게 만드는 위험을 초래한다. 반대로 대응은 인류가 오랜 기간 거쳐오면서 습득한 이성적인 사고방식과 관련이 있다. 주식 시장에 대형 악재들이 발생한다고 하더라도 동물적인 본능에 의존해 반응하기보다는 이성적인 사고방식으로 현상과 원인을 분석하고 대응하는 것이 생존 확률을 높여줄 것이다.

매크로 분석 시작 전
알아야 할 지표

매크로 분석을 주로 하는 전략 애널리스트 업무를 하고 있는지라 편향된 시각이 들어가 있을 수 있지만, 한국 주식 투자를 하는 데 있어서 매크로 분석은 필수라고 생각한다. 설령 바텀업으로 개별 종목 투자에 집중하는 투자자라고 하더라도 현재 자기가 들고 있는 그 기업을 둘러싼 거시 경제 환경이 우호적인지 부정적인지를 알아 둔다면, 해당 주식의 비중을 확대 혹은 축소할 때 의사결정에 많은 도움이 된다고 생각한다. 결국 우리는 다양한 요인들을 고려해 주어진 조건에서 남들보다 기술적인 우위를 점하면서 최적의 투자 의사결정을 내리는 것이 중요하지 않은가. 마리아 코니코바가 자신의 저서 《블러프 The Biggest Bluff》에서 포커에서 승리하는 사례에 대해 다음과 같이 이야기했다. "경제학자 잉고 피틀러Ingo Fiedler는 6개월 동안 여러 온라인 포커 사이트에서 진행된 수십만 판의 게임을 분석했다. 그 결과 실제로 최고의 패가 이기는 경우는 평균 12%에 불과하며 쇼다운Showdown*까지 가는 경우도 3분의 1 미만임이 드러났다. 이는 플레이어들의 기술이 뛰어나 다른 플레이어들이 막판까지 가기 전에 패를 버리게 만들었다는 뜻이다. (중략) 판돈이 커질수록 기술적 우위가 차지하는 비중이 컸다." 이는 주식 투자에도 적용 가능한 조언이다. 시장을 이길 수 있는, 달리 말해 다른 투자자들을 무조건 이길 수 있는 지표, 전략, 법칙은 존재하지 않는다. 하지만 주가가 투자자들을 광기로 몰아넣거나 두려움에 빠지게 하는 변화무쌍한 흐름을 보이더라도, 주식 시장에서 몇 가지 투자 기술만 제대로 습득할 수 있다면 남들보다 기술적으로 투자 우위에 있을 확률을 높여줄 수 있다.

---

* 마지막 카드를 서로 공개하는 것

한국 수출 지표
한국 주식 투자자의 1순위 지표

누군가가 나에게 "주식 투자 레벨업을 하기 위해서 꼭 챙겨봐야 할 지표, 더도 말고 덜도 말고 딱 한 개만 알려주세요. 그것부터 먼저 공부할게요."라고 물어본다면 나는 주저 없이 한국의 수출 지표를 꼽을 것이다. 매달 1일 산업통상자원부에서 발표하는 한국의 월간 수출 지표가 중요한 이유는 한국 기업들의 실적과 관련이 있다. 앞서 주가 수익률을 결정하는 요인 중 하나가 실적이라고 이야기했다. 실적이 어떤 식으로 변하는지에 따라 한국 증시의 움직임이 좌우되고는 한다. 물론 투자자들의 심리가 개입되는 특성도 있다 보니, 때로는 주가가 실적에 과잉 혹은 과소 반응하거나 아니면 즉시 반응하는 것이 아니라 시차를 두고서 반응하기도 한다. 하지만 결국 주가는 실적에 수렴한다는 것이 지난 수십 년 동안의 한국 증시 역사가 전해준 사실임을 감안했을 때, 실적 방향을 추정해보는 작업은 한국 증시의 방향성을 예측하는 데 필수라고 할 수 있다. 한국의 수출은 한국 증시의 이익 방향성과 직결돼 있다. 여기에는 그럴 만한 이유가 있는데, 네이버, 카카오 등 한국 시장 비중이 압도적으로 높은 인터넷 대형주들을 제외하면 삼성전자, LG에너지솔루션, SK하이닉스, 현대차, 기아차, LG전자 등 이름만 들어도 아는 국내 유수의 초대형 시가총액 상위주들은 대부분 수출 업체이기 때문이다. 이들 기업의 실적은 결국 해외에서 얼마나 장사를 잘하는지에 달려 있기 때문에 매월 발표되는 수출 결과가 중요한 셈이다.

그림 2.1을 보면 수월하게 이해할 수 있을 것이다. 위의 그래프는 전년 동기 대비 변화율 관점에서 한국의 수출과 코스피 영업 이익 전망치를 비교한 것으로, 한국 수출이 개선될 때 실적 전망도 같이 개선되고 있음을 확인할 수 있다. 이어서 아래 그래프는 코스피 영업 이익 전망치와 코스피 주가의 관계를 나타내는데, 영업 이익 전망이 우상향하는 구간에서 코스피도 상승하고, 영업 이익 전망이 우하향하는 구간에서 코스피도 하락하는 경향이 있다. 2021년 여름, 코스피가 3,300pt 부근에서 고점을 형성한 후 하락 추세로 접어든 데에는 중앙은행의 긴축 정책, 투자 심리상 과열 우려 등 여러 요인이 존재한다. 하지만 한국 수출 증가세의 탄력이 약해짐에 따라 국내 기업들의 이익 전망이 부진했던 영향도 크게 작용했다고 판단한다. 이처럼 한국 수출의 추세를 알고 있으면 한국 증시의 이익이 어떤 식으로 흘러갈지 방향을 가늠해 볼 수 있다. 더 나아가 수출 데이터는 매월 발표되기 때문에 애널리스트, 펀드 매니저, 일반 투자자들도 기업들의 분기

그림 2.1 한국의 수출과 코스피 영업 이익 전망치(상),
코스피 영업 이익 전망치와 코스피의 관계(하)

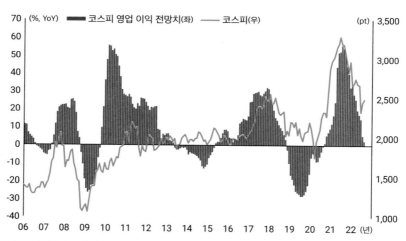

자료: 블룸버그, Quantiwise

실적을 일정 부분 추론해보는 것이 가능하다. 기업들은 매 분기마다 실적을 발표한다. 가령 1분기(1~3월) 실적은 4월 초 국내 대표 기업인 삼성전자의 실적 발표를 시작으로 5월 중순까지 발표한다. 반면 수출 실적은 매월 1일에 발표하는데, 이게 장점이다. 예를 들어 1월 수출 실적은 다음 달인 2월 1일에, 2월 수출 실적은 그다음 달인 3월 1일에 발표한다*. 이런 이유로 4월 혹은 5월까지 기다려야 하는 1분기 실적을 월간 수출 지표를 통해 미리 파악할 수 있다. 물론 실제 실적을 확인하기 전에 각 업종 및 종목을 담당하는 기업 분석 애널리스트들이 각자의 논리와 모델을 가지고 추정한 실적을 프리뷰라는 형태로 투

그림 2.2 산업통상자원부 발표 수출입 동향 보고서

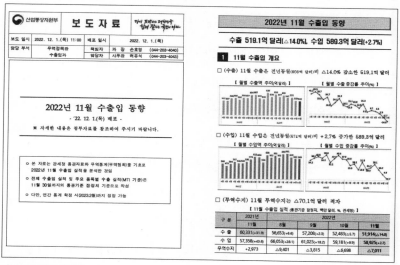

자료: 산업통상자원부

---

* 공휴일, 주말에 상관없이 매월 1일에 발표

표 2.1 한국의 상위 3개국 수출 비중 및 수입국 내 시장점유율 (%, %p)

		2010	2011	2012	2013	2014	2015 (a)	2016	2017	2018	2019	2020 (b)	증감 (b-a)
중국	수출비중	25.05	24.17	24.52	26.07	25.37	26.03	25.12	24.77	26.80	25.12	25.87	-0.17
	점유율	10.72	9.98	9.95	9.97	10.46	11.95	11.39	10.37	10.29	8.91	8.92	-3.03
미국	수출비중	10.68	10.12	10.68	11.09	12.27	13.26	13.42	11.96	12.02	13.53	14.46	+1.20
	점유율	2.55	2.57	2.59	2.75	2.96	3.19	3.20	3.05	2.93	3.11	3.26	+0.06
베트남	수출비중	2.07	2.43	2.91	3.77	3.90	5.27	6.59	8.32	8.04	8.89	9.47	+4.19
	점유율	11.50	12.34	13.65	15.66	14.70	16.64	18.40	22.02	20.09	18.52	17.93	+1.30

자료: 한국무역협회(K-stat), 중국해관총서, USITC, UN Comtrade

자자들에게 제공하기는 한다. 하지만 이들 역시 매월 발표되는 수출 데이터들을 참고하면서 실적을 추정하므로 월간 수출 데이터의 중요성은 아무리 강조해도 지나치지 않다.

한국 수출은 글로벌 투자자들도 많은 관심을 가지는 편이다. 한국 기업들이 해외로 제품이나 서비스를 수출한다는 것은 상대 교역 국가들이 제품이나 서비스를 수입한다는 의미다. 한 국가의 수입은 곧 가계, 기업 등 실물 경제 주체들의 수요로 보면 된다. 이중 한국 수출에서 가장 높은 비중을 차지하는 국가는 전 세계 최대 국가인 중국과 미국이다. 2020년 말 기준으로 중국에 대한 수출 비중은 약 26%, 중국 시장에서 한국의 수출 점유율은 약 8.9%이며, 미국에 대한 수출 비중은 약 14%, 수출 점유율은 3.3%이다. 이는 전 세계 수출 순위 6위에 해당하는 성적으로, 한국은 전 세계 수출 및 소비 경제에 있어서 중요한 위치를 차지하고 있다. 더 나아가 글로벌 투자자들에게 한국 수출

그림 2.3 한국 수출 증감률과 글로벌 기업들의 주당순이익 증감률

자료: True insight

은 전 세계 기업들의 이익 변화와 방향성을 미리 가늠해볼 수 있는 선행지표 역할도 하고 있다.

그림 2.3은 한국의 수출과 글로벌 기업들의 주당순이익 추이를 나타낸 것으로, 한국 수출이 변동성은 다소 크지만, 전반적인 방향성은 글로벌 기업들의 주당순이익 변화에 선행하고 있음을 확인할 수 있다. 이는 앞서 한국 기업들의 분기 실적 추정 사례와 마찬가지로 발표 시점이 수많은 매크로 지표들에 비해 제일 빠른 편이기 때문이다.

'탄광 속 카나리아'라는 용어가 있다. 19세기 유럽의 광부들은 탄광 속으로 작업하러 들어갈 때 카나리아라는 새를 같이 데리고 들어갔다. 이 조류는 탄광 안의 메탄가스, 일산화탄소 등 유해가스에 민감하게 반응하기 때문에 만약 작업 도중 카나리아가 이상 증세를 보이

면 광부들을 이를 사전 위험 신호로 간주해 작업을 중단하고 그 자리를 떠났다고 한다. 이런 관점에서 한국의 수출도 전 세계 수많은 경제 지표 중에서 가장 빨리 발표되는 지표인 만큼, 글로벌 경제와 기업 이익을 측정할 때 탄광 속 카나리아 역할을 한다. 물론 미국 경제나 전 세계 경제의 또 다른 선행지표로 불리는 미국의 ISM^{Institute of Supply Management} 제조업 PMI^{Purchasing Managers' Index}도 1일에 발표되기는 한다. 하지만 한국의 시차가 미국보다 빠르다는 점을 생각해보자. 한국의 수출은 한국 시간 매월 1일 아침에 발표되지만, 미국의 ISM 제조업 PMI는 매월 1일 밤에 발표되므로 약 반나절 이상의 시차가 존재한다. 반나절 시차는 투자자의 유형에 따라 중요하지 않을 수도 있지만, 빠르게 급변하는 환경 속에서 이 정도의 시차는 기민한 대응을 요하는 투자자들에게 유용하게 작용할 수 있다.

매달 산업통상자원부의 월간 수출입 동향 보고서를 챙겨보라고 강력히 추천하는 이유는 단지 한국의 전반적인 수출 변화를 통해 미래의 코스피 방향성을 예측해보라는 것이 아니다. 주식 투자를 하는 사람들은 코스피, 코스닥과 같은 벤치마크 지수에만 투자하는 것이 아니라 반도체나 이차 전지 같은 특정 업종, 중국 소비, 플랫폼과 같이 특정 테마에 주목해 개별 종목에 투자하기도 한다. 특히 후자의 유형에 해당하는 투자자에게는 분기마다 발표되는 실적을 미리 추정해볼 때 월간 단위로 입수되는 데이터가 유용한 도구 역할을 한다. 기관 투자자나 애널리스트 같은 전문가들은 유료 프로그램을 사용해 데이터를 확보하고, 이를 기반으로 매매를 하거나 보고서를 쓰는 편이다. 하지만 일반 투자자가 한 달에 수십, 수백만 원을 내면서 유로로 구독하기는 어렵다. 대안으로 증권사의 보고서나 언론 기사 혹은 텔레그램이나 유튜브와 같은 미디어 채널을 활용해 정보를 습득할 수는 있다. 그러나 개인적으로는 산업통상자원부의 월간 수출입 동향 보고서에서 확인할 수 있는 품목별 수출 동향을 추천하고 싶다.

그림 2.4는 수출입 동향 보고서 중 품목별 상세 수출 동향을 가져온 것이다. 이를 통해서 자동차, 석유 제품, 이차 전지, 반도체 등 한국 경제의 주력 수출 품목이자 국내 증시 내 핵심 업종들이 지난달 얼마나 좋은 실적을 냈는지 숫자로 확인할 수 있다. 또한 지난달 실적을 변하게 만든 요인이 어디에 있었는지에 대한 간략한 코멘트를 확

그림 2.4 산업통상자원부 발표 수출입 동향 내 품목별 상세 수출 동향 페이지

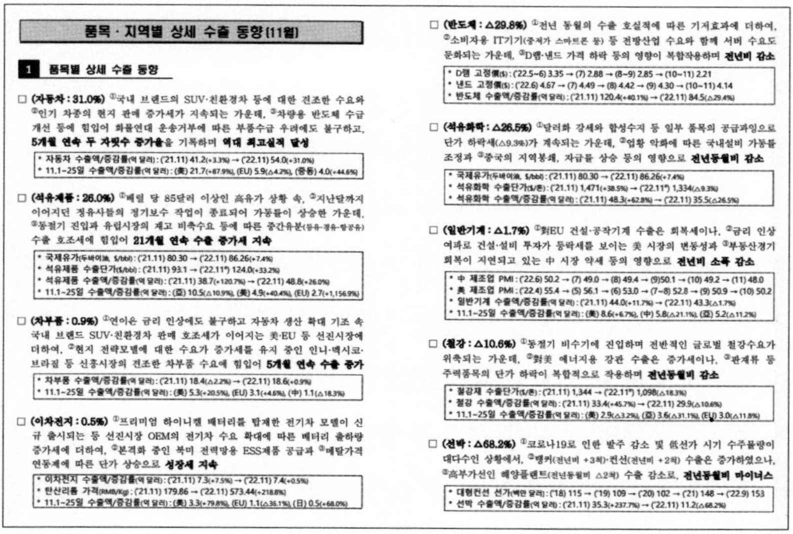

품목 · 지역별 상세 수출 동향(11월)

1 품목별 상세 수출 동향

□ **(자동차 : 31.0%)** ①국내 브랜드의 SUV·친환경차 등에 대한 견조한 수요와 ②인기 차종의 현지 판매 증가세가 지속되는 가운데, ③차량용 반도체 수급 개선 등에 힘입어 화물연대 운송거부에 따른 부품수급 우려에도 불구하고, **5개월 연속 두 자릿수 증가율**을 기록하며 **역대 최고실적 달성**

* 자동차 수출액/증감률(억 달러) : ('21.11) 41.2(+3.3%) → ('22.11) 54.0(+31.0%)
* 11.1~25일 수출액/증감률(억 달러) : (美) 21.7(+87.9%), (EU) 5.9(△4.2%), (중동) 4.0(+44.6%)

□ **(석유제품 : 26.0%)** ①배럴 당 85달러 이상인 高유가 상황 속, ②지난달까지 이어지던 정유사들의 정기보수 작업이 종료되어 가동률이 상승한 가운데, ③동절기 진입과 유럽시장의 재고 비축수요 등에 따른 중간유분(등유·경유·항공유) 수출 호조세에 힘입어 **21개월 연속 수출 증가세 지속**

* 국제유가(두바이油, $/bbl) : ('21.11) 80.30 → ('22.11) 86.26(+7.4%)
* 석유제품 수출단가($/bbl) : ('21.11) 93.1 → ('22.11*) 124.0(+33.2%)
* 석유제품 수출액/증감률(억 달러) : ('21.11) 38.7(+120.7%) → ('22.11) 48.8(+26.0%)
* 11.1~25일 수출액/증감률(억 달러) : (亞) 10.5(△10.9%), (美) 4.9(+40.4%), (EU) 2.7(+1,156.9%)

□ **(차부품 : 0.9%)** ①연이은 금리 인상에도 불구하고 자동차 생산 확대 기조 속 국내 브랜드 SUV·친환경차 판매 호조세가 이어지는 美·EU 등 선진시장에 더하여, ②현지 전략모델에 대한 수요가 증가세를 유지 중인 인니·멕시코·브라질 등 신흥시장의 견조한 차부품 수요에 힘입어 **5개월 연속 수출 증가**

* 차부품 수출액/증감률(억 달러) : ('21.11) 18.4(△2.2%) → ('22.11) 18.6(+0.9%)
* 11.1~25일 수출액/증감률(억 달러) : (美) 5.3(+20.5%), (EU) 3.1(+4.6%), (中) 1.1(△18.3%)

□ **(이차전지 : 0.5%)** ①프리미엄 하이니켈 배터리를 탑재한 전기차 모델이 신규 출시되는 등 선진시장 OEM의 전기차 수요 확대에 따른 배터리 출하량 증가세에 더하여, ②본격화 중인 북미 전력망용 ESS제품 공급과 ③메탈가격 연동제에 따른 단가 상승으로 **성장세 지속**

* 이차전지 수출액/증감률(억 달러) : ('21.11) 7.3(+7.5%) → ('22.11) 7.4(+0.5%)
* 탄산리튬 가격(RMB/Kg) : ('21.11) 179.86 → ('22.11) 573.44(+218.8%)
* 11.1~25일 수출액/증감률(억 달러) : (美) 3.3(+79.8%), (EU) 1.1(△35.1%), (日) 0.5(+68.0%)

□ **(반도체 : △29.8%)** ①전년 동월의 수출 호실적에 따른 기저효과에 더하여, ②소비자용 IT기기(증저가 스마트폰 등) 등 전방산업 수요와 함께 서버 수요도 둔화되는 가운데, ③D램·낸드 가격 하락 등의 영향이 복합작용하며 **전년비 감소**

* D램 고정價($) : ('22.5~6) 3.35 → (7) 2.88 → (8~9) 2.85 → (10~11) 2.21
* 낸드 고정價($) : ('22.6) 4.67 → (7) 4.49 → (8) 4.42 → (9) 4.30 → (10~11) 4.14
* 반도체 수출액/증감률(억 달러) : ('21.11) 120.4(+40.1%) → ('22.11) 84.5(△29.4%)

□ **(석유화학 : △26.5%)** ①달러화 강세와 합성수지 등 일부 품목의 공급과잉으로 단가 하락세(△9.3%)가 계속되는 가운데, ②업황 악화에 따른 국내설비 가동률 조정과 ③중국의 지역봉쇄, 자급률 상승 등의 영향으로 **전년동월비 감소**

* 국제유가(두바이油, $/bbl) : ('21.11) 80.30 → ('22.11) 86.26(+7.4%)
* 석유화학 수출단가($/톤) : ('21.11) 1,471(+38.5%) → ('22.11*) 1,334(△9.3%)
* 석유화학 수출액/증감률(억 달러) : ('21.11) 48.3(+62.8%) → ('22.11) 35.5(△26.5%)

□ **(일반기계 : △1.7%)** ①對EU 건설·공작기계 수출은 회복세이나, ②금리 인상 여파로 건설·설비 투자가 등락세를 보이는 美 시장의 변동성과 ③부동산경기 회복이 지연되고 있는 中 시장 약세 등의 영향으로 **전년비 소폭 감소**

* 中 제조업 PMI : ('22.6) 50.2 → (7) 49.0 → (8) 49.4 → (9)50.1 → (10) 49.2 → (11) 48.0
* 美 제조업 PMI : ('22.4) 55.4 → (5) 56.1 → (6) 53.0 → (7~8) 52.8 → (9) 50.9 → (10) 50.2
* 일반기계 수출액/증감률(억 달러) : ('21.11) 44.0(+11.7%) → ('22.11) 43.3(△1.7%)
* 11.1~25일 수출액/증감률(억 달러) : (美) 8.6(+6.7%), (中) 5.8(△21.1%), (亞) 5.2(△11.2%)

□ **(철강 : △10.6%)** ①동절기 비수기에 진입하며 전반적인 글로벌 철강수요가 위축되는 가운데, ②對美 에너지용 강관 수출은 증가세이나, ③판재류 등 주력품목의 단가 하락이 복합적으로 작용하며 **전년동월비 감소**

* 철강재 수출단가($/톤) : ('21.11) 1,344 → ('22.11*) 1,098(△18.3%)
* 철강 수출액/증감률(억 달러) : ('21.11) 33.4(+45.7%) → ('22.11) 29.9(△10.6%)
* 11.1~25일 수출액/증감률(억 달러) : (美) 2.9(△3.2%), (亞) 3.6(△31.1%), (EU) 3.0(△11.8%)

□ **(선박 : △68.2%)** ①코로나19로 인한 발주 감소 및 低선가 시기 수주물량이 대다수인 상황에서, ②탱커(전년비 +3척)·컨선(전년비 +2척) 수출은 증가하였으나, ③高부가선인 해양플랜트(전년동월비 △2척) 수출 감소로, **전년동월비 마이너스**

* 대형컨선 선가(백만 달러) : ('18) 115 → ('19) 109 → ('20) 102 → ('21) 148 → ('22.9) 153
* 선박 수출액/증감률(억 달러) : ('21.11) 35.3(+237.7%) → ('22.11) 11.2(△68.2%)

자료: 산업통상자원부

인할 수 있다는 점도 이 보고서의 특징이다. 업종별 수출 실적 변화는 주식 시장에서도 해당 업종 주가와 밀접한 양의 방향성을 띄고 있는 점에 주목하자. 또 기업 분석을 담당하는 애널리스트 역시 월간 수출입 동향의 내용을 참고해 실적을 추정하는 경향이 있다. 여러분이 직접 살펴보면 동학개미들이 가장 많이 순매수한 국민 주식인 삼성전자가 속한 반도체 수출의 실적과 코멘트에서 2022년 10월 이후 반등에 나섰던 삼성전자의 주가가 11월부터 부진했던 이유를 파악할 수 있다. 11월 반도체 수출은 전년 동월 대비 29.8% 감소한 것으로 집계됐다. 이는 2021년 11월 수출 호조에 따른 역기저효과, 스마트폰 등 IT 기기를 중심으로 한 전방산업 수요 및 서버 수요 부진, 디램^{DRAM} 및 낸드 가격 하락 등이 수출 부진을 초래했음을 확인할 수 있다. 그렇다면 향후 삼성전자 주가의 본격적인 반등의 키는 전방산업 수요 회복, 메모리 가격 상승에 달려있는 것으로 추정해볼 수 있다. 삼성전자 주주거나 삼성전자 주식에 관심 있는 사람이라면 향후 품목별 상세 수출 동향이나 일간 혹은 주간 단위로 관련 뉴스에 주목해보자. 추가 매수, 매도와 같은 의사결정을 내릴 때 유용한 가이드라인이 될 것이다. 삼성전자가 포함된 반도체 업종을 예시로 들어 이야기했지만, 지금 말한 논리는 자동차, 이차 전지, 철강 등 증시 내 또 다른 주력 업종에 투자할 때도 동일하게 적용할 수 있다.

이처럼 업종별 수출 동향을 통해서 여러분이 투자하고 있는 업종이나 관심 있는 업종의 주가 및 실적 방향성을 가늠해 볼 수 있음을 알아봤다. 여기서 한발 더 나아가 그림 2.6과 같이 지역별 상세 수출

그림 2.5 한국의 반도체, 자동차, 철강 수출 증감률과 삼성전자, 현대차, POSCO홀딩스 주가 변화율

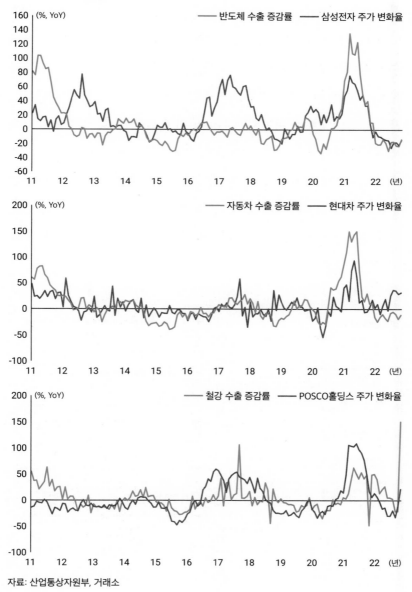

자료: 산업통상자원부, 거래소

동향을 통해 한층 더 깊이 있게 접근해볼 수도 있다. 여기서는 미국, 중국, EU 등 한국의 주요 교역 국가들의 월간 수출 실적과 관련 코멘트를 제공한다. 기업이 물건을 팔 때 그 물건에 대한 전반적인 소비자 수요 자체가 중요한 것은 사실이나, 주요 소비자가 누구이며 이들의 현재 소비 여건이 어떤지를 파악하는 것도 중요하다. 마찬가지로 전반적인 한국의 수출 변화뿐만 아니라 미국, 중국 등 한국의 주요 고객 국가들에 대한 수출 변화를 확인하는 것도 투자에 도움이 된다. 다음 그림의 지역별 상세 수출 동향 내 중국 관련 부분을 예로 들어보자. 중국에 대한 11월 한국 수출은 전년 동월 대비 25.5% 감소한 것으로 나타났다. 반도체, 석유 화학, 디스플레이 품목들의 수출 부진이 중국

그림 2.6 산업통상자원부 발표 수출입 동향 내 지역별 상세 수출 동향 페이지

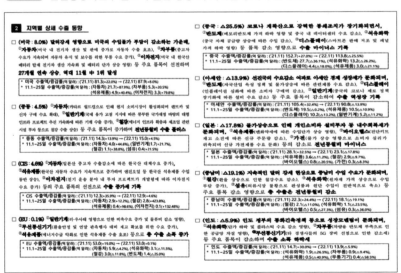

자료: 산업통상자원부

향 수출 부진을 초래한 것으로 보인다. 이를 통해서 반도체, 화학, 디스플레이 주식들의 주가 방향성을 결정하는 요인 중 하나는 중국의 수요 회복에 달려 있다고 추정해볼 수 있다. 해당 업종 주식에 관심이 있다면 품목별 수출뿐만 아니라 지역별 수출에서 중국향 수출 실적 변화에 주목해보는 것도 유용한 투자 정보로 활용할 수 있다. 매월 산업통상자원부에 방문해 20페이지에 달하는 월간 수출입 동향 보고서를 다운로드해 내용을 살펴보고 업종별, 지역별 수출 변화 요인을 확인한 후 자신의 투자에 반영하는 것은 쉬운 일이 아니다. 하지만 자신만의 분석이나 판단 없이 단순히 뉴스나 SNS에서 추천하고 많이 회자되는 주식만 매매하는 것을 넘어서 투자 레벨업을 꾀하려는 사람에게는 꼭 필요한 작업이다.

끝으로 주식 시장 측면에서뿐만 아니라 국가 경제 관점에서도 한국 수출은 경제성장률, 부가가치, 고용 등 전반적인 국가 경제에 기여하는 바가 크다. 우선 WTO에 의하면 전 세계 국가 중 한국은 중국, 미국, 독일, 네덜란드, 일본, 홍콩에 이어 7번째로 수출 규모가 큰 국가다*. 그중 한국의 GDP에서 수출이 차지하는 비중은 약 38%에 달하며, 이 수치는 시간이 지날수록 증가하고 있다(2017년 35%대). 통상적으로 수출을 위해 제품을 생산할 때는 수입 원재료를 중간재로 가공한다. 이때 노동, 자본, 토지와 같은 생산 요소가 투입되며, 그 과정에서 부가가치나 고용 창출과 같은 긍정적인 파급효과가 일어난

---

* 2021년 연간 기준 한국의 수출 총액은 6,400억 달러로 2020년에 비해 약 25% 증가

그림 2.7 수출의 경제 성장 기여도

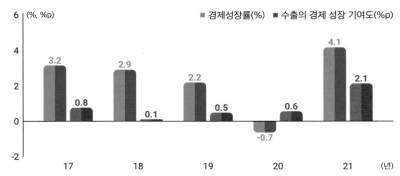

주: 수출의 경제 성장 기여도(%p)=(△ 수출에 의한 실질 부가가치액/전년도 실질 GDP)×100
자료: 한국무역협회, 한국은행 자료를 토대로 계산

다. 2021년 데이터 기준으로 수출의 부가가치 유발 효과는 21%대이며, 반도체, 자동차 등 국내 대기업 제조업체들이 가장 많은 부가가치를 창출했다. 고용도 마찬가지인데, 수출의 취업 유발효과를 보면 2021년 총 취업자 2,727만 명 중 약 15%에 가까운 사람들이 수출로 인해 일자리를 갖게 됐다. 경제학 교과서에서 한국이 수출 주도형 경제 모델을 채택한 국가라고 표현하는 것도 바로 이 같은 측면에서 기인한 것이다. 또 2022년 들어서 한국 주식 시장이 연이은 하락장을 겪은 것도 연방준비제도의 긴축이나 인플레이션 등 매크로 불확실성이 전 세계 수요와 한국 수출에 부정적인 영향을 미친 탓이 크다고 보면 된다. 글로벌 기업의 이익 전망이 취약해지고 미국, 유럽 등 주요국 주식 시장이 부진한 흐름을 이어가고 있는 것도 마찬가지다.

그만큼 수출은 한국의 전반적인 실물 경제, 한국 주식 시장, 더 나아가 글로벌 경제와 주식 시장에서도 중요한 바로미터, 즉 탄광 속 카나리아 역할을 한다. 이런 이유로 주식 투자자들이 봐야 하는 1순위 지표가 바로 수출인 셈이다.

그림 2.8 GDP 대비 수출액 비중(좌)과 GDP 대비 수출의 부가가치유발 비중(우)

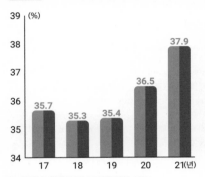

주: 실질 수출액/실질 국내총생산 기준
자료: 한국무역협회, 한국은행 자료를 토대로 계산

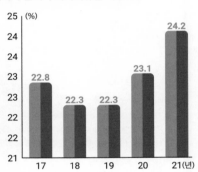

주: 실질 부가가치유발액/실질 국내총생산 기준

그림 2.9 수출의 취업유발인원(좌)과 수출의 취업기여율(우)

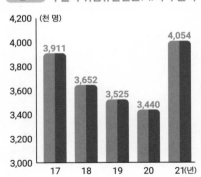

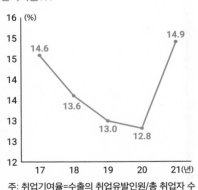

주: 취업기여율=수출의 취업유발인원/총 취업자 수

자료: 한국무역협회, 한국은행, 통계청 자료를 토대로 계산

한국 수출 지표

주식 시장 중요도	★★★★★
중요한 이유	• 코스피 주가와 코스피 상장사의 이익 방향성을 결정하는 핵심 요인 • 한국 수출 기업의 분기 실적을 월간 단위로 추정 가능 • 글로벌 경제 및 기업 이익 변화의 바로미터 역할 수행
관련 지표	산업통상자원부 월간 수출 동향
발표일	매월 1일 오전(주말 및 공휴일 무관)
발표 사이트	산업통상자원부(www.motie.go.kr)
데이터 다운로드	• K-STAT(https://stat.kita.net) • 한국은행 경제통계시스템(https://ecos.bok.or.kr)

※ 지표 발표 시기는 각국의 현지 시간 기준
※ 경제 지표는 관련 부처 홈페이지에서 확인 가능하지만, 편의성 측면에서는 Investing.com 홈페이지나 Investing 애플리케이션 내 캘린더를 활용하는 것이 좋다.

미국 인플레이션 지표
매크로가 유발하는 주가 변화 요인의 핵심

2022년에 가장 시장을 뜨겁게 달궜던 이슈는 인플레이션일 것이다. 인플레이션 수치가 계속 높게 나오자 연방준비제도, 한국은행 등 각국 중앙은행들은 이에 대응하기 위해 기준 금리 인상 등 긴축 정책을 펼치고 있다. 그 과정에서 주식 시장은 금리 상승 부담, 시중 유동성 축소, 미래의 통화 정책 불확실성 등 악재란 악재를 연달아 맞으면서 약세장에 진입했다. 인플레이션이 올해 내내 시장을 괴롭혔지만, 앞으로도 계속 많은 주식 투자자들이 투자 전략을 수립할 때 여러모로 고민거리를 안겨주는 존재가 될 것이다.

인플레이션은 경제 과열 여부를 판단하는 대표적인 지표 중 하나다. 이를 측정할 때 활용되는 물가지표는 대중적으로 잘 알려진 소비자물가[CPI]이며 한국을 비롯한 중국, 유로존, 일본 등 주요국에서도 이 지표를 사용하고 있다. 언론에서 "물가 상승률이 몇 %를 기록했다."

그림 2.10 미국과 전 세계 소비자물가 상승률

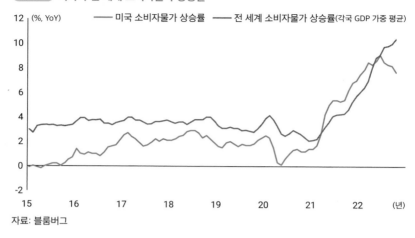

자료: 블룸버그

혹은 "몇 %대로 하락했다."라고 이야기할 때도 CPI 지표에서 나온 수치를 활용한다. 물가가 상승하면 인플레이션, 하락하면 디플레이션이라고 부르며, 금융 시장에서도 CPI가 주로 활용된다. 가령 사회보장 연금지급액을 조정할 때나 인플레이션 연동국채TIPS, 인플레이션 스와프SWAP 같은 금융 계약에서 CPI가 참조 금리로 사용된다.

물가는 구매력과 직결되기 때문에 일상에서도 매우 중요한 지표다. 예를 들어서 내 소득이 지난해와 비교해 변동이 없다고 가정해 보자(지난 해에 비해 0% 소득 증가). 그런데 쌀, 김치 등 식료품 값 혹은 기름값 등 일상생활을 하는 데 필요한 품목들의 물가가 지난해에 비해 10% 상승했다면 어떻게 될까? 내 소득은 그대로인데 물건이나 기름값은 10% 상승한 것이니 나의 명목 구매력(인플레이션을 반영하지 않은 구매력)은 변함없지만, 실질 구매력(인플레이션을 반영한)은 지난해에 비해

10% 감소한 것이다. 이것이 인플레이션 시기에 흔히 관찰할 수 있는 현상이다. 인플레이션은 경기가 좋아진다는 신호로 작용하지만, 물가 상승 속도가 과도하게 진행되면 경제 주체들의 실질 구매력 감소 정도가 심해지면서, 결국 경제는 수요 부진으로 인해 둔화 혹은 불황에 빠지기 마련이다. 지금 중앙은행들이 금리 인상을 통해 물가를 잡으려고 하는 배경도 바로 과도한 인플레이션 환경 지속에 따른 서민들의 물가 부담을 해결하기 위해서다. 반대의 경우도 마찬가지다. 내 소득은 지난해와 비교해 변함이 없는데 물건값이나 기름값이 10% 하락한다면 어떤 현상이 발생할까? 이를 디플레이션이라고 하는데, 이 시기에는 나의 실질 구매력이 증가하게 된다. 그렇다면 이런 생각을 해볼 수 있다. "인플레이션보다 디플레이션이 좋은 것이 아닌가? 오늘보다 내일, 내일보다 모레의 물건값이 하락하면 내가 더 싼 가격에 물건을 구입할 수 있지 않나?"라고 말이다. 하지만 생각과 현실은 다르다. 디플레이션은 경기침체의 산물이다. 내가 무언가를 구입할 때마다 내는 돈은 누군가의 소득이고, 이는 궁극적으로 경제를 성장시키는 선순환을 형성한다. 이러한 선순환 고리가 파괴되는 것이 디플레이션이다. 한국의 유명 이코노미스트이자 경제 베스트셀러 작가인 홍춘욱 박사는 2020년 자신의 저서 《디플레 전쟁》에서 이런 이야기를 했다.

"첫째, 디플레는 결국 장기 불황 때문에 일어난 현상이라는 점이다. 예를 들어 100만 대의 생산 능력을 가진 자동차 회사가 있는데, 판매량이 90만

대에 그친다면 어떤 일이 벌어질까? 이 회사는 제품 가격을 인하하고, 더 나아가 고용하고 있던 파트타임 근로자들을 해고하려고 들 것이다. 그런데 이것이 1년이 아니라 2~3년 이상 지속되면 어떻게 될까? 아마 이 회사의 자동차 가격은 지속적으로 내려가고 정규직 근로자들마저 해고의 위험에 노출될 것이다. 물론 소비자 입장에서는 자동차 가격이 떨어지니 좋아할지도 모른다. 그러나 근로자들이 해고되고 기업이 경영난을 맞아 판매 부진을 타개하기 위해 차를 저렴하게 파는 것이 경제에 좋은 일일까?

둘째, 소비와 투자가 연쇄적으로 얼어붙게 된다. 생각해보라! 앞으로 제품 가격이 떨어질 것이 확실한 상황에서 누가 정가를 주고 물건을 구입하려고 들까? 물가가 지속적으로 내려갈 것이라는 기대가 자리 잡으면 기업은 신제품을 개발할 의욕을 가지기 어렵다. 열광적인 마니아층이 제품을 구입하고, 이들이 입소문을 퍼트리면서 히트작으로 발돋움하는 선순환이 원천 봉쇄되는 셈이다.

따라서 디플레가 시작되면 경제에 지속적인 악순환이 발생한다. 기업들은 혁신을 게을리하고 근로자들을 해고할 것이며, 가계는 소비를 미루고 저축에 몰두할 테니 말이다."

《디플레 전쟁》, 홍춘욱

인플레이션과 디플레이션의 구분은 여기까지 하고 대표적인 인플레이션, 디플레이션 측정 지표인 소비자물가에 대해 좀 더 이야기해보자. 소비자물가는 크게 일반 소비자물가$^{Headline\,CPI}$와 근원 소비자물가$^{Core\,CPI}$로 구분한다. 한국 통계청이나 미국 노동통계국에서 소비자물가를 발표할 때도 일반 소비자물가와 근원 소비자물가 두 가지로 나눠서 발표한다. 일반 소비자물가가 보편적인 인플레이션 측정 지표로 사용되지만, 추가적으로 근원 소비자물가를 발표하는 데도 이유가 있다. 근원 소비자물가는 가격 변동이 큰 농산물 등의 식료품과 석유 등의 에너지 품목을 제외한 소비자물가를 의미한다. 농산물은 계절적인 요인으로 인해 수급 상황이 일시적으로 꼬이면서 종종 가격 왜곡 현상이 일어나는 품목이다. 우리가 기름값이라고 이야기하는 석유 시세는 중동 지역의 지정학적 요인, 전쟁 등 외부적인 요인에 의해 가격 변동성이 다른 품목보다 큰 경향이 있다.

앞서 FOMC를 다룰 때 중앙은행의 주요 책무 중 하나가 물가 안정이라고 이야기했다. 만약 계절적인 요인이나 중동 지역의 지정학적인 사건으로 식료품이나 에너지 품목이 일시적으로 급등한 경우, 중

그림 2.11 미국의 소비자물가 상승률과 근원 소비자물가 상승률

자료: 미 노동통계국(BLS)

앙은행이 이에 대처하고자 금리를 인상하는 것이 타당할까? 인상할 수는 있지만 일시적인 현상은 그야말로 일시적이기 때문에 빠른 속도로 식료품이나 에너지 품목의 물가가 제자리로 돌아갈 수 있다. 이런 상황에서는 중앙은행의 금리 인상이 오히려 역효과를 낼 수 있기 때문에 가격 변동성이 큰 품목을 제거한 근원 소비자물가를 따로 발표하는 것이다. 중앙은행도 통화 정책 결정 시 일반 소비자물가를 참고하지만, 그보다 더 중요하게 참고하는 것이 바로 근원 소비자물가다. 그림 2.11처럼 미국의 소비자물가보다 근원 소비자물가의 움직임이 상대적으로 안정적이며 중앙은행은 안정적으로 움직이는 근원 소비자물가가 심상치 않은 움직임을 보일 때 금리 인상 혹은 인하와 같이 정책에 변화를 주는 것이다.

그림 2.12처럼 미국에는 CPI 이외에도 개인소비지출물가Personal

그림 2.12 미국의 소비자물가(CPI) 상승률과 개인소비지출물가(PCE) 상승률

자료: 미노동통계국(BLS), 미경제분석국(BEA)

Consumption Expenditure, PCE라는 또 다른 물가 지표가 존재하는데, 정책 결정자와 시장 참여자들은 이 지표에도 주목해야 한다. 연방준비제도 인사들이 연설에서 자주 언급하는 '연방준비제도의 2% 물가목표치 달성 여부'를 PCE 지표로 판단하기 때문이다. 연방준비제도가 PCE를 물가지표로 활용하는 이유는 두 가지로 압축할 수 있다. 먼저 PCE를 구성하는 항목들이 미국 GDP의 약 70%를 반영할 정도로 범위가 넓다는 것이다. 다음으로 정책 결정자 입장에서 장기 인플레이션 추세를 파악하는 데는 상대적으로 범위가 더 넓은 PCE가 적합하다는 측면도 있다.[*]

노동통계국Bureau of Labor Statistics, BLS에서 작성하는 CPI와 경제분석국Bureau of Economic Analysis, BEA에서 작성하는 PCE는 세 가지 측면에서 차이가 있다. **첫째는 가중치**Weight**다.** 소비자는 대체로 특정 상품에 더 많은 지출을 하는데, 그런 상품일수록 물가를 측정할 때 가중치가 더 높게 부여된다. 가중치는 구성항목을 리밸런싱할 때도 차이가 난다. CPI는 소비자들의 지출 습관이 2년마다 변한다고 가정하고 24개월마다 지출항목을 리밸런싱하는 반면Fixed-weight, PCE는 분기마다 지출항목을 리밸런싱한다Chaind-weight. 표 2.2를 보면 CPI와 PCE는 구성항목 간의 가중치 차이가 존재한다는 것을 알 수 있다. 특히 주거와 메디케어 항목에서 가중치 차이가 상대적으로 큰 편이다. **둘째는 범위**Scope**다.** CPI는 오로지 소비자 주머니에서 직접 지출한 것들만 커버하고, 직접 지출

---

[*] 연방준비제도는 1999년까지 Core CPI를 물가 지표로 활용했으나, 2000년부터는 경제 전반적인 거래를 잘 반영하는 Core PCE로 변경했다.

표 2.2 CPI와 PCE의 주요 품목별 가중치 비교

품목	CPI	PCE	차이
식료품	15.0%	12.9%	2.1%p
주거	42.2%	23.6%	18.6%p
의류	3.1%	3.8%	-0.7%p
운송	15.3%	10.4%	4.9%p
메디케어	8.4%	22.0%	-13.6%p
여가	5.7%	7.6%	-1.9%p
교육 및 커뮤니케이션	7.1%	6.2%	0.9%p
기타	3.2%	13.4%	10.2%p
합계	100.0%	100.0%	

자료: 미국 노동통계국, 경제분석국

하지 않은 것들은 커버하지 않는다. 반면 PCE는 둘 다 커버한다는 특징이 있다. 예를 들어 메디케어 항목에서 고용주가 내는 금액은 CPI에 포함되지 않는 반면, PCE에서는 포함한다(다른 의료비용에서도 마찬가지다). **셋째는 대체제 효과다.** 돼지고기 가격이 오르면 사람들은 돼지고기를 덜 소비하는 대신 닭고기를 더 소비하게 된다. PCE는 이러한 특정품목과 대체재 사이의 관계를 고려한다. 즉, 어떤 품목의 가격이 비싸지면 그 품목에 대한 소비자 수요 감소를 고려해 다른 대체재를 사용하는데, 이를 포뮬러 이펙트Formula Effect라고 한다.

그렇다면 2022년 내내 투자자들과 중앙은행, 정부를 모두 힘들게 했던 인플레이션을 유발하는 요소에는 무엇이 있을까? 인플레이션 유발 요인은 크게 수요와 공급 두 가지로 구분할 수 있다. 먼저 수요 측면에서는 중앙은행의 금리 인하, 정부의 재정 확대 정책 등으로 총 수요가 확대되는 과정에서 물가가 상승한다. 통화나 재정 정책이 완화 기조에 있으면 시중에 흘러 들어가는 유동성이 증가하며, 낮은 이자 부담은 기업과 가계들로 하여금 투자와 할부 및 대출 수요를 늘리게 만든다. 이렇게 수요 측면에서 물가가 상승하는 현상을 경제학계에서는 '수요 견인 인플레이션'이라고 부른다. 다음으로 비용 측면을 살펴보면 2022년 러시아와 우크라이나 전쟁과 같이 지정학적 사건들로 인한 유가, 농산물 등 원자재의 가격 상승을 대표적인 사례로 볼 수 있다. 혹은 2021년 중 심각했던 물류 대란의 경우도 마찬가지다. 정부의 방역 정책 강화는 항만, 물류 단지 등 주요 유통 시설의 병목 현상을 유발했고 경제 전반적으로 물건들을 제때 공급받지 못하게 됐다. 그 과정에서 도매와 소매를 거쳐 최종 소비자에게 전가되는 비용과 마진이 상승함에 따라 전반적인 인플레이션을 상승시켰다. 이 외에도 노동조합의 임금 협상 단계에서 임금이 상승하게 되면 기업들은 임금 상승분을 제품 가격에 전가하면서 인플레이션을 유발하기도 하는데, 이처럼 비용 측면에서 물가가 상승하는 현상을 '비용 인상 인플레이션'이라고 부른다. 데이터상으로도 수요와 공급 측면에서 인플레이션을 따로 추적할 수 있다.

그림 2.13은 미국 샌프란시스코 연방준비은행에서 대중에게 공개적으로 제공하는 수요와 공급 인플레이션 데이터다. 올해 인플레이션이 급등했던 것은 전쟁으로 인한 물류망 마비, 원자재 가격 상승 등 공급 측면에서 물가가 상승한 영향도 있었다. 하지만 이보다 코로나 이후 보복수요와 이연수요가 확대됨에 따라 수요 측면의 물가 상승

그림 2.13 수요와 공급으로 구분한 인플레이션 기여도

—— 수요 측면 인플레이션 기여도　　—— 공급 측면 인플레이션 기여도

자료: 샌프란시스코 연방준비은행

압력이 더 컸기 때문에 현재와 같은 고인플레이션이 유발된 것으로 보인다. 연방준비은행이나 한국은행과 같이 중앙은행은 공급 측면의 물가 압력을 다루기가 쉽지 않지만, 수요 측면에서는 상대적으로 수월하다. 금리 인상을 통해 시장 대출 이자 부담을 늘리고 유동성을 축소시키면 수요는 자연스레 줄어들기 때문이다. 이것이 올해 각국 중앙은행들이 공격적인 금리 인상을 통해 수요를 위축시켜 인플레이션을 잡으려고 하는 배경이다. 만약 물가가 과도하게 하락해 디플레이션이 발생한다면 그때는 반대로 금리 인하를 통해 시중 대출 이자 부담을 낮추고 유동성을 확대시키면 수요도 자연스레 확대될 것이다. 다시 말해 중앙은행의 금리 인상과 인하 사이클은 수요의 위축과 회복 사이클과 관련이 깊다.

　인플레이션은 경제학적인 관점에서 집중적으로 다루는 현상인 만큼 다소 지루하더라도 꼭 이해하고 넘어가야만 한다. 여기서 한발 더 나아가 주식 투자자 관점에서 인플레이션을 볼 때 가장 궁금한 것은 바로 "인플레이션을 예측하는 법은 없을까?"일 것이다. 미국 소비자 물가가 몇 %대를 기록할지 예측할 수 있다면, FOMC가 어떤 식으로 전개될지도 알 수 있을 것이다. 그럼 주식 시장이 앞으로 상승할지 하락할지도 미리 파악할 수 있으니, 이보다 좋은 일은 없겠다. 여기에는 좋은 소식과 나쁜 소식이 있다. 나쁜 소식부터 이야기하자면, 앞으로 인플레이션이 얼마를 기록할지 정확히 예측하는 방법은 존재하지 않는다. 마치 주가가 얼마나 갈지 정확히 예상하는 방법이 없는 것처럼 말이다. 좋은 소식은 대략적인 방향성이나 경로를 예상할 수 있는 지표가 존재한다는 것이다. 그림 2.14의 위쪽은 클리블랜드 연방준비은행의 인플레이션 나우캐스팅이라고 부르는 지표를 나타낸 것으로, 클리블랜드 연방준비은행에서 다양한 인플레이션 데이터(유가, 농산물, 각종 물가 지표 등)를 집계해 자체적으로 인플레이션 예측치를 내놓은 지표다. 수시로 예측치를 업데이트하는 만큼 적중률이 생각보다 높은데, 소비자물가와 비교해보면 꽤 높은 적중률로 실제 인플레이션을 예측하고 있다. 이외에도 전통적으로 인플레이션을 예측할 때 유용한 지표는 2.14의 아래쪽에 있는 국제 유가다. 여기서 확인할 수 있듯이 국제 유가와 인플레이션은 같은 방향으로 움직이는 경향이 짙다. 국제 유가는 자동차에 넣는 휘발유와 기업들이 공장을 가동하거나 원자재를 가공할 때 연료 및 재료로 사용되는 만큼, 전반적인 인플레이션에 미치는 영향이 큰 편이다. 기름값은 한국, 미국 등 주요

국의 국민이 느끼는 체감 물가에도 많은 영향을 주는 품목이라, 기름
값이 비싸지면 비싸질수록 미래의 인플레이션 전망이 높아지고는 한
다. 금융 시장에서는 미래의 인플레이션에 대한 전망을 '기대 인플레
이션'이라고 부른다. 기대 인플레이션 지표는 응답자들의 주관적인

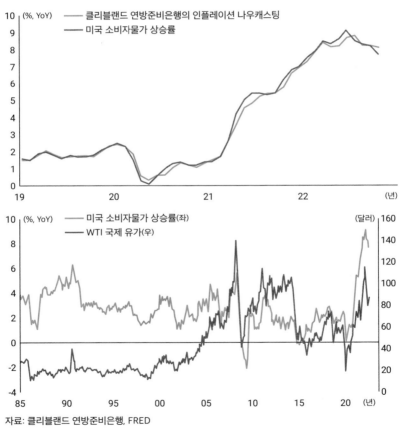

그림 2.14 클리블랜드 연방준비은행의 인플레이션 전망과 미국 소비자물가(상),
미국 소비자물가와 WTI 국제 유가(하)

자료: 클리블랜드 연방준비은행, FRED

요인이 반영된 만큼, 소비자물가와 같이 실제 인플레이션보다 가격 변수의 움직임이 상대적으로 큰 편이다. 하지만 주식 시장에서 심리가 주가에 영향을 주는 것처럼 인플레이션 관점에서도 미래에 물가가 오를 것이라는 심리는 실제 인플레이션을 상승시키는 효과를 만들어낼 수 있다. 이처럼 다음 달 소비자물가가 정확히 몇 %를 기록할 것이라고 예측해주는 마법의 수정 구슬은 존재하지 않지만, 전반적인 인플레이션 경로를 가늠하는 데 있어서 유용한 정보를 제공하는 지표들은 존재한다.

그림 2.15 클리블랜드 연방준비은행 사이트의 인플레이션 나우캐스팅

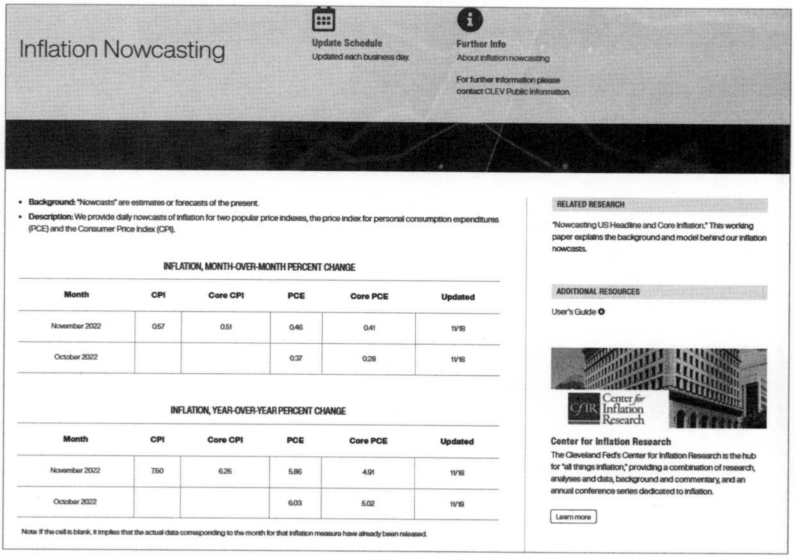

Inflation Nowcasting

Update Schedule
Updated each business day.

Further Info
About inflation nowcasting

For further information please contact CLEV Public Information.

- **Background:** "Nowcasts" are estimates or forecasts of the present.
- **Description:** We provide daily nowcasts of inflation for two popular price indexes, the price index for personal consumption expenditures (PCE) and the Consumer Price Index (CPI).

INFLATION, MONTH-OVER-MONTH PERCENT CHANGE

Month	CPI	Core CPI	PCE	Core PCE	Updated
November 2022	0.57	0.51	0.46	0.41	11/18
October 2022			0.37	0.28	11/18

INFLATION, YEAR-OVER-YEAR PERCENT CHANGE

Month	CPI	Core CPI	PCE	Core PCE	Updated
November 2022	7.60	6.26	5.86	4.91	11/18
October 2022			6.03	5.02	11/18

Note: If the cell is blank, it implies that the actual data corresponding to the month for that inflation measure have already been released.

RELATED RESEARCH

"Nowcasting US Headline and Core Inflation." This working paper explains the background and model behind our inflation nowcasts.

ADDITIONAL RESOURCES

User's Guide

CfIR Center for Inflation Research

Center for Inflation Research

The Cleveland Fed's Center for Inflation Research is the hub for "all things inflation," providing a combination of research, analyses and data, background and commentary, and an annual conference series dedicated to inflation.

Learn more

자료: 클리블랜드 연방준비은행

그림 2,16 미국 소비자물가 상승률과 다양한 기대 인플레이션 지표

자료: FRED

주식 투자 생존 전략

미국 인플레이션 지표

주식 시장 중요도	★★★★★
중요한 이유	• 연방준비제도 등 중앙은행의 정책 결정에 영향을 주는 핵심 변수 • 향후 수년간 주식 시장에서도 매월 발표되는 인플레이션 지표에 대한 민감도 높을 전망 • 투입, 생산, 판매 가격 등 기업의 실적과 직결
관련 지표	미국 소비자물가(CPI), 개인소비지출물가(PCE), 인플레이션 나우캐스팅
발표일	• 미국 소비자물가(CPI): 매월 12일 전후 • 개인소비지출물가(PCE): 매월 마지막 주간 금요일 • 인플레이션 나우캐스팅: 매 영업일
발표 사이트	• 미국 소비자물가(CPI): 미 노동통계국(https://www.bls.gov) • 개인소비지출(PCE): 미 경제분석국(https://www.bea.gov) • 인플레이션 나우캐스팅: 클리블랜드 연방준비은행(https://www.clevelandfed.org)
데이터 다운로드	• CPI, PCE: 세인트루이스 연방준비은행 경제 데이터 사이트인 FRED에서 검색(https://fred.stlouisfed.org) • 인플레이션 나우캐스팅(https://www.clevelandfed.org/indicators-and-data/inflation-nowcasting)

※ 지표 발표 시기는 각국의 현지 시간 기준
※ 경제 지표는 관련 부처 홈페이지에서 확인 가능하지만, 편의성 측면에서는 Investing.com 홈페이지나 Investing 애플리케이션 내 캘린더를 활용하는 것이 좋음

미국 고용 지표
한국 수출과 밀접한 미국 소비의 근간

2008년 금융 위기를 다룬 영화 〈빅쇼트〉에서 은퇴한 유명 트레이더이자 미국 부동산 시장 붕괴에 베팅하는 젊은 헤지펀드 매니저들의 조력자 역할을 맡은 브래드 피트Brad Pitt(극중 명은 벤 리커트Ben Rickert)의 대사는 고용 시장의 중요성을 잘 보여준다. 그는 자신들의 베팅에 성공해 좋아하고 있는 헤지펀드 매니저들에게 "넌 지금 미국 경제가 무너진다는 쪽에 돈을 걸었어. 미국 경제가 무너지면 어떻게 되는지 알아? 수많은 사람들이 집을 잃고 퇴직금을 잃고 직장을 잃어."라고 말한다. 고객의 돈을 운용하는 펀드 매니저 입장에서는 미국 경제가 좋아지든 망하든 고객을 위해 수익을 낸 것이니, 그 젊은 친구들이 기뻐할 수밖에 없는 것이 당연한 일이기는 하다. 냉정하게 들리겠지만 이게 주식 시장의 세계다. 극 중 브래드 피트의 말대로 실제 미국 경제는 리먼 브라더스 파산에 따른 연쇄 부작용으로 금융 위기가 발생했으며, 이로 인해 주식, 부동산 등 자산 가격이 폭락했을 뿐만 아니라 수많은 기업의 실적이 악화됐고 일자리를 잃는 사람들이 속출했다. 여기서 주목해야 할 것은 경제가 특정 내부 혹은 외부 요인에 의해 침체를 맞으면 고용 시장이 가장 큰 타격을 입게 되며, 침체에서 경제를 벗어나게 하려면 타격을 가장 크게 입었던 고용 시장을 회복시키는 것이 중요하다는 사실이다.

그렇다면 고용 시장은 왜 중요할까? 이에 대한 답변은 뻔하다. 고용 시장은 일반 사람들의 근로소득을 만들어내고, 여기서 발생하는 근로소득은 전체 실물 경제에서 소비의 중요한 원동력이 되기 때문이다. 기업이 근로자를 고용하면 임금을 지급하고, 노동의 대가로 임금을 받은 근로자들은 외식, 쇼핑, 여행, 부동산이나 주식 혹은 저축 등 자산 취득과 같은 다양한 경제 및 금융 활동을 하게 된다. 그 과정에서 자영업자, 레스토랑, 여행사, 제조업체 등 일상 곳곳으로 돈이 돌게 되고 결국 전체 실물 경제에 선순환을 일으키는 효과를 만들어낸다. 연방준비제도, 한국은행 등 중앙은행의 최우선 책무에 물가 안정뿐만 아니라 완전 고용 달성이 포함되는 것도 좋은 경제 환경을 조성하기 위해서는 고용 시장 안정이 필수이기 때문이다. 그림 2.17은 미국의 대표 고용 지표 중 하나인 실업률과 연방준비제도의 기준 금리를 비교한 것으로 실업률이 급격히 상승하는 시기에는 연방준비제도의 기준 금리가 내려간다는 사실을 확인할 수 있다. 경제는 침체와 호황을 반복하는 사이클을 가지고 있는데, 침체 시기에는 수많은 사람들이 일자리를 잃게 되는 등 고용 시장이 악화된다. 이때 연방준비제도나 정부와 같은 정책 결정자들은 경제를 원상 복구하기 위해 금리 인하와 같은 부양책을 가동한다는 것이 역사적인 데이터가 보여주는 증거다. 2022년 말에 3회 연속 자이언트 스텝(75bp) 인상을 단행했으며, 이후에도 계속해서 공격적인 금리 인상을 고수하려는 연방준비제도에 대해 비판적인 시각이 늘어나고 있다. 그럼에도 그림 2.17의 2022년 실업률 추이를 보면 연방준비제도가 인플레이션을 잡는 데 총력을 기울이는 이유를 알 수 있다. 긴축으로 인한 경기 둔화를 우려하기에는 미국 고용 시장이 예상보다 탄탄하기 때문이다.

이처럼 고용 지표는 경제 전반의 상태와 중앙은행이나 정부의 정책 변화를 포착하는 데 유용하며, 이는 향후 기업의 실적과 주식 시장의 방향성을 포착할 때 중요한 단서 역할을 한다. 또한 지표 발표 시기가 전달의 성적 집계를 마친 뒤 다음 달 초 첫째 주 금요일에 발표

그림 2.17 연방준비제도의 기준 금리와 실업률

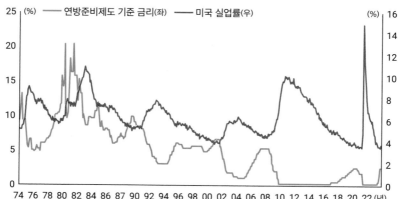

자료: 블룸버그

되기 때문에 매월 투자 전략을 수립하는 사람들이 시의적절하게 활용하기에도 좋다. 고용 지표는 실업률을 포함해 비농업부문 신규고용, 주간 신규 실업수당 청구건수, 구인 구직 건수, ADP 민간고용 등실로 다양한 데이터들이 존재한다. 하지만 경제학자 혹은 연구소 직원 등 경제 전반을 전문적으로 살펴봐야 하는 사람이 아니라면, 일반 주식 투자자들은 앞의 세 가지 지표인 실업률, 비농업부문 신규고용, 주간 신규 실업수당 청구건수만 챙겨봐도 주식 투자를 할 때 무리가 없다.

핵심만 설명하자면 실업률은 생산 가능한 경제 활동 인구에서 실업자가 차지하는 비율을 의미하며, 중앙은행이 추구하는 완전 고용에 부합하는 실업률은 3%대로 보면 된다.* 실업률이 중요한 지표이기는 하지만, 경제에 선행성을 띠기보다는 후행성을 띠는 경향이 강하다. 고용 시장은 경제 변화에 느리게 반응하기 때문인데, 기업들은 경제가 좋아지고 있다는 확신이 들기 전까지 채용을 미루는 측면이 있고, 또 기계를 통한 자동화와 해외로부터의 아웃소싱 등을 통해서 생산성을 향상시키는 측면도 있기 때문이다.

이런 이유로 투자자들은 좀 더 실제 경제와 주식 시장에 반영되는 시차를 앞당길 수 있는 지표인 비농업부문 신규고용 지표를 선호하기도 한다. 비농업부문 신규고용은 농업 종사자, 자영업자, 군인을 제외한 민간과 정부 기관에서 매월 창출되는 일자리 건수를 나타낸 지

---

* 2022년 미국 실업률은 3.5%대다.

표다. 미국 전역 10만 개 이상의 회사와 정부 기관들의 설문조사를 통해 이번 달 얼마나 많은 채용을 했는지 보여주는데, 여기서 집계된 데이터는 사실상 미국 경제의 약 80%를 대변한다고 보면 된다. 현재는 투자자들이 실업률에도 많은 관심을 가지고 있긴 하지만, 주식 시장의 긴 역사를 돌아봤을 때 비농업부문 신규고용 지표가 가장 많은 주목을 받아왔다. 더 나아가 실업률은 노동가능 인구에서 실제로 일할 준비가 된 인구의 비율을 의미하는 경제활동 참여율과 전반적인 인구 구조 변화 등을 고려해 현재의 실업률이 적정 실업률인지를 기술적으로 따져봐야 하는 어려움이 있지만, 비농업부문 신규고용은 매월 심플하게 얼마나 많은 일자리가 증가하고 감소했는지를 상대적으로 수월하게 파악할 수 있다. 예를 들어 2020년 3~4월 코로나 팬데믹

그림 2.18 미국 월간 비농업부문 신규고용과 누적 고용 건수

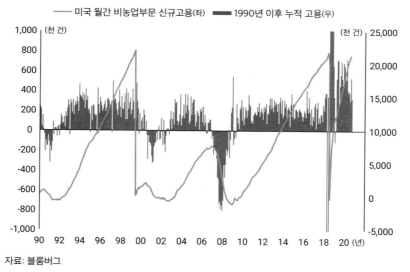

자료: 블룸버그

사태가 심각했을 당시 미국의 실업률은 15% 가까이 폭증했다. 사실 일반인 입장에서는 실업률이 3%, 5% 혹은 10%, 15%일 때 경제 상황이 어떻게 급변했는지 잘 가늠되지 않을 것이다. 그러면 그 당시 월간 일자리가 얼마나 변했는지를 보자. 그림 2.18을 보면 2008년 금융 위기 이후 2020년 팬데믹 발생 이전까지 미국은 약 2,500만 건에 달하는 일자리를 창출했다. 하지만 코로나라는 전례 없는 최악의 전염병이 창궐하면서 국가 경제 자체가 일시적으로 폐쇄된 충격으로 인해 2,500만 건의 일자리가 불과 수개월 만에 전부 증발해버렸다는 점을 비농업부문 신규고용이라는 월간 일자리 창출 데이터를 통해 직관적으로 확인할 수 있다.

마지막으로 주간 신규 실업수당 청구건수도 시차 측면에 있어서 비농업부문 신규고용 데이터 못지않게 중요한 지표라고 할 수 있다. 미국에서는 직장을 잃은 사람들이 실업수당을 주 정부에 청구하는데 최대 26주까지 수당을 받을 수 있다. 이런 이유로 월간 단위로 발표되는 다른 고용 데이터에 비해 매주 발표된다는 장점이 있다. 각 주 정부가 일요일부터 토요일까지 일주일 동안 접수된 신규 실업수당 청구 인원을 계산해 미국 노동부로 발송하면, 미국 노동부는 이를 취합해서 그다음 주 목요일에 발표한다. 통상적으로 수 주에 걸쳐 신규 실업수당 청구건수가 30만~40만 건 이상을 유지하면 고용 시장을 포함한 경기 둔화가 진행되고 있으며, 그 이하의 상태를 유지하고 있다면 경기가 탄탄한 것으로 간주된다. 단기가 누적되면 장기가 된다는 말처럼 주간 단위로 실업수당을 청구하는 사람들 수의 변화는 결국 월

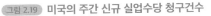

그림 2.19 미국의 주간 신규 실업수당 청구건수

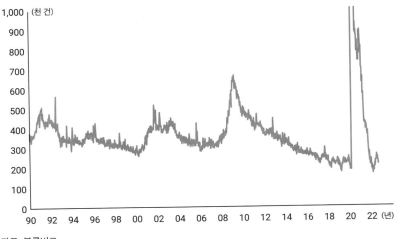

자료: 블룸버그

간 단위로 변하는 고용 시장의 상황에 영향을 주게 된다. 따라서 주간 신규 실업수당 청구건수는 경제 상황을 가장 신속하게 반영해 나가는 지표라고 할 수 있다.

위에서 이야기한 고용 지표뿐만 아니라 이 책에서 언급하는 대부분 데이터가 미국을 중심으로 다루다 보니 "한국 주식 시장을 다루는 책인데, 왜 미국의 숫자들을 챙겨봐야 하나."라는 생각이 들 수도 있다. 내가 미국식 문화, 미국식 자본주의를 지향하는 사대주의자여서 그런 것이 아니다. 한국 경제와 주식 시장의 특성상 국내 요인보다는 해외 요인들에 영향을 많이 받고, 그중에서도 전 세계 최대 경제국가이자 시가총액이 가장 큰 주식 시장인 미국의 데이터가 많은 비중을 차지하기 때문이다. 올해 한국 주식 시장이 유독 취약한 주가 흐름을 보였던 데에는 한국은행의 기준 금리 인상에 따른 국내 대출자들의 이자 부담 등의 영향도 있겠지만, 연방준비제도의 기준 금리 인상이 전 세계에 미치는 파급효과가 워낙 컸기 때문이다. 그렇기에 전 세계 수많은 투자자들이 미국 경제 지표가 어떻게 변할지 예의주시하는 것은 전혀 이상한 일이 아니다.

미국 고용 지표

주식 시장 중요도	★★★★☆
중요한 이유	• 인플레이션과 함께 연방준비제도 등 중앙은행의 정책 결정에 영향을 주는 지표 • 가계 소비, 구매력의 근간이 되는 노동 소득에 영향을 주는 지표
관련 지표	비농업부문 신규고용, 실업률, 시간당 평균임금, 주간 신규 실업수당 청구건수
발표일	매월 첫 번째 주 금요일(주간 신규 실업수당 청구건수는 매주 목요일)
발표 사이트	미 노동통계국(https://www.bls.gov)
데이터 다운로드	세인트루이스 연방준비은행 경제 데이터 사이트인 FRED 에서 검색(https://fred.stlouisfed.org)

※ 지표 발표 시기는 각국의 현지 시간 기준
※ 경제 지표는 관련 부처 홈페이지에서 확인 가능하지만, 편의성 측면에서는 Investing.com 홈페이지나 Investing 애플리케이션 내 캘린더를 활용하는 것이 좋음

미국 ISM 제조업 PMI
대표적인 주식 시장 선행 지표

주식 시장은 경제에 선행한다는 이야기를 들어본 적이 있을 것이다. 분명 실물 경제는 침체의 여진이 지속되면서 허우적대고 있는데, 주식 시장은 오히려 뜨겁게 상승하는 사례들이 존재했다. 일례로 2020년 내내 전 세계 경제성장률은 마이너스를 기록했으며, 소비, 고용 지표들도 모두 망가진 상태였지만, 주식 시장은 전례 없는 V자 폭등세를 연출했다. 그리고 약 6개월 이상의 시간이 지난 뒤 경제가 회복기에 진입하고 나서야 많은 사람들이 주식 시장은 경제에 선행한다는 사실을 깨닫기 시작했다. 일각에서는 주식 시장이 경제와 무관하게 움직인다고 주장한다. 하지만 주식 시장의 원동력은 기업 실적이며, 기업은 실물 경제가 원활히 돌아가서 자사 제품에 대한 소비가 늘어나야 이익이 개선되므로, 위의 주장은 설득력이 떨어진다. 주식 시장이 선행하는 이유는 여러 가지가 있을 것이다. 가령 중앙은행이나 정부가 대규모 경기부양을 단행해 결국에는 경제가 회복할 수밖에 없다는 전망이 시장이 주입되거나, 밸류에이션이나 단순 주가상으로 너무나 많은 폭락을 겪었기 때문에 여기서 더 빠질 수가 없다는 심리적인 기제가 작용하면서 반등할 때도 있다. 물론 시장이 경제를 항상 정확히 선행하는 것은 아니다. 주식 시장은 경제나 기업 실적과 같은 펀더멘털적인 요인 이외에도 지정학, 정치, 유동성, 심리 등 다양한 내부와 외부 요인에 영향을 받는 만큼 주가가 폭락한다고 해서 경제가 꼭 같이 망가지는 것도 아니다. 1960년대에 유명 경제학자 폴 새뮤얼슨Paul Samuelson은 주식 시장이 과거 5번의 침체 중 9번의 침체를 예측했다는 농담 섞인 이야기를 던지기도 했으니 말이다.

지금 이 이야기를 꺼낸 이유는 주식 시장과 경제의 관계를 설명하기 위해서라기보다 '선행'이라는 것에 대해 수많은 투자자들이 이를 발견하려는 데 집중한다는 것을 말하기 위해서다. 경제가 어떻게 될 것인지 알기 위해 우리는 주식 시장의 가격 변화를 바라본다. 그렇다면 경제에 선행하는 주가의 변화를 미리 알 수 있는 것에는 어떤 지표가 있을까? 미래를 정확히 예측해주는 수정 구슬은 존재하지 않지만, 주식 시장에 대한 예측력을 높일 수 있는 지표들은 어렵지 않게 찾아볼 수 있다. 대표적으로 앞서 이야기한 한국의 수출 지표가 해당되는데, 여기서 한발 더 나아가 한국의 수출 변화를 감지할 수 있는 지표들도 존재한다. 지금부터 소개하는 지표들이 바로 한국 수출에 약 6개월가량의 시차를 둔 선행 지표 역할을 한다.

먼저 미국 경제의 전반적인 흐름을 미리 파악하는 데 유용한 공급

그림 2.20 미국의 ISM 제조업 PMI 증감률과 한국의 수출 증감률

자료: 블룸버그

자관리협회^{ISM}의 제조업 구매자관리지수(ISM 제조업 PMI 지수)를 살펴보자. 이는 약 20개 업종을 대표하는 400여 개 기업들을 대상으로 매달 설문조사를 실시해 지수화한 데이터다. 기업들은 매달 신규주문, 생산, 출하, 재고, 고용 등 5가지 핵심 분야에 대해 '증가/감소/변화 없음'을 선택하는 방식으로 답변하고, ISM 측에서는 해당 5가지 분야를 동일하게 20%의 가중치를 부여해 지수화 작업을 한다. 이 지수는 기준선을 50pt 선으로 설정하는데, 일반적으로 50 이상이면 확장 국면, 50 이하면 위축 국면에 있는 것으로 간주한다.*

---

*   60 이상이면 경기가 과열된 상태이며, 40 이하면 경기가 후퇴 혹은 침체 국면에 빠진 상태로 본다.

ISM 제조업 PMI 지표는 매월 첫 번째 영업일*에 발표하기 때문에 한국의 수출 못지않게 전 세계 중요 매크로 지표 중 가장 빨리 발표되는 지표로 보면 된다. 표 2.3은 ISM 홈페이지에 공식 게재된 제조업 PMI 보고서 요약 페이지다. 전체 지수뿐만 아니라 신규주문, 고용, 생산, 공급자 배송, 재고, 가격 등 다양한 세부 항목들을 구분해서 볼 수 있으며, 각 항목들의 추세가 개선되고 있는지, 둔화되고 있는지 한눈

표 2.3 ISM 제조업 PMI 요약 보고서

지수	당월 결과	전월 결과	전월대비 변동폭	방향성	방향성 변화 속도	추세(월)
제조업 PMI	50.9	52.8	-1.9	확장	느림	28
신규주문	47.1	51.3	-4.2	위축	완만한 속도로 하락	1
생산	50.6	50.4	+0.2	확장	빠름	28
고용	48.7	54.2	-5.5	위축	완만한 속도로 하락	1
공급자 배송	52.4	55.1	-2.7	느림	느림	79
재고	55.5	53.1	+2.4	확장	빠름	14
고객 재고	41.6	38.9	+2.7	바닥 수준	느림	72
가격	51.7	52.5	-0.8	증가	느림	28
백로그 오더	50.9	53.0	-2.1	확장	느림	27
신규 수출 주문	47.8	49.4	-1.6	위축	빠름	2
수입	52.6	52.5	+0.1	확장	빠름	4
전반적인 경제				확장	느림	28
제조업황				확장	느림	28

자료: ISM

---

* 통상 1일. 주말이 있으면 주말이 끝난 바로 다음날 영업일

에 쉽게 파악할 수 있다. 또 이 지표는 미국 경제성장률의 경로를 미리 가늠하는 데 유용한 나침반 역할을 한다.

세부항목을 일일이 살펴보는 것도 의미가 있지만, 주식 투자 관점에서 중요하게 챙겨봐야 할 지표는 신규주문이다. 신규주문은 전체 종합 수치의 선행 역할을 하기 때문인데, 일례로 신규주문이 증가한다는 것은 실제 고객 수요가 늘어나고 있는 것이며, 이렇게 증가한 신규주문은 생산, 고용, 배송, 가격 등 여러 세부항목에 순차적으로 영향을 준다. 더 나아가 미국 제조업체들의 신규주문이 늘어난다면 미국 내 수요뿐만 아니라 전 세계 전반에 걸쳐 수요가 늘어나고 있다는 것으로 볼 수 있다. 그 과정에서 한국의 수출도 해외 수요에 영향을 받으므로 ISM 제조업 신규주문 지수의 방향성을 통해 한국 수출이 어떠한 흐름을 보일지 예측하는 작업이 가능하다. 예를 들어 2021~2022년 중 두 자릿수 대의 고성장세를 이어갔던 한국의 수출 증가율이 올해 여름 이후 한 자릿수로 주저앉았고 내년에는 마이너스 증가율에 대비해야 한다는 목소리가 높아지는 것도 ISM 지표상 미국의 제조업 경기 모멘텀이 둔화되고 있는 영향이 크다. 이 같은 한국 수출 둔화는 삼성전자나 현대차 등 국내 대기업들의 실적에 부정적인 충격을 가하고 있으며, 이는 한국 주식 시장의 흐름이 계속 맥을 못 추게 만드는 주된 동인으로 작용하고 있다. 이런 이유에서 한국 주식 시장 반등의 키는 미국발 제조업 수요 변화 여부에 달려있다고 해도 과언이 아니다.

이 책 중간중간에서 이야기해왔고 앞으로도 이야기하겠지만, 모든 지표는 그때그때의 주식 시장과 경제 환경에 따라 지표의 중요도가 달라진다는 점을 기억해야 한다. ISM 제조업 PMI에서 가장 중요한 지표는 실제 수요와 관련이 있는 신규주문 지수라고 이야기했었다. 하지만 지금은 고인플레이션 문제를 위해 전 세계 중앙은행과 정부 그리고 주식 시장 투자자들이 힘겨운 싸움을 하고 있는 시기다. 그렇다면 ISM 제조업 PMI 세부 항목에서 인플레이션과 관련된 가격 지수(제조업체들이 원재료에 지불하는 비용)와 공급자 배송 지수(기업이 주문한 제품의 운송시간 변화)도 많은 투자자들이 주목해야 하는 지표라고 볼 수 있다. 지난해 이후 전 세계 인플레이션을 유발했던 핵심 요인에는 우크라이나와 러시아 전쟁에 따른 에너지 가격 상승의 영향도 있었지만, 코로나로 인해 전 세계에 물류 대란, 즉 공급난이 심화된 측면도 있었기 때문이다. 그래서 가격 지수, 공급자 배송지수는 원자재발 인플레이션과 공급난발 인플레이션이 어느 정도 수준에 있는지를 파악할 때 유용한 지표다. 현재 두 개의 지표 모두 하락 추세를 형성하고 있다는 점을 미뤄 보면 인플레이션이 현 레벨에서 더 급등하지는 않을 것이라는 결론을 이끌어 낼 수 있다. 이처럼 인플레이션이 시장의 중심에 있는 기간에는 신규주문 지수 이외에 가격 지수와 공급자 배송 지수도 주목하는 것이 좋다.

이상의 내용을 미루어보면 ISM 제조업 PMI는 한국의 수출과 미국 및 전 세계의 경제성장률 등 중요 매크로 지표에 선행하는 역할을 하는 것으로 정리된다.

미국 ISM 제조업 PMI

주식 시장 중요도	★★★★★
중요한 이유	• 미국 경제성장률의 대표적인 선행 지표 • 한국 수출 실적을 미리 가늠해볼 수 있는 지표(약 6개월 선행)
관련 지표	ISM 제조업 PMI
발표일	매월 첫 영업일
발표 사이트	미국 공급자관리협회(https://www.ismworld.org)
데이터 다운로드	세인트루이스 연방준비은행 경제 데이터 사이트인 FRED 에서 검색(https://fred.stlouisfed.org)

※ 지표 발표 시기는 각국의 현지 시간 기준
※ 경제 지표는 관련 부처 홈페이지에서 확인 가능하지만, 편의성 측면에서는 Investing.com 홈페이지나 Investing 애플리케이션 내 캘린더를 활용하는 것이 좋음

FOMC
글로벌 주식 시장의
방향성을 결정하는 곳

주식 시장에서는 종종 특정 이벤트로 인해 주가의 방향성이 바뀌는 변곡점이 발생하고는 한다. 미국의 애플, 한국의 삼성전자 등 굵직한 대형주의 실적 결과가 변곡점을 만들어낼 수도 있고, 인플레이션이나 소비지표 등의 매크로 지표, 전쟁과 같은 지정학적 사건들이 또 다른 변곡점을 만들어낼 수도 있다. 2022년 증시에 변곡점을 만들어내는 데 지대한 역할을 담당했던 것은 무엇일까? 바로 FOMC라 불리는 연방준비제도의 통화정책회의일 것이다. 우리가 인플레이션 지표 변화에 그토록 민감히 반응하게 되는 이유는 연방준비제도가 얼마나 강도 높은 금리 인상을 할 것인지 결정하는 데 인플레이션 지표가 중요한 영향을 가하기 때문이다. 또 연방준비제도 의장을 포함한 18명의 지역 연방준비은행 총재 및 이사들의 발언을 통해서 시장 참여자들이 향후 중앙은행의 통화 정책 방향을 가늠해볼 수 있으며, 이것이 주가, 금리, 환율 등 전반적인 금융 시장의 가격 변화를 만들어내는 등 중앙은행의 영향력은 실로 막대하다. 그렇다면 중앙은행은 대체 어떤 존재길래 수많은 사람들이 이들의 행보에 주목하는 것일까? 미국의 연방준비제도, 한국의 한국은행 등 중앙은행은 기본적으로 자국의 화폐를 발권하며 기준 금리 결정, 지급준비율 조절 등과 같은 통화 정책을 담당하는 기관이다. 이들이 통화 정책을 수행할 때의 목표는 크게 물가 안정, 완전 고용, 금융 안정성 3가지로 설정되어 있다. 각각의 목표를 달성하기 위해 필요시에는 과거 금융 위기나 팬데믹처럼 경기침체에 대응하기 위해 대규모로 공격적인 부양책을 수행하거나, 오늘날처럼 고인플레이션을 잡기 위해 전례 없는 속도로 긴축 정책을 펼치기도 한다. 중앙은행에 대한 이론상의 접근은 이 정도로 간략히 설명하고, 실제 주식 투자를 할 때 필요한 내용 위주로 다뤄 보고자

그림 2.21 연방준비제도의 기준 금리 추이(음영 부분은 미국의 경기침체 기간)

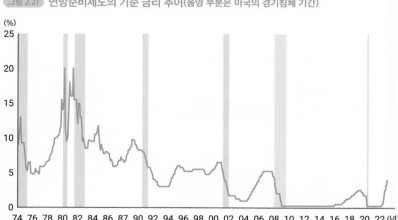

자료: 블룸버그

한다.

중앙은행은 한국, 미국, 유럽, 일본, 중국 등 전 세계 거의 모든 국가가 보유하고 있지만, 주식 시장에 가장 큰 영향을 미치는 중앙은행은 바로 미국의 중앙은행인 연방준비제도FED(연방준비제도 이사회)다. 연방준비제도가 중요한 이유는 이들이 매년 8차례 6주 간격으로 개최하는 FOMC(연방공개시장위원회)에서 기준 금리 등의 통화 정책을 결정하며, 이것이 금융 시장의 다양한 채널을 통해 주가를 움직이는 변수가 되기 때문이다. 그림 2.22는 연방준비제도 홈페이지에 나와 있는 통화 정책 전달 경로를 도식화한 것이다. 연방준비제도는 FOMC에서 기준 금리(연방기금금리라고도 한다)를 결정하며, 이는 3개월물 국채와 같은 단기물 시중 금리에 즉각적으로 영향을 미치고, 이 같은 단기 금리 변화가 가져올 장기 경제 및 금융 시장 여건들이 수정됨에 따라 장기 금리의 변화를 만들어 낸다. 장기물 금리는 신용대출, 주택담보대출 등 일상에 직접 영향을 미치는 금리인 만큼, 장기 금리가 변하면 소비

 통화 정책의 실물 경제 전달 메커니즘

자료: 연방준비제도

및 기업 지출에 영향을 주게 된다. 이 같은 소비와 기업의 행동 변화는 결국 주식 시장에서도 주가 변화를 만들어 낸다. 한국의 한국은행BOK, 유로존의 유럽중앙은행ECB, 일본의 일본은행BOJ 등 다른 중앙은행들의 기준 금리 변화도 자국 주식 시장에 영향을 줄 수 있다. 하지만 전 세계 GDP 1위 국가이자 최대 주식 시장인 미국에서 일어나는 일은 비단 미국뿐만 아니라 한국, 유럽 등 다른 국가의 주식 시장에서 전이되는 정도가 BOK, ECB 정책들보다 훨씬 크다는 것이 일반적이다.

1장에서 주식 시장에는 상승과 하락을 반복하는 사이클이 존재한다고 이야기했었다. 사실 시장에 존재하는 것들 대부분은 사이클이 있는데, 중앙은행의 통화 정책도 마찬가지다. 연방준비제도나 한국은행과 같은 중앙은행은 경기가 과열되면 금리 인상이라는 긴축 정책을 통해 이를 진정시키고, 경기가 부진하면 금리 인하라는 완화 정책을 통해 이를 부양시키곤 한다. 현재 중앙은행들은 높은 인플레이션 문제에 대처하고자 금리 인상에 나서고 있다. 그림 2.23이 보여주듯이 전 세계 경제와 주식 시장에 그 어떤 중앙은행보다 막대한 영향력을 행사하는 연방준비제도의 금리 인상 속도는 과거 긴축 사이클에 비해 훨씬 빠르게 진행되고 있다.

투자자들이 주식 시장에서 가장 힘든 시기는 언제일까? 금융 위기나 코로나 팬데믹처럼 순식간에 급락하는 것보다 하락과 횡보를 반복하는 계단식 하락장세를 겪을 때다. 단기간에 급락하면 그만큼 반대급부 현상이 작용하면서 빠른 속도로 반등하는 경향이 있지만, 계단식 하락은 그야말로 희망 고문의 연속이다. "이 정도 주가가 빠졌으

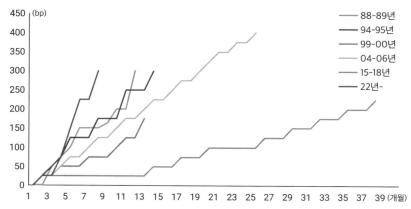

그림 2.23 1980년대 이후 연방준비제도의 긴축 사이클 당시 금리 인상 강도

2022년의 긴축 사이클은 강도와 속도 측면에서 그 어느 때보다 압도적으로 진행되고 있다.

자료: 블룸버그

면 반등하겠지."라는 마음으로 기다려도 또 하락하고, 이후에 다시 바닥을 다지는 듯한 횡보장에 진입했다가 또 하락하곤 한다. 투자자 입장에서는 "지난번 반짝 반등 때나 횡보장에 있을 때 팔고 나올 걸…." 하는 후회만 가득 안게 된다.

2022년의 하락장이 이런 식이었다. 연방준비제도가 드디어 나설 것이라는 전망이 연초에 부각됨에 따라 증시는 한 차례 조정을 받았다. 어느 정도 조정을 받다 보니 많은 사람들이 "그래. 긴축하는 건 다들 알고 있었던 일이고, 그 타이밍이 좀 빨리 왔을 뿐이야. 연방준비제도가 인플레이션도 일시적인 현상이라고 이야기했으니, 곧 긴축도 끝나겠지."라는 기대를 품었다. 하지만 그 기대는 잠시, 일시적일 줄 알았던 인플레이션이 더 이상 일시적이지 않다는 것을 알기까지 얼마 걸리지 않았다. 연방준비제도가 인플레이션 전망을 잘못했다고 시인하면서 실수를 만회하기 위해 공격적으로 금리 인상을 감행하기 시작했다. 한국은행이나 유럽 중앙은행과 같은 다른 나라의 중앙은행들도 마찬가지다. 그림 2.24에서 확인할 수 있듯이 2020년 팬데믹 이후 각국 중앙은행들은 전염병으로 망가진 경제를 살리기 위해 일제히 금리 인하를 단행하는 부양 사이클에 들어갔다. 하지만 부양책이 만들어낸 과잉 유동성은 전 세계 실물 경제와 자산 시장 곳곳으로 흘러 들어가면서 인플레이션을 유발했고, 러시아와 우크라이나 전쟁이 여기에 방점을 찍었다. 미국 소비자물가 기준으로 8%대 인플레이션은 1980년대 이후 약 40년 만에 처음으로 보는 인플레이션이었다. 이제 중앙은행 입장에서는 더 이상 이를 일시적인 현상으로 치부

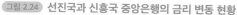 선진국과 신흥국 중앙은행의 금리 변동 현황

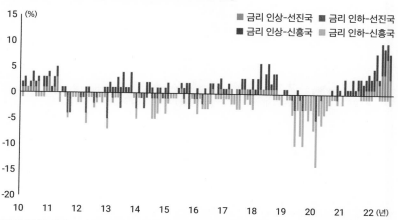

2022년 이후 선진국, 신흥국 상관없이 대부분의 중앙은행이 물가를 잡기 위해 금리 인상을 단행하고 있다.
자료: IMF

하며 현실을 외면할 수 없었다. 물가 안정을 위해 일제히 금리 인상이라는 긴축 사이클에 진입했고, 고강도급으로 진행되고 있는 사이클은 2023년 초까지 이어졌다.

수많은 주식 투자자를 잠 못 이루게 만들었던 연방준비제도의 긴축 정책은 영원하지 않으며 언젠가 멈출 것이다. 그리고 그동안 공격적으로 진행됐던 긴축이 경제에 미치는 부정적인 충격으로부터 벗어나기 위해 일정 시점에서는 금리를 인하하는 완화 정책으로 변할 것이다. 1970년대 이후 연방준비제도의 기준 금리와 미국 나스닥의 주가 차트를 같이 그려 놓은 그림 2.25를 보면 연방준비제도의 금리 정책에는 인상과 인하를 반복하는 사이클이 존재한다는 것을 알 수 있다. 그리고 왜 시장이 금리 인상을 악재로 받아들이고 금리 인하를 호

그림 2.25 연방준비제도 기준 금리와 나스닥(음영 부분은 연방준비제도의 금리 인하 기간)

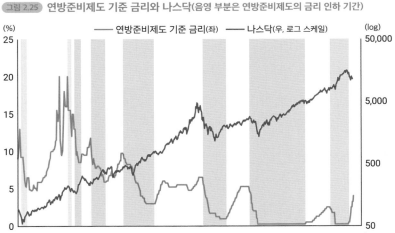

금리 인하는 유동성 공급을 의미하며, 유동성 공급 시기에는 주식 시장이 상승하는 경향이 짙다.

자료: 블룸버그

재로 받아들이는지도 엿볼 수 있다. 그림의 음영 부분은 연방준비제도의 금리 인하 시기를 표현한 것인데, 해당 기간 동안 나스닥의 주가 흐름을 보자. 90~94년, 01~04년, 08~15년 그리고 가장 최근인 팬데믹 당시의 인하 시기 동안 주식 시장은 강세장을 연출했다. 직관적으로 보면 확실히 금리 인하는 주식 시장에 유동성, 즉 돈이 들어오게 만들고, 그렇게 들어온 돈은 주식 시장 곳곳으로 흘러 들어가 상승 동력을 제공한다.

여기서 엄밀히 따져 볼 문제가 있다. 금리 인하를 시작하는 초기 구간에서는 주식 시장도 힘겨운 시기를 보내고, 금리 인상을 시작하는 초기 구간에서는 주식 시장이 상승하는 패턴이 존재한다는 것이다. 그 이유는 이렇다. 중앙은행이 금리를 인하하는 본질적인 배경은 경제가 안 좋아지기 때문이다. 경제보다는 주식 시장이 한발 빨리 움직이긴 하지만, 경기 둔화 혹은 경기침체 초기부터 중기까지는 주식 시장도 같이 영향을 받을 수밖에 없다. 반대로 중앙은행이 금리 인상을 하는 배경은 경기가 이전 침체로부터 회복한 후 확장 국면에 진입하면서 과열되기 때문이다. 경기 확장 국면 초기부터 중기까지는 소비, 투자 등 실물 경제 자체가 좋기 때문에 이전 회복기에 비해 탄력은 덜하더라도 주식 시장의 상승 모멘텀이 유지되는 편이다.

물론 '금리 인하 초기 = 증시 하락, 금리 인상 초기 = 증시 상승' 패턴이 항상 들어맞는 것은 아니다. 1990년대 중반이나 2019년 중반처럼 경기가 불황에 빠지는 것을 사전에 방지하기 위해 보험성 금리 인하를 단행했던 시절에는 주식 시장이 금리 인하 초기 기간에도 상승했다. 또 높아질 대로 높아져 버린 인플레이션에 성급히 대응하고자 급격한 금리 인상을 단행했던 2022년에는 금리 인하 초기 기간에도 하락했다. 이처럼 모든 데이터를 해석할 때는 과거의 패턴이 그대로 반복될 것이라고 전제하기보다 당시의 시대적인 환경과 맥락을 고려해서 해석하는 것이 좋다. 연방준비제도는 언제쯤 금리 인하 사이클에 들어갈 것인가? 이것이 오늘날 수많은 투자자들이 가지고 있는 가장 큰 의문점일 것이다. 그도 그럴 것이 인하 초기부터 중기까지 증시가 하락할 수 있다는 것은 그렇다 치더라도, 금리를 인하함으로써 시장에 유동성을 공급해야 증시가 사이클상 유동성 장세라 불리는 금융장세에 들어갈 수 있으니 말이다. 여기서 한발 더 나아가 중앙은행의 정책 전환을 엿볼 수 있는 단서들도 살펴볼 필요가 있다.

중앙은행이 하는 일인 만큼 매우 복잡한 데이터와 방식을 사용해야만 이들의 정책 전환에 대한 단서를 찾아볼 수 있을 것만 같은 생각이 들 수도 있다. 실제 연방준비제도 위원이나 경제학자라면 어쩔 수 없이 정밀한 분석 작업이 필요한 것이 사실이다. 하지만 주식 투자자들은 복잡한 방법 대신 몇 가지 데이터만 가지고 심플하게 접근해도 무방하다는 게 개인적인 생각이다. 중앙은행 본연의 책무는 물가 안정, 완전 고용 그리고 2008년 금융 위기 이후 추가된 금융 안정성이다. 먼저 금융 안정성부터 설명하자면, 금융 시장 불안기에는 통화 정책의 유효성이 떨어지기 때문에 금융기관의 대출 행태, 금융 시장의 가격 변수 및 거래 동향 등 금융 시장의 전반적인 상황도 중앙은행이 신경 써야 한다는 측면에서 대두된 것이 금융 안정성이다. 그리고 이

보다 더 중요한 것은 본연의 이중 책무인 물가 안정과 완전 고용으로, 중앙은행 입장에서는 미묘한 균형을 추구해야만 하는 일이다. 인플레이션이 상승한다는 것은 경기가 과열된다는 것이며, 중앙은행은 경기를 진정시키기 위해(물가를 안정시키기 위해) 금리 인상을 단행한다. 금리를 인상하면 시중 대출 금리를 포함한 실물 경제 주체들의 차입 비용이 증가한다. 금리 인상으로 인한 고금리 시기가 지속될수록 기업이나 가계에서 돈을 빌리려는 수요가 줄어들고, 이는 궁극적으로 인플레이션을 하락시킬 뿐만 아니라 경기의 활력을 떨어뜨리게 된다. 경기 활력이 떨어진다는 것은 가계의 소비 감소나 기업의 사업 환경 악화 등 부정적인 충격이 발생한다는 것이다. 기업이 해고와 채용 축소에 나서며 고용 시장이 악화되고, 경기는 침체 국면에 진입한다. 이제 반대의 상황이 전개된다. 중앙은행은 앞으로 물가 안정이 아니라 완전 고용 달성에 주력하게 된다. 금리 인하를 단행해 시중 가계 및 기업의 이자 부담을 낮추면서 돈이 실물 경제 곳곳으로 흘러 들어간다. 이윽고 고용 시장을 포함한 전반적인 경제는 다시 활력을 띠게 되는 것이다.

이것이 중앙은행의 긴축과 완화라는 통화 정책 사이클이 형성되는 논리다. 결국 주식 투자자들이 연방준비제도의 통화 정책 전환에 대한 단서를 찾을 때는 물가 안정 및 완전 고용과 관련한 데이터 위주로 접근하는 것이 좋다. 그림 2.26을 보면 직관적으로 이해하는 데 도움이 될 것이다. 위쪽은 미국의 실업률과 소비자물가 추이를 나타낸 것으로 물가가 상승하는 구간에는 실업률이 내려가고, 물가가 하락하는 구간에는 실업률이 올라가는 경향을 발견할 수 있다. 이제 아래쪽으로 가서 연방준비제도의 기준 금리가 어느 균형 상태를 보일 때 변하는지를 보자. 연방준비제도와 같은 중앙은행은 인플레이션이 발생한다고 해서 무조건 금리를 올리는 것도 아니고, 인플레이션이 내

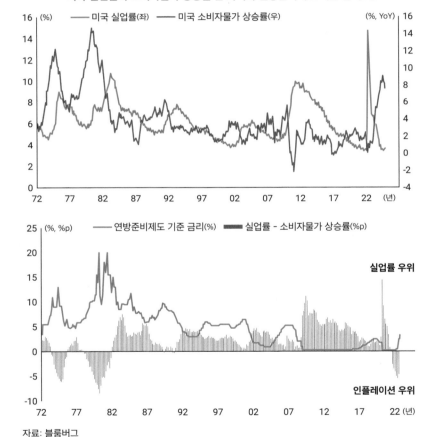

그림 2.26 미국 실업률과 소비자물가 상승률(상),
미국 실업률과 소비자물가 상승률 간 차이와 연방준비제도 기준 금리(하)

자료: 블룸버그

려간다고 해서 무조건 금리를 내리는 것도 아니다. 실업률이라는 고용 시장 상황도 같이 고려해 통화 정책에 변화를 주는 것으로 보면 된다. 아래쪽의 음영 처리된 부분은 위쪽에서 봤던 실업률과 소비자물가CPI를 차감한 수치를 나타낸 것인데, 이 값이 플러스(+) 영역에 있으면 실업률이 인플레이션보다 높은 경기 부진 구간, 마이너스(-) 영역에 있으면 실업률이 인플레이션보다 낮은 경기 호조 구간으로 해석하면 된다. 역사적으로 연방준비제도는 실업률이 우위에 있는 구간(+)에서는 금리를 인하하고, 인플레이션이 우위에 있는 구간(-)에서는 금리 인상하는 경향이 있다. 2022년 말은 여전히 인플레이션이 우위에 있는 만큼, 연방준비제도의 고금리 정책이 계속될 것처럼 보인다. 주식 시장 투자자들이 원하는 금리 인하는 빠른 시일 내에 이루어질 확률이 희박해 보인다.

다시 한번 강조하지만 경기, 정책 등 주식 시장과 관련된 모든 것에는 사이클이 존재한다. 오늘날 미국 고용 시장을 포함한 경제는 탄탄하며, 이것이 연방준비제도라는 중앙은행 입장에서는 "경제는 고금리를 잘 버텨낼 것이다. 그러니 인플레이션을 잡기 위해 긴축을 하자."라는 논리에 정당성을 부여하고 있다. 하지만 연방준비제도에서 발표한 '1990~2007년 기준 금리 0.25%p 인상이 실업률과 인플레이션에 미치는 영향' 관련 연구를 살펴보자. 그림 2.27은 해당 연구에서 가져온 데이터로, 금리 인상이 인플레이션과 실업률에 유의미한 영향을 주기까지는 1년 이상의 시간이 소요되지만, 시간이 지날수록 인플레이션보다 실업률에 더 큰 영향을 준다는 점을 시사한다. 이를 현

그림 2.27 연방준비제도의 긴축 정책이 인플레이션과 실업률에 영향을 미치는 시차

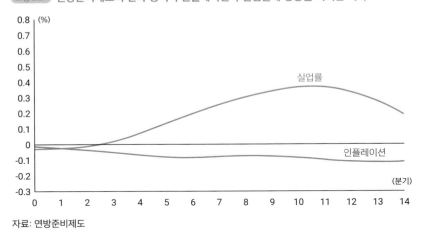

자료: 연방준비제도

재 상황에 대입해봤을 때 2022년 3월부터 연방준비제도는 공격적으로 금리를 인상했고, 2023년부터는 금리 인상의 효과가 인플레이션과 실업률에 변화를 가져오게 될 것이다. 현재 수많은 경제학자, 애널리스트 등 전문가들이 2023년에 미국의 경기침체가 불가피할 것이라고 전망하는 이유도 바로 여기에서 찾아볼 수 있다. 과연 정말 침체가 찾아오고 연방준비제도는 침체된 경제를 다시 살리기 위해 금리 인하에 나설 것인가? 이 책은 전망에 집중하는 책이 아닌 만큼, 2023년에 벌어질 일을 상세히 다루지는 않을 것이다. 단지 중앙은행이 어떤 데이터들을 보면서 통화 정책을 변경하는지에만 주목하고자 하며, 그 데이터로는 실업률과 소비자물가만 봐도 충분하다는 것을 이야기하고 싶다.

끝으로 실업률이나 인플레이션 같은 데이터뿐만 아니라 연방준

비제도 위원들의 생각을 엿볼 수 있는 또 다른 단서 하나를 더 언급하고자 한다. FOMC와 관련된 뉴스를 접해봤다면 한 번쯤 들어봤을 '점도표'라는 것이다. 점도표는 연방준비제도 위원들이 각자의 전망을 토대로 향후 수년 동안 정책 금리가 어느 지점에 있을 것인지를 점으로 찍은 도표다. 그림 2.28이 지금 이야기한 점도표이며, 3, 6, 9, 12월 FOMC마다 업데이트해 공개된다. 투자자들은 점도표에 찍힌 18개의 점을 토대로 중간값을 매겨서 그해 예상 기준 금리 수준을 가정한다. 점도표는 연방준비제도 위원들의 평균적인 금리 수준에 대한 생각을 직접적으로 엿볼 수 있다는 점에서 유용한 측면이 있지만, 지나치게 의존할 필요는 없다. 예를 들어 현재 기준 금리가 3%이며 점도표에서 다음 해의 금리 전망치 중간값을 5%대로 제시했다고 하더라도, 실제 금리와 맞지 않을 수 있다. 실제로 과거에 연방준비제도는 몇 차례나 점도표대로 금리 인상을 하지 않았던 혹은 하지 못했던 사례가 있었다. 대표적인 예로 2015년 12월 연방준비제도는 2008년 금융 위기 이후 도입했던 제로금리에서 처음으로 벗어나 금리를 25bp(0.25%p) 인상했다. 당시 시장에서는 연방준비제도의 금리 인상 사이클이 수년간 공격적으로 진행될 것으로 예상했다. 점도표에서도 이를 확인할 수 있었는데, 2015년 3, 6, 9, 12월 FOMC에서 공개한 점도표 상 2016년 금리 전망치는 최소 1.375%에서 최대 1.875%였다. 만약 연방준비제도가 점도표 상에 나타난 숫자 그대로 금리를 인상한다고 생각해보자. 25bp씩 인상한다고 가정했을 때 연방준비제도는 2016년 말까지 5~8회 금리를 인상했어야 했다. 그러나

그림 2.28 2022년 6월 FOMC 점도표(좌)와 9월 FOMC 점도표(우)

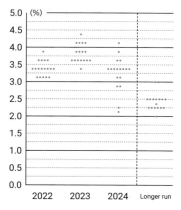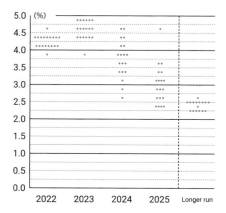

자료: 연방준비제도

2016년 말 실제 기준 금리는 0.5%로 25bp씩 매년 1회, 2년에 걸쳐 총 2회 금리를 인상하는 데 그쳤다. 이처럼 점도표에서 예상되는 금리 경로에 연방준비제도의 기준 금리가 따라가지 못하는 것은 연방준비제도가 후행적으로 움직이기 때문이다. 이를 '데이터 의존적'인 성향이라고 표현할 수 있는데, 당시 물가와 고용 시장 관련 데이터들이 예상보다 회복세가 빠르지 않았으므로 데이터를 확인하고 정책 변화에 나서야 하는 연방준비제도 입장에서는 금리 인상에 신중을 가할 수밖에 없었다. 또한 18명의 연방준비제도 위원은 자신만의 기준을 가지고 점표도를 찍지만, 외부적으로는 왜 특정 금리 수준에 점을 찍기로 했는지 이유를 알 수 없고, 이들이 얼마만큼의 확신을 가지고 점을 찍었는지도 알 수 없다. 연방준비제도 인사들의 생각을 어느 정도 읽을 수 있다는 측면에서 점도표가 유용한 것은 사실이다. 그럼에도 전반적인 통화 정책 변화를 이해하는 데 있어서는 제한적인 정보만 제공한다는 점에 유의하는 것이 좋다.

FOMC

주식 시장 중요도	★★★★★
중요한 이유	• 미국 기준 금리와 통화정책 방향을 결정하는 회의 • FOMC가 있는 달에는 주식 시장에서 연방준비제도 정책에 대한 민감도가 큰 폭으로 증가 • 주식, 채권, 외환, 부동산 등 거의 모든 자산 시장에 영향을 주는 회의
관련 지표	연방준비제도 기준 금리, 점도표 등
발표일	6주 간격으로 1년에 총 8회 진행
발표 사이트	연방공개시장위원회(https://www.federalreserve.gov/monetarypolicy/fomc.htm)
데이터 다운로드	• 연방준비제도 홈페이지(https://www.federalreserve.gov) • 세인트루이스 연방준비은행 경제 데이터 사이트인 FRED에서 검색(https://fred.stlouisfed.org)

※ 지표 발표 시기는 각국의 현지 시간 기준
※ 경제 지표는 관련 부처 홈페이지에서 확인 가능하지만, 편의성 측면에서는 Investing.com 홈페이지나 Investing 애플리케이션 내 캘린더를 활용하는 것이 좋음

Investment Strategy

원/달러 환율
한국 경제와 주식 시장의 모든 것

오래전부터 금융 시장에는 '환율 예측은 신의 영역이다.'라는 이야기가 있다. 주식이나 채권 가격을 예측하는 일도 어렵지만, 환율에는 기업의 펀더멘털, 유동성, 밸류에이션과 같은 일반적인 예측 도구뿐만 아니라 성장률, 무역수지, 외환보유고, 정부의 정책, 지정학 등 다양한 요소가 복합적으로 작용하기 때문이다. 일단 환율을 간단히 정의하자면, 한 국가의 통화와 다른 국가의 통화 간 교환 비율이라고 할 수 있다. 환율이 상승한다는 것은 한국의 통화가 다른 국가 통화에 비해 가치가 하락한다는 것을 의미하고, 반대로 환율이 하락한다는 것은 한국의 통화가 다른 국가 통화에 비해 가치가 상승한다는 것을 의미한다. 예를 들어 2022년 11월 원/달러 환율(달러 대비 원화의 가치)은 1,300원대다. 1달러를 살 때 필요한 원화의 금액이 1,300원이라는 의미다. 만약 원/달러 환율이 1,500원대로 상승했다면, 기존보다 원화의

171
2. 생존 투자를 위한 도구

가치가 달러 대비 200원 하락한 셈이다. 반면 1,100원대로 하락했다면, 원화 가치가 달러 대비 200원 상승한 것으로 보면 된다. 앞서 잠깐 이야기했지만, 환율이라는 것은 한 국가와 다른 국가의 통화 간 교환 비율을 뜻하는 만큼 유로존의 유로화, 영국의 파운드화, 일본의 엔화, 중국의 위안화, 인도의 루피화 등 다른 나라 국가 통화와 원화 간에 다양한 환율이 존재한다. 하지만 이 책에서는 가장 중요한 환율인 원/달러 환율을 중심으로 이야기할 것이다. 전 세계 기축 통화는 미국이 보유한 달러이고, 한국개발연구원KDI 분석에 의하면 2021년 기준 한국 기업들이 수출입 결제 대금으로 사용하는 통화의 약 80%가 달러일 만큼 외환 시장에서 가장 중요한 통화는 달러라고 할 수 있다.

해외여행을 갈 때, 직구로 TV나 신발 등 물건을 구입할 때 원화를 달러로 환전해서 사용하고 결제하기 때문에 환율은 일상생활에서도 중요하다. 더 나아가 주식 시장에서도 환율이라는 변수는 외국인의 한국 주식 순매수, 기업의 실적 등에 영향을 미치면서 주가의 방향성에 결정적인 역할을 한다. 그림 2.29에서 확인할 수 있는 것처럼 한국 대표 주가 지수인 코스피와 원/달러 환율을 보면 음의 상관관계를 형성한다는 것을 알 수 있다. 코스피 주가가 상승할 때, 원/달러 환율은 하락하고, 코스피 주가가 하락할 때 원/달러 환율은 상승한다. 왜 이런 관계가 발생하는 것일까? 힌트는 한국의 경제 구조 그리고 달러화의 지위와 관련이 있다.

한국은 대기업 중심의 수출 주도형 국가로, 주식 시장에 수출 결과가 큰 영향을 끼칠 수밖에 없는 구조로 되어 있다. 이토록 중요한

그림 2.29 코스피와 원/달러 환율

코스피(좌) ── 원/달러 환율(우)

자료: 한국은행

수출을 좌지우지하는 요소가 바로 환율이다. 통상적으로 환율이 상승하는 시기는 글로벌 경제에 문제가 발생하는 때이다. 이는 수출 의존도가 높은 한국 경제와 주식 시장에 부정적인 영향을 가한다. 반대로 환율이 하락하는 시기는 글로벌 경제가 원활하게 돌아가는 때이며, 한국 경제와 주식 시장에 긍정적인 영향을 미친다. 결론적으로 환율은 코스피와 떼려야 뗄 수 없는 관계라고 말할 수 있다.

그림 2.30을 보면 달러화의 가격 변화를 통해 세계 경제가 부진해진다는 신호를 찾아볼 수 있다. 전 세계 GDP 1위 국가는 미국이고, 미국이 보유한 통화인 달러는 전 세계에서 기축 통화 역할을 한다고 이야기했었다. 일반적으로 경제와 금융 시장 상황이 불안해지면 투자자들은 본능적으로 안전한 자산을 찾게 되는데, 안전한 자산 중 하나가 바로 기축 통화인 달러로 표시된 자산이다. 달러로 표시된 자산이

그림 2.30 달러 인덱스와 원/달러 환율

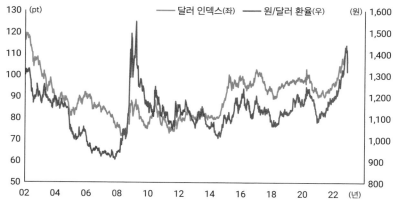

주: 달러 인덱스는 주요 6개국 통화 대비 달러의 가치를 나타낸다. 달러 인덱스가 상승한다는 것은 안전 자산에 대한 선호도가 높아지는 것으로, 불황을 나타내는 지표로 볼 수 있다.
자료: 한국은행

라고 하면 미국 정부가 발행하는 채권(국채)이나 S&P500, 나스닥과 같은 미국 주식 시장까지 포함된다고 생각할 수도 있다. 하지만 채권이나 주식 모두 정도의 차이만 있을 뿐이지 원금 손실 위험이 있다는 점에서 달러화 그 자체인 현금보다 안전하지가 않다. 이런 이유로 전 세계 경제와 금융 시장이 불안해지면 원화의 가치는 하락(원/달러 환율 상승)하고, 한국 주식 시장의 주가도 하락하는 현상이 발생하는 것이다. 외환 시장에서 일어나는 환율 변화에도 신경을 써야 하는 이유가 바로 여기에 있다.

주가를 결정하는 요인은 크게 펀더멘털(기업 실적), 심리(투자자들의 생각), 수급(주식의 물량) 세 가지로 나누어서 구분할 수 있다. 수급과 관련해서는 외국인의 수급이 한국 증시에 미치는 영향력이 막대한 것

그림 2.31 원/달러 환율과 외국인 코스피 순매수(상), 원화 코스피와 달러 환산 코스피(하)

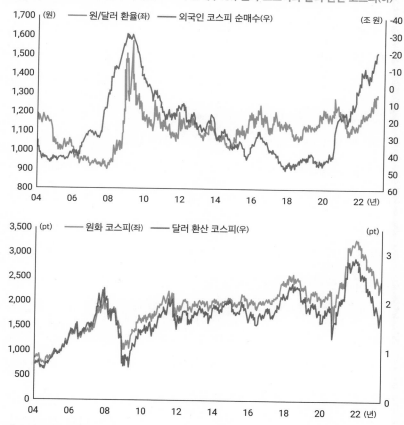

자료: 한국은행, 블룸버그

으로 잘 알려져 있다. 주식 시장에 돌아다니는 뉴스에서 외국인의 셀 코리아(한국 주식 매도), 바이 코리아(한국 주식 매수)를 자주 다루는 것도 이들의 매매 방향성에 따라 한국 증시의 방향성이 달라지는 경향이 있기 때문이다. 그리고 외국인의 수급에 영향을 미치는 주된 요인 중 하나가 바로 원/달러 환율이다. 그림 2.31의 위쪽은 원/달러 환율과 외국인의 코스피 순매수 추이를 나타낸 것이다. 방향성을 이야기하기 위해 외국인 코스피 순매수를 표시한 축을 반전시켰는데, 간단히 설명하자면 이렇다. 외국인들은 환율이 상승하면 한국 주식을 팔고, 환율이 하락하면 한국 주식을 산다. 이런 프로세스가 작용하는 배경에는 이들이 외국인이라는 이유가 있다. 우리가 해외에서 물건을 살 때 한국의 원화를 결제 대금으로 내지 않고 달러로 내는 것과 마찬가지로, 외국인들도 한국 주식을 매수할 때 달러를 원화로 바꾼 뒤에 매수한다. 외국인 투자자가 1달러당 1,000원으로 환전해서 한국의 삼성전자 주식을 샀다고 가정해보자. 그런데 얼마 지나지 않아 예상치 못한 사건이 발생해 환율이 급등(원화 가치가 하락)해 1,300원으로 상승했다면 어떤 일이 발생할까? 삼성전자의 주가가 그 기간 동안 전혀 변동이 없다고 하더라도, 외국인들은 앉은 자리에서 단순 원화 가치 하락으로 인해 30%의 손실을 보게 된다(원/달러 환율 1,000원에서 1,300원으로 상승하면 30% 상승). 한국인이 한국 주식을 살 때는 주가 변동(기업의 주가 변동에 따른 이익이나 손실)만 신경 쓰면 되지만, 외국인들이 한국 주식을 살 때는 주가 변동 이외에 환율 변동까지 신경을 쓸 수밖에 없는 것이다.

따라서 현재 원/달러 환율이 상승하고 있고 앞으로도 상승할 것이라는 분위기가 조성되는 시기에는 외국인들이 환 손실을 우려해 한국 주식을 팔거나, 매수할 계획이 있더라도 그 시기를 뒤로 미뤄둘 것이다. 반대로 원/달러 환율이 하락하고 있고 앞으로도 하락할 것이라는 분위기가 조성되는 시기에는 오히려 환 차익에 대한 기대감으로 한국 주식을 사거나, 매수 계획을 좀 더 앞당길 것이다. 또 외환 시장은 24시간 돌아가는 데 반해 주식 시장은 정해진 시간에만 운영*되는 특성 때문인지, 환율의 움직임이 주식에 비해 더 격렬하고 빠른 편이다. 그림 2.31의 아래쪽은 원화로 표시한 코스피, 즉 현재 증권사 HTS, MTS에서 볼 수 있는 코스피 주가와 달러로 환산한 코스피, 즉 현재 코스피 주가를 달러로 바꿔 계산한 것을 비교한 것이다. 여기서 원화 코스피보다 달러 환산 코스피의 위아래 방향성이 상대적으로 더 크다는 것을 알 수 있다. 빠르게 움직이는 외환 시장의 특성이 주식 시장에 반영된 결과인 듯하다. 여담이지만, 이 그림을 보다 보면 드는 생각이 있다. 현재 한국 증시가 급격한 주가 조정을 겪으면서 약세장에 진입한 것은 사실이지만, 원화 표시 코스피보다 달러 표시 코스피의 주가 하락 정도가 더 극심하다는 것이다. 원화 표시 코스피는 2020년 여름~가을 수준까지 내려온 반면, 달러 표시 코스피는 2020년 3월 팬데믹 절정 당시 코스피가 1,400pt 선으로 폭락했던 수준까지 내려온 상태다. 흔히 한국 주식 시장이 저평가됐다고 이야기하는데, 외국인 투자자 입장에서는 훨씬 더 저평가된 상태가 된 것일지도 모르겠다. 아니면 외국인이 보는 한국 증시의 미래가 한국인이 보는 한국 증시의 미래보다 훨씬 더 부정적이기 때문일 수도 있겠다. 시간이 지나면 그 답을 알 수 있겠지만, 이미 달러 표시 코스피의 주가 수준은 미래의 예상되는 악재란 악재를 모두 가격에 반영했을 정도로 하락한 만큼 개인적으로는 한국 증시의 저평가 쪽이 더 신빙성

---

* 한국 주식 시장은 오전 9시부터 오후 3시 30분까지 열린다.

있어 보인다.

지금까지 환율이 주식 시장과 외국인 수급에 미치는 중요성을 이야기했다. 여기서 이어질 수 있는 궁금증은 "환율 변화를 미리 예상해볼 수 없을까?"일 것이다. 환율 예측은 신의 영역이라고 했지만, 그렇다고 해서 예측 자체가 불가능한 일은 아니다. 경제학자 케인스가 제시한 '미인대회'라는 개념은 미인을 선발하는 투표에 참여하게 됐을 때 투표자 본인 기준에서 가장 미인으로 보이는 사람이 아니라 전체 투표자들이 가장 미인이라고 생각할 만한 후보자에게 투표한다는 개념이다. 이 개념은 환율에도 그대로 적용된다. 많은 외환 시장 참여자들이 지금을 원/달러 환율이 상승(원화 약세)하는 시기라고 믿는다면 단기적으로는 일제히 그 방향으로 가격이 움직이게 된다. 투자자들은 시장 속에서 서로 영향을 미치고 살고 있기 때문에 독립된 개인의 판단도 끊임없이 수정하게 됨으로써 시장 전체의 움직임이 복잡해지고 정확한 예측을 하기가 힘들어진다. 그렇다고 해도 환율을 예측하는 객관적인 지표들은 엄연히 존재한다. 앞서 언급한 달러의 방향성, 엄밀히 말해 달러화 지수의 방향성으로 뉴스에서 킹달러 현상, 달러 가치 급등에 대해 이야기할 때 쓰는 달러화 지수(달러 인덱스)를 의미한다. 달러화 지수는 해당 국가의 경제 펀더멘털인데, 그중 대표적인 지표가 경상수지다. 미국 달러화와 교역상대국들의 환율을 이들의 GDP 규모에 따라 비중을 결정해 산출한 지수다. 1973년 3월 시점을 기준점(100pt)으로 해서, 유로존의 유로(비중 57.7%), 일본의 엔(비중 13.6%), 영국의 파운드(비중 11.9%), 캐나다의 캐나다 달러(비중 9.1%),

스웨덴의 크로나(비중 4.2%), 스위스의 프랑(비중 3.6%) 등 6개 주요국들의 통화 가치 변화를 지수화한다. 어찌 보면 이러한 달러화의 특성이 원/달러 환율 예측을 어렵게 만드는 것일 수도 있다. 단순히 미국 달러화가 어떻게 변하는지 뿐만 아니라 유로, 엔, 파운드 등 다른 국가 통화의 움직임도 계산해야 하니 말이다.

이외에도 무역수지라는 펀더멘털을 통해서 원/달러 환율의 방향성을 가늠해볼 수도 있다. 무역수지는 상품의 수출과 수입 차이를 나타낸 것으로, 한 국가의 산업 경쟁력과 경기 사이클을 반영하는 중요한 경제지표다. 무역수지와 무역 이외의 수지(서비스수지, 이전수지 등)를 포괄하는 경상수지 지표도 중요하지만, 환율과 한국 기업 실적, 즉 주식 시장에 더 중요한 지표는 무역수지라고 보면 된다. 무역수지가 흑자를 기록하면 한국 기업이 해외에서 수입하는 것보다 더 많이 수출했다는 뜻이다(반대로도 마찬가지다). 그림 2.32에서 보다시피 무역수지가 흑자 기조에 있는 구간에서는 원화 강세 기조(원/달러 환율 하락 기조)에 있으며, 무역수지가 적자 기조에 있는 구간에서는 원화 약세 기조(원/달러 환율 상승 기조)에 있음을 알 수가 있다. 일반적으로 한국은 수출 경쟁력이 있는 국가이기 때문에 대부분의 시기에 무역수지 흑자를 기록했다. 하지만 금융 위기로 인해 전 세계 경제가 불황에 빠졌던 2008년이나 높은 인플레이션으로 인해 수출이 증가하는 것보다 원자재 수입 비용 부담으로 수입이 더 크게 증가하는 기현상이 발생한 2022년처럼 무역수지가 적자를 기록하는 시기가 있다.

2021년 이후 원/달러 환율이 빠른 속도로 상승했던 배경 중 하나

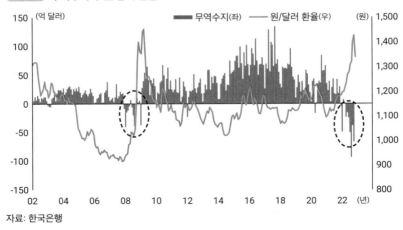

그림 2.32 무역수지와 원/달러 환율

자료: 한국은행

가 바로 무역수지 적자에서 기인한다. 따라서 무역수지 적자가 본격적으로 해소되는 시점이 원/달러 환율이 하락하는 본격적인 추세전환으로 볼 수 있으며, 이는 한국 주식 시장이 약세장을 탈출해 강세장에 다시 진입하게 만드는 환경을 조성하게 만들 수 있다. 2022년 10월 데이터 기준으로 7개월째 적자를 기록 중인 무역수지는 언제쯤 흑자로 전환될 수 있을까? 인플레이션이 빠르게 내려와서 한국의 수출이 수입보다 더 크게 증가하거나, 전 세계 경제가 좋아져서 수입에 부담이 있더라도 대외 수요 개선으로 인해 더 많은 수출 실적을 내면 무역수지는 흑자가 될 것이다. 이쯤 되면 "무역수지 흑자는 여러 가지 전제 조건이 붙어야만 하는 어려운 일이구나."라고 생각할 수도 있겠다. 하지만 한국 경제의 특성상 무역수지 불균형 문제는 시간 의존적이라고 생각한다. 시간이 지나면 자연스레 해결되는 문제라는 이야기다. 그림 2.33은 원/달러 환율과 수출의 관계를 나타낸 것이다. 확실히 환율이 상승하는 시기에 수출은 부진해진다. 환율 상승은 전 세계 경제에 문제가 생겼기 때문이며, 이는 한국 수출에 부정적인 영향을 가한다. 그러나 화살표로 표시했듯이 환율 상승 후 몇 개월이 지나면 수출은 증가 추세로 전환된다. '환율 효과'라는 것이 작용하기 때문이다. 환율 효과는 원화가 약세를 보일 때(원/달러 환율 상승), 한국 소비자들은 해외 제품을 더 비싸게 구매하지만, 미국이나 다른 국가에 있는 소비자들은 한국 제품을 더 싸게 구입하는 효과를 말한다. 달리 말해 원화 약세 현상은 한국 기업이 해외 시장에서 일본, 유럽, 미국 등 다른 국가의 제품보다 더 싸게 제품을 팔 수 있는 가격 경쟁력이 생길 수 있음을 시사한다. 이는 궁극적으로 해외 시장에서 한국 기업의 달러 등 해외 통화 수출 금액 증대 효과를 만들고, 같은 기간 동안 한국

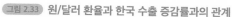 그림 2.33 원/달러 환율과 한국 수출 증감률과의 관계

자료: 한국은행

원화 기준 수입품 가격이 상승하며 한국 내 수입 수요가 크게 감소한다. 따라서 원/달러 환율 상승 초기에는 수출과 수입 모두 감소하지만, 시간이 지날수록 수입 금액 감소, 수출 물량 증대로 인해 무역수지 불균형 문제가 해소되는 것이다.

그림 2.34는 한국개발연구원KDI이 2022년 10월에 발간한 '환율 변동이 수출입과 무역수지에 미치는 영향'에서 인용한 그림이며, 여기서 이야기하고자 하는 바는 환율이 1% 상승 시 단기적으로 수출은 0.5%, 수입은 0.7% 감소하지만, 중기적으로는 수출이 0.5% 증가하며 수입은 0.3% 감소한다는 것이다. 결국 1,300원대를 넘나들면서 1,500원대 진입까지 거론되는 현재의 고환율(원화 약세) 현상은 우려하는 것보다 오래가지 않을 수 있으며, 이는 무역수지 불균형이 자연스럽게 해소되면서 이뤄질 것으로 보인다. 마찬가지로 저환율(원화 강세) 현상이 발생할 때도 그 상황이 영원할 것이라고 생각해서는 안 된다.

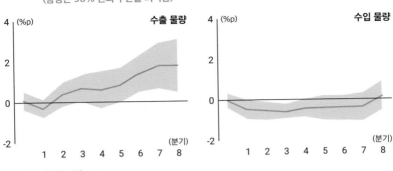

그림 2.34 환율이 상승한다고 가정했을 시 수출입 물량에 미치는 영향
(음영은 90% 신뢰 구간을 의미함)

자료: 한국개발연구원(KDI)

환율이 거래되는 외환 시장에서도 항상 상승과 하락을 반복하는 사이클이 있으며, 사이클상 어느 위치에 있는지를 파악하고, 그 위치에서 환율을 변화시키는 동인으로 지금 설명한 외국인 수급, 달러화 지수, 무역수지 등을 주시할 필요가 있다.

환율

주식 시장 중요도	★★★★★
중요한 이유	• 코스피 및 외국인 수급과 밀접한 음의 상관관계에 있는 지표 • 기업의 수출입 단가 변화를 유발하면서 전반적인 실적에도 영향력 행사 • 국가의 대표적인 기초체력 지표인 무역수지 변화의 키맨 역할
관련 지표	원/달러 환율, 달러 인덱스
발표일	매 영업일
발표 사이트	한국은행, 포털 검색
데이터 다운로드	한국은행 경제통계시스템(https://ecos.bok.or.kr)

※ 지표 발표 시기는 각국의 현지 시간 기준

※ 경제 지표는 관련 부처 홈페이지에서 확인 가능하지만, 편의성 측면에서는 Investing.com 홈페이지나 Investing 애플리케이션 내 캘린더를 활용하는 것이 좋음

Investment Strategy

장단기 금리차
경기침체의 선행 지표

미국 경제는 전 세계 경기를 사실상 좌우할 정도로 중요한데, 그중에서도 미국 소비 경기의 방향이 중요하다. 그림 2.35처럼 미국의 소비가 미국 GDP의 68.5%(21년 기준)를 차지하고 있을 정도로 미국 경제는 소비로 돌아가는 나라다. 전 세계 GDP 규모와 비교해도 중국(17.8%) 다음으로 3위(16.6%)에 해당할 정도다. 이처럼 전 세계 경제에서 큰 비중을 차지하고 있는 미국 소비 변화에 따라 미국뿐만 아니라 전 세계 경제의 성장 모멘텀이 달라질 수 있는 것이다. 2000년, 2008년, 2020년의 미국 경기침체가 전 세계 경제와 주식 시장에 일대 충격을 가했던 것을 상기해보면 "이토록 중요한 미국 경제의 침체 징후를 미리 포착할 수 있는 방법은 없을까?" 하는 의문점이 생길 수 있다. 경제와 주식 시장은 예측의 어려움이 높은 곳인 만큼, 침체를 쉽게 예측해주는 단 하나의 지표는 존재하지 않는다고 생각한다. 하지만 최소한

침체의 가능성을 엿볼 수 있고 환율의 방향성에도 도움이 되는 지표는 찾아볼 수 있다. 원/달러 환율이나 달러화 지수가 순식간에 폭등한다면 외환 시장을 넘어서 전 세계에 뭔가 문제가 생겼기 때문이다. 하지만 '환율의 급격한 변동이 몇 %까지 진행되어야 침체에 빠진다.'라는 정량적인 기준은 존재하지 않는다. 또 외환 시장의 수요와 공급에 따라서 일시적으로 환율이 급격하게 움직이는 때가 있다는 점을 감안한다면 환율 변화를 통해 경기침체를 예측하는 것은 사실상 어려운 일이다. 기업 실적, 경제성장률, 고용, 소비 등 다른 데이터들을 통해서 침체 진입 여부를 가늠해볼 수 있지만, 그 수치 안에 담긴 내용들을 일일이 살펴봐야 하는 번거로움이 있다.

침체를 예측하는 것은 어렵고 복잡하다. 여러 가지 데이터와 수

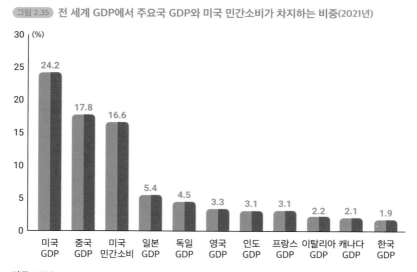

그림 2.35 전 세계 GDP에서 주요국 GDP와 미국 민간소비가 차지하는 비중(2021년)

자료: WEO

치를 대입해 과거 침체 당시에 비해 달라진 점을 이리저리 비교해봐야 하니 말이다. 하지만 고맙게도 침체 가능성을 엿볼 수 있는 한 가지 지표가 존재한다. 바로 장단기 금리차(혹은 수익률 곡선, 일드커브)다. 장단기 금리차는 장기물 국채 금리와 단기물 국채 금리의 차이를 나타낸 것으로, 미국 10년물 국채 금리와 2년물 국채 금리의 차이 또는 10년물 국채 금리와 3개월물 국채 금리의 차이를 의미한다. 일반적으로 장단기 금리차는 플러스(+)가 되어야 정상이다. 장기물 금리가 단기물 금리보다 높아야 한다. 생각해보자. 우리가 단기 예금이나 단기 대출을 할 때의 금리보다 장기 예금이나 장기 대출을 할 때의 금리가 더 높다. 만기가 길수록 예상치 못한 위험을 맞을 가능성이 크기 때문에 만기가 짧을 때에 비해 고금리가 책정된다. 단기 금리는 중앙은행의 정책 금리에 영향을 많이 받지만, 장기 금리는 정책 금리 외에도 미래의 성장률과 인플레이션 전망, 중앙은행의 정책 전망 등 미래의 환경 변화에 많은 영향을 받는다. 단기 금리가 장기 금리보다 높게 형성된다면 단기적으로 경제나 금융 시장에 좋지 않은 일이 생긴 것일 수도 있다. 투자자들이 지금 당장 불안하기 때문에 2년물, 3개월물 금리를 책정할 때 평소보다 높게 책정하는 것이다. 아니면 단기적으로는 시장 분위기가 괜찮지만, 지금처럼 중앙은행의 공격적인 금리 인상 효과가 누적되다 보면 대출자들의 이자 부담, 금융 시장의 유동성 고갈 등이 경기 전망을 악화시키면서 장기 금리를 하락하게 만들 때도 단기 금리가 장기 금리보다 높아진다(경기가 안 좋아지면 투자자들은 채권이라는 안전자산을 보유하려 들고, 그로 인해 채권 가격은 상승하고, 채권 금리는 하락한다).

그림 2.36에서 보다시피, 장단기 금리차가 역전돼 마이너스(-) 영역에 들어간 이후 일정 시간이 지나면 미국 경제에는 침체가 찾아오고 그 과정에서 주식 시장은 급격한 붕괴를 경험했다. 예를 들어 2000년 초반에 장단기 금리차 역전이 발생한 이후 2001년 3월에 미국 경제는 침체에 빠져들었고 S&P500 주식도 급락했다(닷컴 버블 붕괴). 2006년 중순 장단기 금리차 역전이 발생했을 때 2007년 12월 미국 경제와 주식 시장은 극심한 불황을 겪었다(서브프라임 모기지 버블 붕괴). 시계열을 1980년대까지 확장해보면 총 5차례의 경기침체를 장단기 금리차가 미리 예고했다는 점에도 주목해볼 필요가 있다. 이것이 장단기 금리차가 금융 시장에서 침체를 예고해주는 선행지표라 불리는 이유다. 앞서 장단기 금리차 역전은 경제 전반에 뭔가 좋지 않

그림 2.36 미국 장단기 금리차와 S&P500

자료: FRED

은 일이 생겼음을 의미한다고 했었다. 이뿐만 아니라 장단기 금리차
는 은행들의 대출 태도(심사)와도 연관돼 있다는 점에서 중요하다. 그
림 2.37은 미국 은행의 대출 태도를 나타낸 것인데, 해당 차트가 플러
스(+)에 있으면 은행이 대출 심사를 느슨하게 하고, 마이너스(-)에 있
으면 대출 심사를 엄격하게 한다는 뜻이다. 2008년, 2020년처럼 금융
위기와 팬데믹으로 경기가 침체에 빠지면 은행들은 잠재적인 대출자
들의 상환 능력에 의문을 갖게 된다. 이로 인해 대출 심사가 엄격해지
고, 그 결과 대출 금리가 평소보다 높게 책정된다. 대출 금리가 높아
지면 대출 이자 부담이 커지므로 돈을 빌리길 주저하기 마련이다. 일
반인들의 시중 대출 수요 감소 현상이 누적되면 경제 전반적으로 유
동성이 감소하면서 돈이 돌지 않게 된다. 돈이 돌아야 소비가 살아나
고 기업 실적이 좋아지고 주식 시장도 활기를 띠지만, 그렇지 못하니

그림 2.37 미국 은행의 대출 태도 지수(음수로 갈수록 대출 심사가 엄격해진다는 의미)

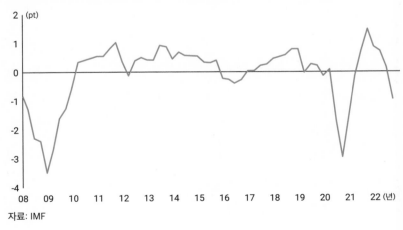

자료: IMF

경기가 침체에 빠질 확률이 높아지는 것이다.

2022년 말 미국 경제를 살펴보면, 도무지 침체의 징후가 보이지 않는다. 3분기 성장률은 2.6%로 집계됐고, 4분기 성장률도 3% 중반으로 예상되고 있으며, 고용 시장도 여전히 호조세를 보이고 있다. 하지만 전 세계 경제학자, 투자 전략가, 정책 결정자 등 전문가들이 미국 경제가 침체에 빠지는 것이 시간문제라고 이야기하는 것도 바로 현재 장단기 금리차가 역전됐다는 점에서 기인한다. 그림 2.38은 뉴욕 연방준비은행에서 장단기 금리차를 주간 단위로 실시간 반영해 미국 경제의 침체 확률을 계산한 지표다(음영 처리된 부분이 미국 경제의 침체 시기). 여기서도 확인할 수 있듯이 이 지표는 미국 경제가 향후 침체에 빠질 확률을 25% 수준으로 전망하고 있다. 실제로 2000년, 2008년, 2020년에 확률이 25%대를 넘어가면서 침체를 맞이했으므로, 뉴욕 연방준비은행 사이트에 들어가서 침체 확률이 얼마나 바뀌고 있는지 확인해보는 것도 좋을 듯하다.

그렇다면 과거 패턴대로 미국의 경제침체는 정말 정해진 운명일까? 솔직히 이야기하자면 시간이 지나야 사후적으로나 알 수 있다고 생각한다. 장단기 금리차 역전이 벌어지는 보편적인 이유는 현재와 미래의 불안한 경기 전망이나 은행들의 대출 태도와 관련 있다고 했지만, 미국 국채 시장의 단순 수급 이슈로 역전되는 경우도 있기 때문이다. 현재 연방준비제도의 공격적인 금리 인상 전망은 국채 시장에서 채권 투자자들이 단기 금리를 높게 형성하는 유인을 제공하고 있다. 따라서 경제 전망보다는 중앙은행의 전망에 따른 수급 이슈로 장

그림 2.38 **장단기 금리차를 반영해 계산한 향후 12개월 뒤 미국 경기침체 확률**
(음영은 실제 경기침체 기간)

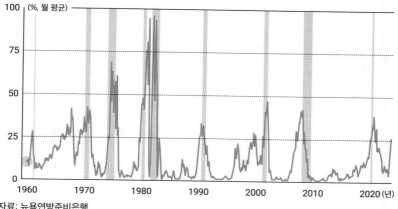

자료: 뉴욕연방준비은행

단기 금리차 역전이 형성된 것으로 볼 수 있다. 더 중요한 것은 장단기 금리차가 침체의 선행지표라고 하지만, 이따금 오신호를 만들어내는 경우가 있었다는 점이다. 가령 2019년도에도 장단기 금리차가 역전된 이후 2020년에 경기침체가 찾아왔다. 하지만 2020년 침체의 성격을 살펴보면 현재와 미래의 경기 전망 변화나 은행의 대출 태도와 관련된 것이 아니었다. 코로나라는 전례 없는 전염병 창궐로 인해 미국, 유럽, 한국 등 주요국가가 사회적 거리두기 등의 봉쇄 조치를 시행했고, 그 충격으로 경기가 침체된 것이었다. 물론 누군가는 이미 2019년도에 장단기 금리차가 역전됐었기 때문에 코로나가 아니었더라도 미국 경제가 침체에 빠졌을 것이라고 주장할 수도 있다. 하지만 지금 와서 이를 알 수는 없는 노릇이다. 또 1998년도에도 장단기 금리차가 역전됐었지만, 이때도 오신호였던 것으로 밝혀졌다. 결국 장단기 금리차가 경기침체를 예고해주는 유용한 지표인 것은 맞지만, 어디까지나 투자할 때 참고용으로 사용해야지, 이 지표 하나에 너무 의존해서는 안 된다.

미국 장단기 금리차

주식 시장 중요도	★★★☆☆
중요한 이유	• 미국의 경기침체를 예고해주는 전통적인 선행 지표 • 장단기 금리차 역전 발생 약 6~18개월 이후 미국 주식 시장 급락 경향
관련 지표	미국 10년물 국채금리, 2년물 국채금리, 3개월물 국채금리
발표일	매 영업일
발표 사이트	포털 검색, CNN, WSJ, Bloomberg
데이터 다운로드	세인트루이스 연방준비은행 경제 데이터 사이트인 FRED에서 검색(https://fred.stlouisfed.org)

※ 지표 발표 시기는 각국의 현지 시간 기준

※ 경제 지표는 관련 부처 홈페이지에서 확인 가능하지만, 편의성 측면에서는 Investing.com 홈페이지나 Investing 애플리케이션 내 캘린더를 활용하는 것이 좋음

변동성 지수, 투자심리 지수, 공포-탐욕 지수
시장 분위기를 파악하는 지표

변동성 지수(VIX)

주식 시장은 1, 2차원의 숫자와 데이터를 가지고 투자자들이 3차원 세계에서 심리 게임을 벌이는 곳이기도 하다. 주가를 결정하는 핵심 요인 중 하나가 심리인 만큼, 심리와 관련된 지표를 습득하는 것도 꽤 유의미한 일이다. 주식 시장의 대표적인 심리지수는 바로 공포지수라고도 불리는 변동성 지수VIX다. 변동성은 주식 시장에서 매우 중요한 데이터다. 특정 주식의 변동성이 크다는 것은 위든 아래든 가격 움직임이 격렬하다는 뜻이며, 이는 변동성이 작은 주식보다 투자 위험(원금 손실 위험)이 크다는 것을 시사한다. 흔히 이야기하는 변동성은 VIX를 지칭하기보다 과거 특정 기간 동안의 가격 변화를 말하며 이를 '과거에 실현된 변동성 혹은 역사적인 변동성'이라고

그림 2.39  S&P500과 주식 시장 변동성 지수(VIX)

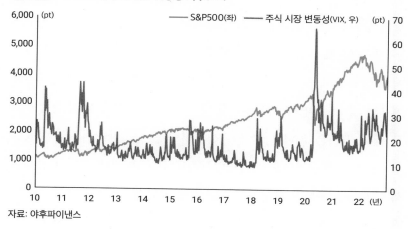

자료: 야후파이낸스

한다. 반면 VIX는 현시점에서 30일 동안 S&P500 지수의 예상되는 변동성을 측정한 것으로, 이를 앞으로의 주식 시장 움직임에 내재된 '미래의 내재 변동성'이라고 한다. 정리하자면 변동성 지표에는 과거 주가를 기반으로 계산한 역사적인 변동성과 미래에 예상되는 움직임을 기반으로 계산한 내재 변동성이 존재한다. 그리고 주식 시장 투자자들에게는 과거가 아닌 미래에 대한 투자자의 심리가 녹아 있는 VIX가 더 중요한 변동성 지표다.

VIX는 'Chicago Board Options Exchange Volatility Index'의 줄임말로 파생상품 시장에서 S&P500 주가 지수의 미래 변동성을 거래할 때 형성되는 가격을 지수화한 것이다. VIX 지수가 상승한다는 것은 주식 시장의 변동성이 커진 것을 의미하며, VIX 지수가 하락한다는 것은 변동성이 작아진다는 것을 의미한다. 그림 2.39에서 S&P500과

VIX의 관계를 보면 주식 시장이 하락할 때 VIX가 상승하고, 주식 시장이 상승할 때 VIX가 하락하는 경향이 있음을 확인할 수 있다. VIX는 평균적으로 20pt 선 내외에서 움직이지만, 주식 시장에 특정 사건이 출현했을 때는 일시적으로 위로 치솟는다. 대표적으로 2020년 3월 팬데믹 당시 주식 시장이 폭락할 때 VIX는 70pt 선을 넘게 폭등하기도 했다. 또 FOMC나 미국 인플레이션 지표 등 굵직한 대외 이벤트 전후로 VIX가 단기적으로 급등락하기도 한다. 이외에도 채권 시장에서 사용하는 변동성 지수인 MOVE 지수가 있다. MOVE^{Merrill Lynch Option} ^{Volatility Estimate} 지수는 VIX와 유사하게 미국 유명 투자은행 메릴린치가 미국 국채의 파생상품(옵션) 가격을 기초로 특정 기간 동안 예상되는 채권 시장의 변동성을 산출한 지표다. MOVE 지수가 상승하면 채권 시장의 변동성이 커진다는 것이고, 반대로 하락한다면 채권 시장의

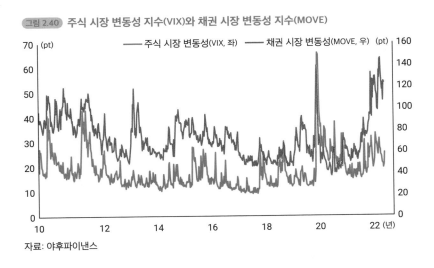

그림 2.40 주식 시장 변동성 지수(VIX)와 채권 시장 변동성 지수(MOVE)

자료: 야후파이낸스

변동성이 줄어든다는 것으로 받아들이면 된다. 그림 2.40에서 보다시피, VIX와 MOVE는 대체로 방향성이 같지만, MOVE 움직임이 상대적으로 더 큰 경향이 있다. 그림에서 2022년도의 움직임을 보면 VIX는 2020년 팬데믹 당시에 비해 현저하게 낮은 수준에 있는 데 반해 MOVE는 팬데믹 급으로 올라와 있는 상태다. 현재 금융 시장 불안의 핵심은 연방준비제도의 정책 변화에 있으며, 이들의 정책 변화에 직접적으로 영향을 받는 시장이 채권 시장이기 때문에 이런 현상이 발생한 것으로 보인다. 따라서 현재까지는 VIX와 MOVE간에 탈동조화 현상이 일어났지만, 미래에 VIX가 MOVE를 따라서 올라갈지 아니면 MOVE가 VIX를 따라서 내려갈지 지켜보는 것도 관건이 될 것으로 보인다.

VIX의 움직임을 가지고 투자 전략을 수립하는 것도 가능하다. VIX가 위로 크게 급등한다는 것은 시장의 공포가 극에 달했다는 의미이므로, 누군가에게는 주식 비중을 줄이는 행위를 유발할 것이다.

표 2.4 미국 주식 시장에 상장된 VIX 관련 ETF 리스트

티커	ETF명	발행사	순자산	수수료
UVXY	ProShares Ultra VIX Short-Term Futures ETF	ProShares	$763.54M	0.95%
SVXY	ProShares Short VIX Short-Term Futures ETF	ProShares	$454.18M	0.95%
VXX	iPath Series B S&P 500 VIX Short Term Futures ETN	Barclays Capital Inc.	$396.31M	0.89%
VIXY	ProShares VIX Short-Term Futures ETF	ProShares	$315.80M	1.05%
SVOL	Simplify Volatility Premium ETF	Simplify Asset Management Inc.	$114.50M	0.66%

자료: ETF.com

하지만 "시장에 공포가 만연할 때 매수해야 한다."라는 투자의 대가 워런 버핏의 말처럼 누군가에게는 역발상의 투자 기회일 수 있다. 또 VIX를 기초 자산으로 하는 ETF(상장지수펀드) 상품도 존재한다. 특히 표 2.4처럼 미국 주식 시장에는 VIX 관련 ETF가 여러 개 상장돼 있다. 미국 주식에 투자하는 한국 투자자도 많아진 만큼 FOMC나 인플레이션 등 특정 대형 이벤트를 앞두고 개별 기업 주식이나 국가의 주식 시장에 투자하는 것이 아니라 VIX 관련 ETF에 투자해보는 것도 위험 관리 차원에서 적절한 전략일 수 있다.

개인 투자자 심리 지수

VIX는 시장 전반의 심리와 분위기를 측정하는 지표이다. 그럼 주식 시장의 핵심 투자 주체인 개인 투자자들의 심리를 측정하는 지표도 존재할까? 그것이 바로 미국개인투자자협회AAII, American Association of Individual Investors의 불-베어Bull-Bear 지표다. 이 지표는 매주 목요일에서 다음 주 수요일까지 개인 투자자를 대상으로 '향후 6개월 동안 시장이 상승할 것인지Bull, 보합할 것인지Neutral, 하락할 것인지bear'를 간단하게 설문해 지수화한 것이다. 상승한다고 응답한 미국 개인 투자자 비율이 높으면 불 수치가 상승하고, 내린다고 응답한 비율이 높으면 베어 수치가 상승한다. 그림 2.41은 AAII에서 제공하는 현황으로 현재 미국 개인 투자자들 사이에 어떤 분위기가 조성됐는지를

그림 2.41 미국개인투자자협회에서 시행하는 주식 전망 설문조사 결과 요약

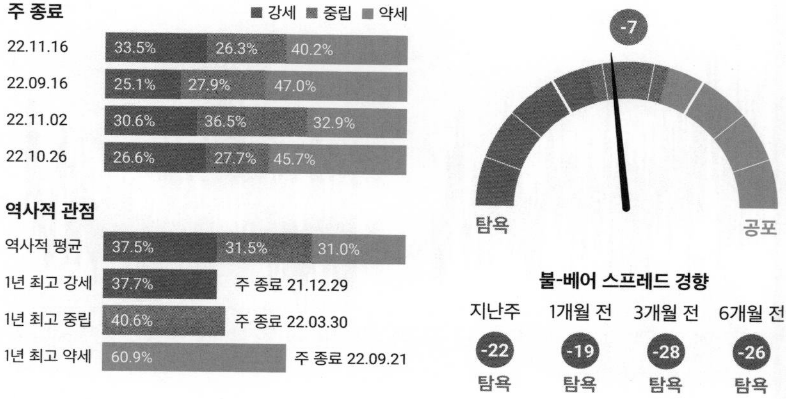

주 종료　■ 강세　■ 중립　■ 약세

주 종료	강세	중립	약세
22.11.16	33.5%	26.3%	40.2%
22.09.16	25.1%	27.9%	47.0%
22.11.02	30.6%	36.5%	32.9%
22.10.26	26.6%	27.7%	45.7%

역사적 관점

			주 종료
역사적 평균	37.5%	31.5%	31.0%
1년 최고 강세	37.7%		주 종료 21.12.29
1년 최고 중립	40.6%		주 종료 22.03.30
1년 최고 약세	60.9%		주 종료 22.09.21

-7

탐욕　　　　　공포

불-베어 스프레드 경향

지난주	1개월 전	3개월 전	6개월 전
-22	-19	-28	-26
탐욕	탐욕	탐욕	탐욕

자료: 미국개인투자자협회(AAII)

직관적으로 파악할 수 있다. 2022년 11월 16일 기준으로 보면 6개월 뒤 시장이 상승한다고 전망하는 비중은 33.5%, 보합세를 보일 것이라고 전망하는 비중은 26.3%, 하락할 것이라고 전망하는 비중은 40.2% 다. 6개월 뒤의 전망을 묻는 것이지만, 인간은 현재의 상황을 토대로 미래를 바라보는 본성이 있다는 점을 고려한다면 현시점의 투자자들 심리는 비관론이 우위에 있는 셈이다.

　VIX 지표와 마찬가지로 미국개인투자자협회의 불-베어 지표로 투자 전략을 만들어내는 것도 가능하다. 그림 2.42를 통해 이를 설명 해보겠다. 이 그림은 2000년 이후 낙관적 투자자들의 비중 변화(좌)와 비관적 투자자들의 비중 변화(우)를 보여준다. 현재 상황을 보면 낙관 론의 비중은 줄어든 반면, 비관론의 비중은 늘어나고 있다. 이쯤 되면

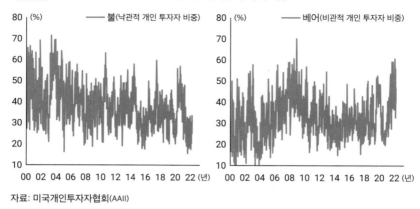

그림 2.42 낙관적 개인 투자자 비중(좌), 비관적 개인 투자자 비중(우)

자료: 미국개인투자자협회(AAII)

눈치챈 사람도 있겠다. 그렇다. 시장에 낙관이 과도할 때는 주식 비중을 줄이고, 비관이 과도할 때는 주식 비중을 늘리는 전략을 실행해보는 것이다. 하지만 지금 설명한 두 개의 그림만으로는 타이밍을 포착하기가 어려울 수도 있다. 낙관적 투자자 비중과 비관적 투자자 비중이 동시에 오르거나 내리는 구간이 종종 출현하기 때문이다. 그렇다면 이건 어떨까? 이 두 비중의 차이를 계산해서 접근하는 것이다.

그것이 바로 그림 2.42로 낙관론과 비관론의 비중 차이(이를 불-베어 스프레드라고 하겠다)와 미국 대표 주식 시장 중 하나인 나스닥의 관계를 나타낸 것이다. 2000년 이후 불-베어 스프레드는 +30pt~-30pt 선에서 낙관론자와 비관론자들이 치고받으면서 움직였다. 하지만 동그라미로 표시한 것처럼 -30pt 선을 넘어 -40pt 선을 넘을 정도로 비관론이 압도적인 우위에 있는 사례가 종종 출현했다. 더 중요한 것은 이렇게 비관론이 극에 달한 이후 나스닥의 움직임을 보면, 이때를 기점으로 오히려 상승했던 사례가 자주 출현했다는 것이다. 가장 최근에는 2022년 6월이나 9월이 그랬었다. 이 당시 미국이나 한국 주식 시장 모두 연저점을 기록하면서 비관론이 팽배했지만, 그 이후로는 오히려 악재들을 소화하면서 바닥을 치고 올라갔다. 지금은 불-베어 스프레드가 0pt 선 근처까지 올라온 만큼, 불-베어 스프레드를 활용한 매매 전략을 수행하기에 적절치 않은 시기일 수 있다. 하지만 이 지표들은 일주일마다 발표되고, 증시 분위기는 수시로 바뀔 수 있다는 점에 주목하자(엑셀 데이터도 제공하고 있으니 직접 계산해볼 수도 있다). 만약 다시 비관론이 압도적 우위에 있는 구간이 다시 찾아온다면(-30pt 이상) 주식을 추가로 매수할 기회로, 반대로 낙관론이 압도적 우위에 있는 구간이 찾아온다면(+30pt 이상) 주식을 정리할 기회로 삼는 것도 해볼 만한 일이다.

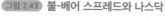 그림 2.43 불-베어 스프레드와 나스닥

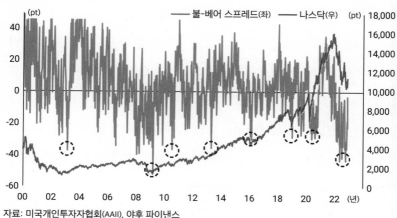

자료: 미국개인투자자협회(AAII), 야후 파이낸스

공포-탐욕 지수(Fear & Greed index)

:

위에서 소개한 VIX, 불-베어 스프레드 이외에 현재 시장의 심리 상태를 파악할 수 있는 다른 지표들이 있다. 현재 주가가 이동평균선상 단기 추세선(5일, 20일), 중기 추세선(60일), 장기 추세선(120일, 200일) 중 어디에 위치하는지를 통해서도 주식 시장의 분위기를 알 수 있다. 예를 들어 주가가 몇 차례 20일선이나 60일선 상향 돌파를 시도했으나 실패로 끝났다고 해보자. 이는 기술적 분석을 주로 사용하는 투자자들이 단기적으로 현재의 주가 상승세를 부담스러워하면서 매도로 대응하고 있음을 시사하며, 이를 기술적으로는 저항을 받고 있다고 표현한다. 반대로 주가가 20일선이나 60일선을 하향 돌파하는 데 계속 실패한다면 현재의 주가 하락세가 과도하다는 판단을 내린 투자자들이 많음을 시사하며, 이를 기술적으로는 지지를 받고 있다고 표현한다. 이동평균선은 시장의 에너지가 어느 방향으로 치우쳐 있는지를 가늠하는 동시에 이동평균선을 저항선과 지지선으로 활용해 주식 매수나 매도 시 보조 지표로 활용할 수도 있다. 또 다른 분위기 파악 지표로는 무엇이 있을까? 채권 금리를 활용해 볼 수 있다. 채권 금리가 하락한다는 것은 채권 가격이 상승한다는 의미이고, 이는 안전자산이라 불리는 채권에 대한 투자자들의 수요가 증가하고 있음을 보여준다. 주식 시장의 거래량도 비슷하다. 거래량이 증가하고 있다는 것은 주식을 매매하려는 사람들이 늘어나는 것이고, 주식 매매자가 증가하는 것은 시장이 공포에 휩싸여 있는 상태이거

그림 2.44 CNN의 공포-탐욕 지수

전일 종가
중립 ·································· 51

1주 전
중립 ·································· 53

1개월 전
탐욕 ·································· 63

1년 전
공포 ·································· 33

자료: CNN(https://edition.cnn.com/markets/fear-and-greed)

나 탐욕에 물들어 있는 상태인 경우가 많다.

　시장의 분위기를 파악하는 데 활용할 수 있는 다양한 지표가 존재하지만, 단순한 것을 좋아하는 내 입장에서 특히 유용한 시장 심리 지표가 하나 있다. 바로 미국 대형 언론사 CNN에서 매일 발표하는 공포-탐욕 지수Fear & Greed Index다. 이 지표는 방금 이야기한 이동평균선, 거래량, 채권 금리와 주식 기대 수익률 차이, VIX, 풋·콜옵션 비율, 52주 신저가와 신고가의 상대 강도, 투기 등급 채권 스프레드라는 7가지 시장 지표를 한데 모아 지수화한 것이다. 그림 2.44가 바로 공포-탐욕 지수로, 자동차 계기판과 비슷하게 현재 바늘이 가리키고 있는 pt에 따라 시장의 분위기를 확인할 수 있다. 이 지수가 0~25 범위에 있으면 '극도의 공포', 25~45 범위에 있으면 '공포', 45~55 범위에 있으면 '중립', 55~75 범위에 있으면 '탐욕', 75~100 범위에 있으면 '극도의 탐욕'에 빠져 있다고 간주한다.

　주식 시장은 다양한 인간군상이 한데 모여서 저마다 서로 다른 전망과 베팅을 하는 곳이기 때문에 중립과 같이 평온한 상태에 오래 머무르지 못한다. 마치 양옆으로 흔들리는 시계추가 정중앙에 머무르는 시간이 매우 짧은 것처럼 말이다. 오히려 적당한 공포와 적당한 탐욕 사이(25~75 범위)를 수시로 왔다 갔다 하는 것이 일반적인 주식 시장이라고 보는 것이 타당하다. 하지만 때로는 특정한 사건이 시장 심리를 극단으로 몰고 가는 사태가 발생하고는 한다. 공포-탐욕 지수가 25선 이하로 내려가거나, 75선 이상으로 올라가는 것처럼 말이다. 만약 25선 이하로 내려간다면 현재 주식 시장은 극도의 공포에 빠져 있어서 투자자들이 주식 매수나 보유는커녕 앞다퉈 매도하기에 급급한 상태임을 시사한다. 75선 이상으로 올라간다면 미래에 대해 굉장히 낙관적인 전망을 가진 투자자들이 늘어나면서 주식 매수 열풍이 불고 있는 상태라고 할 수 있다.

이처럼 공포-탐욕 지수는 주식 시장의 심리 상태를 파악할 때 유용한 신호를 제공한다. 개인적으로 이 지수를 주식 매수나 매도 시점을 파악할 때 유용한 지표로도 활용하는 편이다. 가치 투자의 대가이자 수십 년째 시장을 이기고 있는 워런 버핏이 말했던 "탐욕에 사서 공포에 팔아라."라는 조언을 공포-탐욕 지수를 활용해 실행으로 옮길 수 있기 때문이다. 주식 시장은 탐욕과 공포 사이를 수시로 오고 간다고 이야기했다. 동시에 특정 사건이 발생하거나 단순 수급 요인들이 개입해서 극도의 탐욕과 극도의 공포로 시장을 순식간에 몰아넣고는 한다. 이 지점에 머무르는 시간은 그리 길지 않지만, 해당 심리 지수가 25선 이하로 내려갔다는 것은 말 그대로 극도의 공포에 빠져 있다는 의미다. 이때는 펀더멘털과 무관한 주가 급락세가 출현하기 마

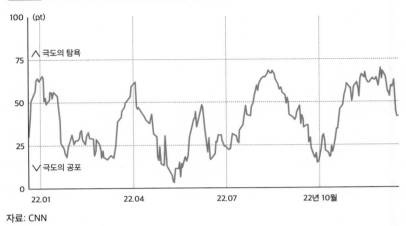

그림 2.45 2022년 이후 CNN의 공포-탐욕 지수 추이

자료: CNN

련이다. 중간중간 이야기했지만, 펀더멘털과 무관한 주가 변화는 누 군가에게 기회가 될 수 있다. 애널리스트로서 시장을 분석하는 나 역 시도 주가 하락기에 이 지수가 25선 이하로 내려갔을 때는 과도한 급 락 국면에 있다고 판단하는 편이다. 동시에 당장 극적인 상황 변화가 없더라도 주가상으로는 과매도 구간이기 때문에 기술적인 반등이 나 올 수 있으니, 매도 시점을 뒤로 미루면서 상황을 지켜보거나 기술적 반등을 노린 매수 기회로 접근하자는 식의 보고서를 내기도 했다. 반 대로 75선 이상으로 올라갔을 때는 증시가 과열된 상태로 바라본다. 따라서 상황 자체가 낙관적이더라도 주가상으로는 과매수 구간에 진 입한 만큼 단기적으로 주가 조정이 나올 수 있으니, 추가 매수 시점을 뒤로 미루는 게 좋을 것이라는 판단을 내린다. 여러분도 매일은 아니 더라도, 시장이 급변기에 있을 때는 수시로 이 지수를 확인하면서 보

유 주식을 처분하거나 신규 주식을 매수할 때의 보조 도구로 활용해 보길 바란다.

NAAIM 노출 지수

⋮

위에서 이야기한 불-베어 스프레드, 공포-탐욕 지수는 개인 투자자의 투자 심리를 측정해 시장 분위기를 파악하는 지표이자 투자자나 언론에서 가장 많이 활용하는 지표다. 이들 지표에 비해 상대적으로 활용도가 높지는 않지만, 펀드 매니저와 같은 기관 투자자의 투자 심리를 측정하는 지표로 NAAIM 노출 지수(미국 액티브 펀드 매니저 협회 노출 지수)가 있다. 이 지표는 미국 액티브 펀드 매니저 협회National Association of Active Investment Managers에서 액티브 펀드 매니저를 대상으로 지난 2주 동안 본인들이 관리하는 고객 펀드 내 주식 비중을 어떻게 가져갔는지 설문조사를 진행한 뒤, 이를 지수화해 매주 발표한 것이다. 물론 지금은 특정 지수를 기계적으로 추종하는 ETF나 인덱스 같은 패시브 펀드(소극적 투자 방식)의 영향력이 확대됨에 따라, 펀드 매니저가 스스로 분석하고 종목을 선택해 초과 수익 달성을 시도하는 액티브 펀드(적극적 투자 방식)의 영향력이 상대적으로 축소된 것은 맞다. 또한 NAAIM 노출 지수는 실제 펀드 계좌를 체크해서 만든 것이 아니라 펀드 매니저의 설문 응답을 바탕으로 만들었기 때문에 실제 주식 비중과 설문조사상 비중이 정확히 일치하지 않을 수 있다. 그럼에

그림 2.46 NAAIM 노출 지수

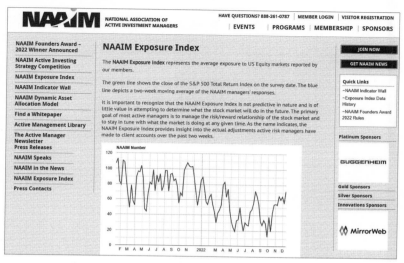

This week's NAAIM Exposure Index number is:

39.35

Last Quarter Average

40.63

Download EXCEL file with data since inception » <u>HERE</u>

Date	NAAIM Number Mean/Average	Bearish	Quart1	Quart2	Quart3	Bullish	Deviation
12/21/2022	39.35	-100	15.75	30.63	54.50	200	53.80
12/14/2022	71.60	0	45.00	70.00	100.00	200	48.94
12/07/2022	55.69	0	0.00	60.00	85.00	200	50.27
11/30/2022	64.36	-25	36.25	67.50	100.00	200	50.10
11/23/2022	60.29	-100	50.00	70.00	100.00	200	56.55
11/16/2022	64.96	-100	45.00	70.00	100.00	200	60.66
11/09/2022	53.33	-100	42.50	52.50	86.25	200	54.63
11/02/2022	54.57	-100	38.00	60.00	90.00	200	59.48
10/26/2022	53.91	-50	23.75	50.00	76.25	200	54.08
10/19/2022	43.28	-40	0.00	42.00	65.00	200	55.43

자료: NAAIM(<u>https://www.naaim.org/programs/naaim-exposure-index</u>)

도 이 지표를 소개하는 이유는 액티브 펀드 매니저로 불리는 기관 투자자들의 심리 변화를 확인할 수 있고, 더 나아가 이 지표를 증시의 고점과 저점을 파악하는 보조 지표로 활용할 수 있기 때문이다.

그림 2.46은 NAAIM 사이트에서 직접 확인할 수 있는 NAAIM 노출 지수다. 미국 시간으로 매주 수요일마다 업데이트되며 직접 다운로드할 수 있는 엑셀 데이터를 제공한다. 이 지표는 0~200% 범위 내에서 액티브 펀드 매니저의 주식 비중이 변동하는 것으로 간주하며 다음과 같이 구분한다.

- -200% Leveraged Short: 레버리지 매도 상태, 기존 주식 전면 순매도 + 레버리지를 통한 추가 매도
- -100% Fully Short: 풀 매도 상태, 기존 주식 전면 순매도
- 0%: 현금 비중을 100%로 가져가거나 주식 순매수와 순매도를 통해 총 주식 매수 비중을 0%로 설정
- +100% Fully Invested: 풀 매수 상태, 주식 전면 순매수
- +200% Leveraged Long: 레버리지 매수 상태, 주식 전면 순매수 + 레버리지를 통한 추가 매수

만약 NAAIM 노출 지수가 -200%에 있다면 액티브 주식 펀드 매니저들이 극단적으로 비관적인 시각을 갖고 증시 하락에 베팅하고 있다는 의미다. 반대로 +200%에 있다면 극단적으로 낙관적인 시각을 갖고 증시 상승에 베팅하고 있다는 의미다. 물론 역사적인 데이

터 추이를 봤을 때 -200%나 +200%에 도달하는 경우는 극히 드물다. -100%~+100% 내에서 움직이는 것이 일반적이며, 75% 이상이면 과매수, 25% 이하면 과매도 구간에 있는 것으로 간주한다. 그렇다면 이 지표를 어떻게 활용하는 것이 좋을까? 아래 그림 2.47은 NAAIM 노출 지수와 S&P500 주가 지수를 같은 차트에 나타낸 것이다. 중간의 점선들은 NAAIM 노출 지수의 장기 평균(60%)과 과매수(75% 이상), 과매도(25% 이하)를 의미한다. 이 데이터를 통해 증시가 탐욕과 공포 국면 중 어디에 있는지 가늠해볼 수 있다. 25% 이하에 있다면 기관 투자자 사이에 공포가 만연한 상태이므로 역발상 투자 관점에서 증시 저점이자 매수 기회로 접근하는 것이 좋다. 특히 2011년 여름 미국 신용등급 강등사태나 2020년 코로나 팬데믹 같은 대형 악재가 출현했을 때는 NAAIM 노출 지수가 10% 선까지 하락하기도 했으며, 이때는 투자

 그림 2.47 NAAIM 노출 지수와 S&P500

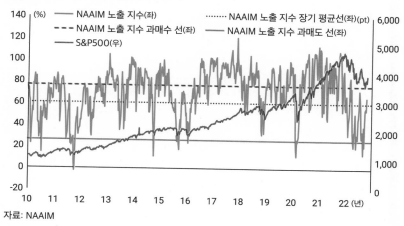

자료: NAAIM

자들에게 훌륭한 잠재 수익 창출 기회를 제공했다는 점에 주목할 필요가 있다. 다만 증시 고점 및 매도 기회를 찾을 때는 조금 다르게 봐야 한다. 일반적으로 액티브 펀드 매니저들은 매수 포지션을 더 많이 보유하는 경향이 있기 때문이다(주식 비중을 순매도 우위로 가져가는 경우는 그리 많지 않다). 지수가 장기 평균(60%)이나 과매수(75% 이상)를 상회한 것을 증시 고점으로 간주하기보다는 100%를 기준으로 잡고 고점 및 매도 신호를 포착하는 것이 유용하다. 미국 기관 투자자들의 심리 지표인 만큼 미국 증시에만 적용될 것이라고 생각할 수도 있지만, 여러 차례 강조했듯이 코스피는 S&P500과 밀접한 관계에 있는 만큼 국내 주식 투자자가 이 지표를 참고해도 전혀 이상하지 않다.

변동성 지수와 투자심리 지수들

주식 시장 중요도	★★★★☆
중요한 이유	• 주시 시장과 채권 시장 불확실성의 가늠자 역할 수행 • 개인 및 기관 투자자들의 투자 심리를 통한 전반적인 증시 분위기 파악 가능 • 증시의 단기 저점과 고점을 파악 가능
관련 지표	VIX, MOVE, 불-베어 스프레드, 공포-탐욕 지수, NAAIM 노출 지수
발표일	• VIX, MOVE, 공포-탐욕 지수: 매 영업일 • 불-베어 스프레드, NAAIM 노출 지수: 매주 수요일
발표 사이트	• VIX: 시카고옵션거래소(www.cboe.com) • MOVE: CNBC(https://www.cnbc.com) • 불-베어 스프레드: 전미개인투자협회(https://www.aaii.com) • 공포-탐욕 지수: CNN(https://edition.cnn.com) • NAAIM 노출 지수: 전미액티브투자협회(https://www.naaim.org)
데이터 다운로드	• VIX(https://www.cboe.com/tradable_products/vix) • MOVE(https://www.cnbc.com/quotes/.MOVE) • 불-베어 스프레드(https://www.aaii.com/sentimentsurvey) • 공포-탐욕 지수(https://edition.cnn.com/markets/fear-and-greed) • NAAIM 노출 지수(https://www.naaim.org/programs/naaim-exposure-index)

※ 지표 발표 시기는 각국의 현지 시간 기준

※ 경제 지표는 관련 부처 홈페이지에서 확인 가능하지만, 편의성 측면에서는 Investing.com 홈페이지나 Investing 애플리케이션 내 캘린더를 활용하는 것이 좋음

중국 경제 지표

지금까지 이야기한 매크로 지표와 이벤트는 주로 미국 데이터 중심이었다. 미국 주식 시장과 경제는 전 세계에서 가장 큰 규모를 자랑하고 있으며, 한국 증시는 미국 증시의 움직임과 많은 측면에서 연동돼 있기 때문이다. 투자 전략과 시황을 담당하는 나조차도 새벽 일찍 일어나 미국 증시 변화를 제일 먼저 확인하고, 이를 토대로 아침마다 데일리 시장 대응 코멘트에 내용을 반영해서 보고서를 발간한다. 2009년 개봉한 웰메이드 주식 영화 〈작전〉에서 배우 김무열(조민영 차장 역)이 아침 8시가 다 돼서 일어난 배우 박용하(강현수 역)에게 "주식 몇 년 했다는 사람이 지금 이 시간까지 자는 게 말이 돼? 일찍부터 일어나서 미국 증시 체크하는 거 기본 아니야?"라는 식으로 나무랐던 것도 괜한 말이 아닌 셈이다.

미국에 관한 이야기는 이쯤 하고 다음으로 한국 증시에 영향을 미치는 또 다른 국가인 중국에 관해 이야기해보자. 경제성장률의 바로미터이자 국가의 경제 규모를 뜻하는 명목 GDP(국내총생산) 기준으로 전 세계 순위를 매겨보면 중국은 최상위 국가에 속해 있다. 2022년 IMF의 명목 GDP 1위는 미국(약 25.0조 달러)이며, 그 뒤를 이어 중국(18.3조 달러)이 2위를 차지하고 있다. 3위부터는 일본(4.3조 달러), 독일(4.0조 달러), 인도(3.5조 달러) 등이 포진해 있으며, 사실상 1, 2위와 3위 이하의 국가 간 경제 규모 차이는 실로 방대하다. 다소 지루한 경제학 이야기지만, 구매력평가설Purchasing Power Parity, PPP*을 기준으로 GDP를 측정하면 중국이 미국을 제친 상태다.

그림 2.48은 IMF의 PPP 데이터에 기반해 2002년과 2022년(추정치) 전 세계 GDP에서 중국, 미국, EU의 GDP가 차지하는 비중 변화를 나

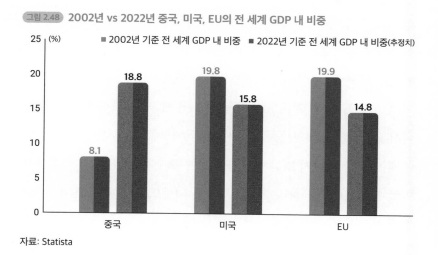

그림 2.48 2002년 vs 2022년 중국, 미국, EU의 전 세계 GDP 내 비중

자료: Statista

---

* 국가 간의 통화 교환 비율은 각국 통화의 상대적 구매력을 반영한다는 가설

타낸 것이다. 2002년에는 중국 경제가 전 세계 경제에서 차지하는 비중이 8.1%였으며 미국(19.8%), EU(19.9%)에 비해 절반도 되지 않는 규모였다. 그로부터 20년이 지난 2022년 중국 경제의 비중은 18.8%로 급격히 늘어나 미국(15.8%), EU(14.8%)를 뛰어넘었다. 경제 주체들의 구매력을 반영하는 PPP로 GDP 순위를 책정하는 것에 대해 학계에서 논란이 있기는 하다(IMF나 OECD 같은 국제기구에서 명목 GDP와 PPP GDP 두 가지 모두를 발표하는 것도 이 때문일 것이다). 다만 여기서 내가 이야기하고자 하는 바는 그만큼 중국 경제가 미국 경제 못지않게 영향력이 커지고 있으며, 이는 주식 시장에서도 비슷하다는 것이다.

한국 경제 역시 중국 경제에 대한 의존도가 높다. 앞서 수출 지표 부분에서 이야기했듯이 2020년 기준으로 한국 전체 수출에서 중국에 대한 수출이 차지하는 비중은 25%대로 미국(14%대)의 비중을 크게 상회한다. 물론 주식 시장에서는 코스피가 S&P500, 나스닥 등 미국 주가 지수와 동조화되는 경향이 더 짙은 것이 사실이다. 하지만 상해종합지수 등 중국 주식 시장이 한국 증시 거래 시간과 비슷하고*, 중국의 주요 실물 경제 지표도 한국 증시 장중에 발표되는 만큼, 그 과정에서 일본, 홍콩, 대만 등 주요 아시아 국가들의 주식 시장과 함께 한국 증시도 중국 증시 변화에 영향을 받는 경우가 잦다. 이런 관점에서 미국 지표처럼 자세하게 파고들지는 않더라도 중국 경제 지표 및 중국 주가 지수에 대한 개괄적인 이해가 필요하다.

---

* 한국 증시 거래 시간은 오전 9시~오후 3시 30분이며, 한국 시간 기준으로 중국 증시 거래 시간은 오전 10시 30분~12시 30분, 오후 2시~오후 4시다.

그림 2.49, 그림 2.50, 그림 2.51은 중국 관련 주요 경제 지표를 나타낸 것으로 중국 경제와 증시는 전 세계 인플레이션과 한국의 수출, 코스피와 밀접한 관계를 지니고 있음을 확인할 수 있다. 여기에 나오

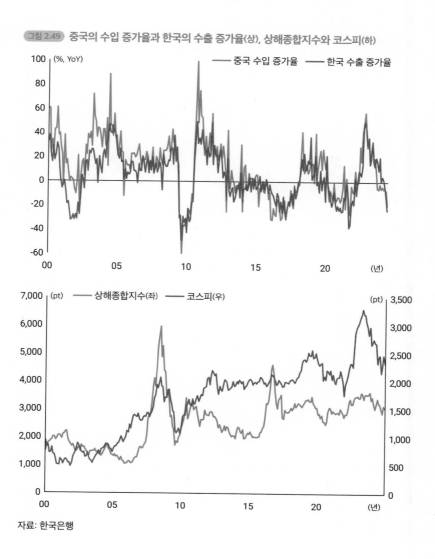

그림 2.49 중국의 수입 증가율과 한국의 수출 증가율(상), 상해종합지수와 코스피(하)

자료: 한국은행

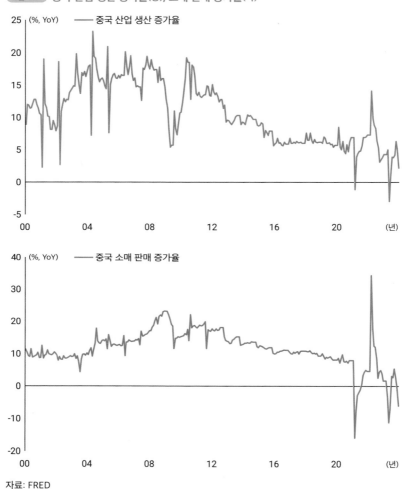

그림 2.50 중국 산업 생산 증가율(상), 소매 판매 증가율(하)

자료: FRED

는 중국의 수입 증가율, 산업 생산, 소매 판매, 생산자물가 등 4개의
데이터가 중국 경제 지표 중에서 투자자들이 가장 관심 있게 지켜보
는 지표다. 중국 실물 수요의 변화는 중국의 해외 상품에 대한 수입

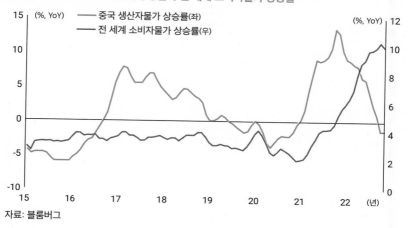

그림 2.51 중국의 생산자물가 상승률과 전 세계 소비자물가 상승률

자료: 블룸버그

변화를 유발하며 한국의 수출에도 영향력을 행사하는 경향이 있다
(그림 2.49(상)). 미국만큼 동조화 정도가 크지는 않지만, 중국 주식 시
장과 한국 주식 시장의 방향성도 진폭의 차이가 있을 뿐 대체로 같이
가는 경향이 있다(그림 2.49(하)). 한국의 철강, 화장품, 여행, 면세점 등
중국 소비 테마와 관련된 업종의 실적과 주가, 이들 업종의 투자 심
리는 중국의 산업 생산과 소매 판매 데이터에 영향을 받는 측면이 있
다(그림 2.50). 그리고 지금처럼 인플레이션에 대한 주식 시장의 민감
도가 높은 시기에는 중국 생산자물가의 중요성이 높아지는 편이다.
그림 2.51에서 알 수 있듯이 중국에서 생산돼 세계로 수출되는 상품
의 물가가 전 세계 인플레이션에 영향을 미치기 때문이다. 2022년의
데이터를 보면 중국 생산자물가는 하락하고 있는 반면, 전 세계 인
플레이션은 올라가는 탈동조화 현상이 나타났다. 미국, 유럽 등 다른

선진국 및 주요국의 인플레이션 급등이 중국의 인플레이션 급락을 상쇄시킬 정도로 강력하게 진행되고 있었기 때문이다.

이들 인플레이션이 전 세계 인플레이션에 영향을 미치는 것과 관련하여 논쟁의 소지가 하나 있다. 예를 들면 이렇다. 중국은 2022년 연말부터 제로 코로나 방역을 사실상 폐지하면서 본격적인 리오프닝(경제 활동 재개)을 개시하고 있다. 중국의 리오프닝은 이들 가계 및 기업 수요를 증가시키고, 그 과정에서 수요 견인 인플레이션(생산자물가 상승 등)이 발생해 전 세계 인플레이션의 경로에 영향을 줄 가능성이 있다. 중국 리오프닝의 장점과 단점은 뚜렷하다. 장점은 중국 경기의 회복세가 전 세계 경제 회복을 도울 수 있다는 것이다. 반면 단점은 중국 경기 회복으로 인한 중국발 인플레이션 상승이 미국의 인플레이션을 다시 상승시킬 수 있다는 데에 있다. 금리 인상 속도를 조절하면서 인상 사이클을 마무리하려는 연방준비제도로 하여금 긴축의 고삐를 다시 죄게 만드는 참사가 발생할 수 있는 것이다. 장점(전 세계 경제 성장 기여)과 단점(미국 인플레이션 재상승) 중 우리는 어디에 손을 들어줘야 할까?

개인적으로 단점에 해당하는 인플레이션 문제는 기우에 불과하다고 생각한다. 이 의견을 뒷받침하기 위해 다음 그림 2.52를 보면서 이야기해보자. 위쪽의 그림은 전년 동기 대비 증가율로 표현한 중국의 전 세계 수출 물가와 미국의 중국산 제품 수입 물가 추이를 나타낸 것이다. 여기서 주목할 것은 두 개 지표의 위아래 진폭이다. 2010년 이후 중국 수출 물가는 +20%~-10%대 사이의 등락률을 보였지만, 미국의 중국산 제품의 수입 물가는 +5%~-2%대 사이의 등락률을 보이는 데 그쳤다. 쉽게 말해 중국의 원자재, 중간재 등 제품 수요 증가로 인해 수출하는 물건 가격이 상승하더라도, 미국이 중국산 제품을 수입할 때의 가격 상승 충격은 생각보다 크지 않다는 것이

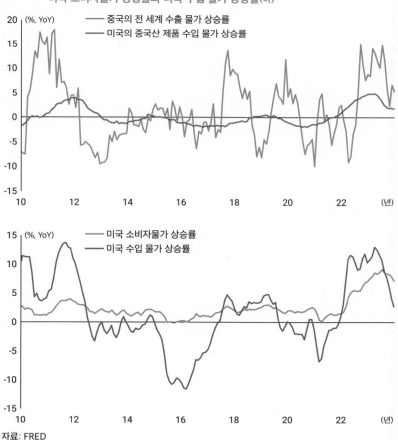

그림 2.52 중국의 전 세계 수출 상승률과 미국의 중국산 제품 수입 물가 상승률(상), 미국 소비자물가 상승률과 미국 수입 물가 상승률(하)

자료: FRED

다. 아래쪽 그림에 나오는 두 지표의 진폭에서 확인할 수 있듯이 중국산 제품 수입 물가를 포함한 미국의 전체 수입 물가가 미국의 소비자물가에 미치는 영향력도 그리 크지 않다. 이는 수입 물가→생산자물가→소비자물가로 가격이 전가되는 과정에서 미국 기업의 가격 협상력, 환율 효과, 자국 내 수요, 정부 지원 정책 등으로 인해 처음에 들여왔던 중국산 제품 가격이 최종 소비자에 미치는 영향력이 달라지기 때문이다. 중국의 인플레이션이 미국 인플레이션에 전혀 영향을 미치지 않는다고 주장하고 싶은 것이 아니다. 연방준비제도의 통화 정책을 전면 재수정하게 만들 정도의 충격은 가하지 않을 것이라는 점을 강조하기 위한 것이다. 인플레이션에 민감한 시대인 만큼 중국 생산자물가 지표는 반드시 챙겨볼 필요가 있다. 하지만 앞으로 언론이나 유튜브 등을 통해 자주 들릴지도 모르는 '중국의 인플레이션 수출, 미국 인플레이션 급등과 추가 금리 인상 유발'과 같은 자극적인 헤드라인에 휩쓸리지 않길 바란다.

지금까지 3장에서 이야기한 대부분의 내용은 주로 매크로나 경제 지표와 관련돼 있는데, 여기서 생각해볼 점이 있다. 데이터를 확인하는 행위 자체도 중요하지만, 그에 앞서 데이터가 과연 온전한 것인지, 입맛에 맞게 가공되거나 조작된 것은 아닌지, 믿을 만한 출처나 표본을 사용해 만든 것인지 등 데이터의 신뢰성도 따져봐야 한다. 데이터의 신뢰성이 중요한 이유는 중국 경제 지표를 둘러싸고 늘 주홍글씨처럼 따라다니는 이슈가 바로 중국의 데이터 조작 논란이기 때문이다. 중국 GDP가 정말로 중국 경제를 제대로 반영하고 있는지에 대한 국제 사회의 의구심은 높은 편이다. 중국이 미국, 일본, 유럽 등 다른 어떤 국가보다 분기 경제성장률을 가장 빨리 발표한다는 사실만으로 도 이들 통계에 대한 신뢰성에 의문을 제기하기에 충분하다(중국 분기 경제성장률은 해당 분기 종료 후 다음 달 말일에 발표한다).

여러 논문이나 학계 및 기관의 연구 자료에서 공통적으로 지적하는 문제는 중국의 31개 성급행정구의 GDP를 합산하면 중국 중앙정부가 발표하는 전체 GDP를 넘어선다는 것이다. 부분의 합이 전체보다 크다니 뭔가 이상하기는 하다. 또 중국은 매년 연간 경제성장률 목표치를 제시하는데(2023년은 5% 내외), 중국 밖의 경제나 금융 환경이 어떻게 변하든 간에 중국 공식 GDP는 실제로 목표를 달성하거나 그 이상을 실현해왔다. 정말로 중국이 통계를 조작하는지에 관한 명확한 증거는 존재하지 않기에 이를 단정 지을 수는 없다. LG경제연구원에서는 〈신뢰성 의심받는 중국 통계, 어떻게 봐야 할까〉(남효정, 2013년)에서 이 문제에 대해 다음과 같이 지적했다.

"지난 2002년부터 중국 성별 GDP의 합은 전국 GDP보다 컸다. 그 격차는 점점 벌어져 올해 상반기에는 3조 위안에 달했다. 이 같은 차이가 나타나는 원인은 다음과 같다. 첫째는 지방정부 관료 평가 시스템이다. 중국 지방정부 관료 평가 기준에는 관할 지역의 GDP 성장률이 포함된다. 이에 지방 관료는 지역의 경제성장률을 높이기 위해 갖은 방법을 동원한다. 지방 토종 기업이 사업을 전국으로 확대해 타 지역에 자회사를 설립했을 경우, 지방정부가 타 지역에 자리 잡은 자회사의 부가가치까지 해당 지역으로 포함해 중복 계산하는 것이 그 예다. 중국의 지방 GDP는 이같이 다양한 방법으로 과대 계산되고 있다.

둘째는 중국의 이원화된 통계 집계 시스템이다. 1985년부터 중국은 국가통계국과 지방통계국이 각기 GDP를 산출해 왔다. GDP 계산 과정에서 원데이터 수집이 불가능해 데이터를 추산해야 할 경우 사용하는 방법도 아직 통일되지 않았다. 심지어 지방통계국은 국가통계국에 소속된 기관이지만, 인사권은 해당 지방 정부에 있다. 국가통계국의 지방통계국에 대한 관리 및 통제가 쉽지 않다."

<신뢰성 의심받는 중국 통계, 어떻게 봐야 할까>, 남효정

쉽게 말해 직장인들의 KPI와 비슷하게 중국 지방 관료들의 KPI는 GDP이기에 이를 부풀려서 성과를 보고하려는 유인이 큰 것으로 보인다. 또 중앙정부와 지방정부로 이원화된 통계시스템상 구조적인 제약이 있다. 2022년 가을 유명 경제지 <파이낸셜 타임스Financial Times>에서는 시진핑 집권 이후 중국 정부의 시장 통제, 사기업 단속 등 인위적인 통제가 심해졌으며, 그 과정에서 일반 투자자, 기관으로부터 입수할 수 있는 데이터 수가 급감했다고 지적했다. 그림 2.53에서 확인할 수 있듯이 2013년 시진핑 주석이 집권하기 이전에는 중국 국가통계국에서 제공하는 경제 데이터 수가 약 8만 개였다. 그러나 시진핑 주석이 집권한 이후에는 시장에서 입수 가능한 데이터가 급감하기 시작했고, 2020년대 들어서는 2만 개 이하로 줄어든 상태다. 이에 대해 불필요한 지표를 제거하고 효율적인 데이터 제공을 위해 몸집

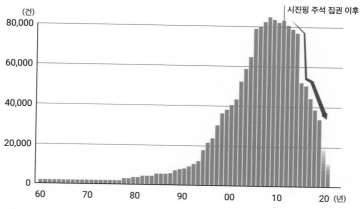

그림 2.53 1960년 이후 2022년까지 중국 국가통계국 사이트에서 접근 가능한 데이터 수
추이

자료: 파이낸셜 타임스

을 줄였다고 해석할 수도 있지만, 사회주의 및 공산주의 색채가 남아
있는 중국 정부의 유불리에 따라 지표가 줄어들었을 가능성도 배제
할 수는 없다.

그나마 앞서 설명한 생산자물가, 산업 생산, 소매 판매와 같은 지
표는 어느 정도 국제 사회와 금융 시장에서 신뢰성이 있는 지표이기
때문에 충분히 참고할만하다. 해당 지표들조차도 2022년 10월 중국
의 당대회를 앞두고 돌연 발표가 연기된 적이 있지만, 적어도 조작됐
다는 이야기는 들리지 않는다. 중국 경제 지표를 국내 주식 투자에 활
용하려는 사람이라면 중국의 데이터를 잘 신뢰하지 못하고 불안해
할 수 있다. 하지만 걱정할 필요는 없다. 중국이 발표하는 것 말고 다
른 곳에서 발표하는 데이터를 보면 되기 때문이다. 외국의 민간 조사
기관 S&P 글로벌S&P Global에서 발표하는 차이신 중국 제조업 PMI 지표

그림 2.54 차이신 중국 제조업 PMI(상), S&P 글로벌 사이트(하)

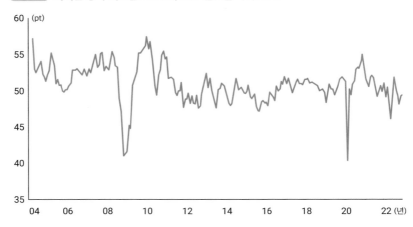

자료: S&P 글로벌(www.pmi.spglobal.com)

Caixin China General Manufacturing PMI가 대표적인 예다. 이 지표는 ISM 제조업 PMI와 유사하게 중국 내 민간 기업을 대상으로 신규 주문, 생산, 재고, 가격 등 여러 항목을 설문 조사해 지수화한 것이다. 이 또한 50을

그림 2.55 샌프란시스코 연방준비은행에서 제공하는 중국 경기활동추적 지수(China CAT)와
중국 공식 GDP 및 중국 수입 비교

자료: 샌프란시스코 연방준비은행

기준으로 50 이상이면 경기 확장, 50 이하이면 경기 위축으로 간주한
다. 매월 두 차례 발표하는데, 첫 번째 발표는 매월 말 요약 보고서 형
태로 예비치를 발표하며, 두 번째는 그다음 달 첫 영업일에 최종치 형
태로 발표한다. 물론 중국 국가통계국에서도 자체적으로 PMI를 발표
하지만, 이들 통계에 대해 불안감이 큰 투자자라면 차이신 PMI를 우
선순위에 두기를 추천한다.

매월 발표되는 것은 아니지만 중국 경제성장률에 관심이 있다면
중국 정부에서 발표하는 GDP 외에도 미국 세인트루이스 연방준비은
행에서 발표하는 중국 경기활동추적 지수The China Cyclical Activity Tracker, China
CAT를 참고하는 것도 좋은 선택이다. 연방준비제도 역시 과거부터 중
국 정부가 발표하는 GDP가 실제 중국 경제를 제대로 반영하지 못한

그림 2.56 샌프란시스코 연방준비은행 내 경제 리서치 페이지
(중국 CAT 데이터 확인 및 다운로드 가능)

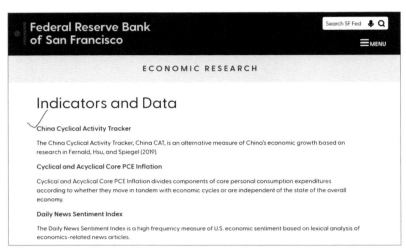

자료: 샌프란시스코 연방준비은행

다는 것을 지적해왔고, 자체적으로 중국의 소비 심리, 전력 생산, 수출, 고정자산 투자, 산업 생산, 철도 화물 선적, 소매 판매 등 8개 지표를 종합한 대안 GDP를 만들었다. 전 세계 투자자 혹은 중국 교역 국가 입장에서는 중국이 얼마나 수입하는지가 중요한데, 그림 2.55를 보면 중국 CAT가 공식 GDP보다 중국의 수입 증가율을 더 잘 따라가는 편이다. 분기 단위로 발표되기 때문에 월간 단위 경제 지표보다 시의성이 떨어지기는 하지만, 중국 경제의 방향에 대한 현실적인 가이드라인이 될 수 있는 지표다.

중국 경제 지표

주식 시장 중요도	★★★☆☆
중요한 이유	• 미국 다음으로 한국 경제와 주식 시장에 높은 영향력 행사 • 미국과 함께 전 세계 인플레이션 변화를 유발하는 국가 • 화장품, 여행, 면세점 등 국내 주식 시장 내 중국 소비 테마주 주가와 밀접
관련 지표	생산자물가, 수출입 증가율, 산업 생산, 소매 판매, 중국 경기활동추적 지수
발표일	• 생산자물가: 매월 두 번째 주 이후 • 수출입 증가율: 매월 18일 • 산업 생산, 소매 판매: 매월 두 번째 주 이후 • 차이신 제조업 PMI: 매월 첫 영업일 • 중국경기활동추적지수: 매 분기 이후
발표 사이트	• 생산자물가: 중국국가통계국(http://www.stats.gov.cn) • 수출입 증가율: 중국해관총서(http://english.customs.gov) • 산업 생산, 소매 판매: 중국국가통계국(http://www.stats.gov.cn) • 차이신 제조업 PMI: PMI by S&P 글로벌(https://www.pmi.spglobal.com) • 중국 경기활동추적 지수: 샌프란시스코 연방준비은행(www.frbsf.org)
데이터 다운로드	• 생산자물가(http://www.stats.gov.cn/english/PressRelease) • 수출입 증가율(http://english.customs.gov.cn/statics/report/monthly.html) • 산업 생산, 소매 판매(http://www.stats.gov.cn/english/PressRelease) • 차이신 제조업 PMI(https://www.pmi.spglobal.com/Public/Release/PressReleases) • 중국 경기활동추적 지수(https://www.frbsf.org/economic-research/indicators-data/china-cyclical-activity-tracker)

※ 지표 발표 시기는 각국의 현지 시간 기준
※ 경제 지표는 관련 부처 홈페이지에서 확인 가능하지만, 편의성 측면에서는 Investing.com 홈페이지나 Investing 애플리케이션 내 캘린더를 활용하는 것이 좋음

Investment Strategy

빚내서 주식 투자,
신용잔고의 이해

주식 시장에서 주가를 결정하는 요인으로는 기업의 실적, 매크로 환경, 투자자 심리, 정부의 정책 및 제도 변화 등이 있다. 지금 나열한 것들 어느 하나 중요하지 않은 게 없지만, 주식 투자를 하는 사람이라면 주식 시장의 수요와 공급, 즉 수급의 영향을 무시해서는 안 된다. 국내 수급 주체는 크게 개인, 기관, 외국인으로 분류할 수 있고 이중개인의 수급에 대해 이야기해보고자 한다. 우리가 물품을 구입하거나 서비스를 이용하는 등의 경제 활동을 할 때는 수중에 가지고 있는 돈을 지불하는 것이 일반적이지만, 빚을 내서 지불하는 경우도 있을 수 있는데, 이를 레버리지라고 부른다. 예를 들어 신용카드로 신발이나 옷을 샀을 때 즉시 현금을 지불하는 것이 아니라 카드 대금 결제일에 통장에서 돈이 빠져가는 결제 형태도 레버리지 거래의 일환이다. 자동차나 TV 등 고가의 내구재를 구입할 때 신용카드 한도가 초과되면 마이너스 통장을 개설하거나 신용 대출을 받아서 마련한 현금으로 결제하는 것도 레버리지라 부른다. 주식 시장에서도 빚을 내서 투자하는 것이 가능한데, 개인은 기관이나 외국인과 다르게 레버리지를 사용해서 주식을 매수할 수 있다. 이를 신용매매 혹은 레버리지 매매라고 부르는데, 이와 관련된 지표들을 연구하고 습득해보는 것도 주식 시장의 실제 수급 생태계를 이해하는 데 큰 도움이 된다.

그림 2.57은 국내 주식 시장의 신용융자잔고 추이(코스피, 코스닥 합산)를 나타낸 것으로 금융투자협회 종합통계서비스나 증권사 HTS 등을 통해 확인할 수 있다. 신용융자잔고는 증권사가 개인 투자자에게 현금이나 주식을 증거금(담보)으로 받고 주식 매수자금을 빌려주는 금액을 의미한다. 쉽게 말해 개인 투자자들이 빚을 내서 투자한 총액이라고 보면 된다. 증권사마다 차이는 있겠지만, 개인 고객이 가장 많

 그림 2.57 레버리지 자금을 의미하는 국내 증시의 신용융자잔고

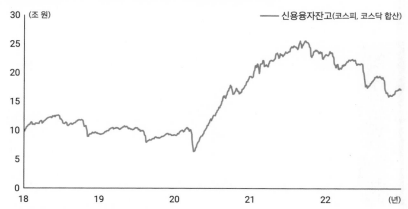

자료: 금융투자협회(http://freesis.kofia.or.kr/)

은 키움증권 기준으로 45~60% 보증금(종목별로 상이)을 내면 최대 15억
원을 270일(90일 단위로 연장)까지 빌려서 투자할 수 있으며, 이때 대출
금리는 기간에 따라 7~9%가 적용된다. 여러분이 신용잔고에 대한 이
해를 높이면 좋은 이유는 빚을 내 투자하는 레버리지가 주식 시장 전

그림 2.58 **금융투자협회 종합통계서비스 페이지**
(신용잔고 추이 확인 및 엑셀 데이터 다운로드 가능)

자료: 금융투자협회 종합통계서비스

체뿐만 아니라 개별 종목들에 도사린 위험과 기회를 발굴해내는 데 도움이 되기 때문이다. 일단 그림 2.57을 토대로 현재 주식 시장에서 빚을 내서 투자하는 분위기가 어떤지 살펴보자. 2022년 12월 기준으로 코스피와 코스닥 신용·융자잔고(이하 신용잔고)는 각각 9조 원, 8조 원으로 총 17조 원으로 집계됐다. 2020년 이전까지는 약 9조~10조 원대에 머물러 있다가, 2021년 여름에는 25조 원대에 육박하면서 신용잔고 금액상 사상 최고치를 기록하기도 했으나, 이후 계속 감소하고 있는 추세이다. 여기서 눈치챘을 수도 있겠지만, 신용잔고의 방향성과 주식 시장의 방향성은 상당히 유사한 편이다.

코스피와 코스닥, 신용잔고를 같은 차트에 그려 놓은 그림 2.59를 보자. 주식 시장이 상승할 때는 신용잔고 금액이 늘어나고, 주식 시장이 하락할 때는 신용잔고 금액이 감소하는 경향이 짙다. 왜 이런 현상이 발생하는 것일까? 이유는 단순하지만, 논리는 강력하다. 예측이 언제나 100% 들어맞지는 않더라도 주식 시장이 향후 상승할 것이라는 분위기가 지배적이라고 가정해보자. 아마 이런 분위기에 동조돼 상승세를 전망하는 쪽으로 베팅을 하고 싶은 마음이 들 것이다. 이렇게 상승이 예상되는 상황 속에서 내 투자 수익을 극대화하는 방법으로 모아 놓았던 저축의 일부를 꺼내 종잣돈을 늘려서 투자 금액을 키울 수 있다. 만약 종잣돈이 부족하다면 빚을 내서 투자한 뒤 수익을 실현해 빚을 갚고 남은 수익을 가져가면 된다. 후자의 경우가 바로 신용잔고매매(이하 신용매매)의 특성이다. 반대로 주식 시장의 하락할 것이라는 분위기가 지배적이며 하락에 베팅하기로 결정했다면, 평가 손익

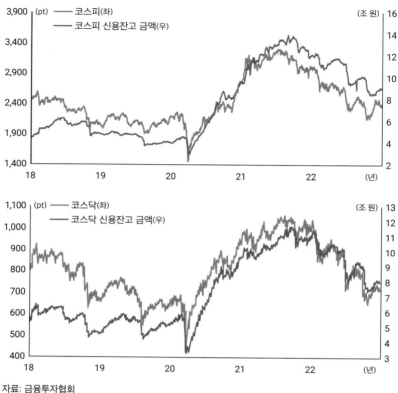

그림 2.59 코스피와 신용잔고 금액(상), 코스닥과 신용잔고 금액(하)

자료: 금융투자협회

발생 여부를 떠나서 먼저 빚을 내서 들어간 주식 포지션을 정리하는 것이 앞날의 시장 대응에 있어서 유리할 것이다. 이처럼 신용매매가 가진 특성으로 인해 강세장 혹은 상승장에서는 레버리지 자금 유입이 증시의 상승 탄력을 강화한다. 반대로 약세장 혹은 조정장에서는 레버리지가 시장의 추가 하락을 부추기는 악재가 된다. 신용매매는 좋은 쪽으로든 나쁜 쪽으로든 주식 시장에서 첨가제 역할을 한다. 그

주식 투자 생존 전략

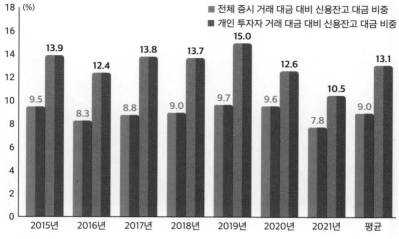

증시 및 개인 투자자 거래 대금에서 신용잔고가 차지하는 비중

■ 전체 증시 거래 대금 대비 신용잔고 대금 비중
■ 개인 투자자 거래 대금 대비 신용잔고 대금 비중

자료: 자본시장연구원

림 2.60처럼 주식 시장에 돌아다니는 돈 중에서 신용매매 자금을 추적해보면, 그 비중이 무시 못 할 수준이라는 것을 알 수 있다. 2015년부터 2021년까지 전체 증시 거래대금에서 신용잔고 금액이 차지하는 평균 비중은 약 9.0%대였으며, 개인 거래 대금에서 차지하는 평균 비중은 약 13.1%대에 달한다.

또 신용을 써서 주식을 사려면 신용 계좌를 따로 개설해야 하는데, 신용 계좌 데이터를 조사해보면 흥미로운 결과가 나온다. 신용을 써서 주식 투자를 하는 사람(신용거래자)과 신용을 쓰지 않고 주식 투자를 하는 사람(비신용거래자) 사이에 시가총액별 보유 비중이 상이하다는 것이다. 신용거래자들의 시가총액별 비중을 살펴보면 대형주의 비중이 46%(vs 국내 증시 대형주 비중 81%)로 가장 높기는 하지만, 중형주

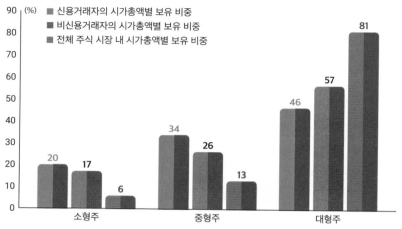

그림 2.61 신용거래자와 비신용거래자의 시가총액별 주식 보유 비중(2020년 3월~2020년 10월)

자료: 자본시장연구원

(34% vs 국내 증시 중형주 비중 13%)나 소형주(20% vs 국내 증시 소형주 비중 6%) 의 비중이 국내 증시나 비신용거래자가 들고 있는 비중에 비해서 높은 편이다. 중형주나 소형주에서 신용을 더 많이 사용하는 이유는 다양하겠지만, 개인적으로는 다음 두 가지 이유가 떠오른다. 1) 상대적으로 대형주의 주가 탄력보다 중소형주 주가 탄력이 크다 보니 신용을 써서 투자했을 때 더 높은 수익을 기대할 수 있고, 2) 대형주는 외국인과 기관 수급의 영향력이 크지만 중소형주는 개인 수급의 영향력이 크다는 점이다.

이런 관점에서 신용잔고는 전반적인 주식 시장의 과열 혹은 냉각 여부를 판별할 때 도움이 되는 지표다. 신용잔고가 단기간에 급증하면 빚을 내서 주식 투자를 하는 사람이 늘어나고 있다는 것으로 볼 수 있으며, 이는 주식 시장의 과열 신호로 간주되고는 한다. 반대로 신용잔고가 단기간에 급감하면 빚을 내서 주식 투자를 한 사람이 빚을 낸 포지션을 청산하거나 반대매매라는 강제 청산을 당하고 있는 것으로 볼 수 있으며, 주식 시장이 냉각되고 있다는 신호다. 주식 시장이 방향성 없이 박스권에 있는 시기라면 증시 전체의 신용잔고 분석 효용이 크지는 않지만, 위 방향이든 아래 방향이든 방향성이 나타나는 시기라면 신용잔고 추이를 수시로 체크해보는 것이 좋다. 정해진 비율 혹은 기준이 명확하지 않더라도 코스피나 코스닥의 신용잔고가 늘어나고 있다면 향후 증시를 낙관적으로 보는 사람들이 많다는 것이며, 이로 인해 주가는 더 상승할 수 있을 것이다. 하지만 신용잔고 상승 탄력이 유지되는 반면 증시 상승 탄력이 줄어들고 있다면 증시가 단기적으로 과열되면서 고점이 나타난 후 하락 전환할 것이라는 전망을 해볼 수 있다. 또한 이런 경우도 있을 수 있다. 주식 시장이 특정 악재로 인해 하락하고 있는 상황 속에서 시간이 지날수록 신용잔고 감소세가 얕아지거나 되레 신용잔고가 상승 전환한다고 해보자. 이것은 시장이 계속해서 하락하기보다는 조만간 바닥을 치고 올라올 것이라고 전망해 레버리지를 써서 미래에 나타날 수 있는 반등장에서 더 많은 수익을 얻으려는 개인 투자자들이 늘고 있는 것으로 해석해볼 수 있다.[*]

간단히 정리하자면 이렇다. 신용잔고가 주가 지수 전저점이나 전고점 수준을 넘어서는 구간까지 도달한다면 증시가 단기적으로 과열

---

[*] 코로나 팬데믹 폭락장 초기가 대표적 사례이나 자주 나타나는 현상은 아니다.

됐거나 냉각됐다는 신호일 확률이 높다. 이럴 때는 그때의 시장 분위기와 반대의 전략을 취하는 역발상 투자가 유효할 것이다. 여기서 주의해야 할 점이 있다. 신용잔고의 절대적인 금액 증가 여부를 파악하는 것도 중요하지만, 상대적인 금액(비율) 변화도 살펴봐야 한다는 것이다. 신용잔고 금액은 코스피 시가총액과 비례해서 증가하기 때문이다. 일례로 삼성전자 주가가 5만 원일 때 신용을 써서 1주를 살 때의 신용잔고 금액보다 삼성전자 주가가 7만 원일 때 신용을 써서 1주를 살 때의 신용잔고 금액이 더 크다. 따라서 신용잔고를 통해 증시 과열 또는 냉각 유무를 판별할 때는 금융투자협회나 HTS에서 '신용융자잔고금액'으로 표기되는 절대 금액 데이터뿐만 아니라 번거로울 수도 있지만 시가총액 데이터를 추가로 받아서 '신용융자잔고금액÷시가총액'이라는 상대비율 관점을 같이 보는 것을 추천한다.

그림 2.62를 보면서 이해해보자. 먼저 위쪽에 있는 그림은 코스피 신용잔고 절대금액(우축)과 코스피 시가총액에서 코스피 신용잔고 금액이 차지하는 상대비율(좌축)을 나타낸 것이다. 직관적으로 이 두 개의 데이터는 전반적인 방향성이 유사하다. 하지만 좀 더 세부적인 구간으로 들어가 보면 방향성이 달라지는 구간이 있고, 여기서 우리는 추가적인 투자 수익 기회 혹은 손실 회피 기회를 발견할 수 있다. 첫 번째 박스로 표시한 2020년 하반기 후반~2021년 초반에 주목해보자. 당시 코스피 신용잔고는 정체 구간에서 벗어나 전고점을 돌파하며 사상 최대치를 기록하는 시기였다. 만약 이때 절대금액에만 주목했던 투자자라면 "어라? 빚내서 주식 투자하는 금액이 사상 최대치로 늘어

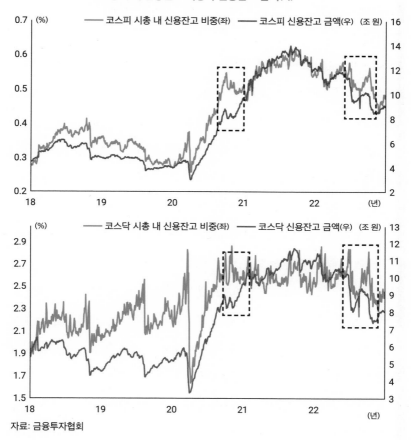

그림 2.62 코스피 시가총액 내 신용잔고 비중과 신용잔고 금액(상),
코스닥 시가총액 내 신용잔고 비중과 신용잔고 금액(하)

자료: 금융투자협회

났네? 이거 증시 고점 신호니까 탈출해야겠다."라며 추가 매수를 주저

하거나 보유한 종목을 처분해버리는 결정을 내릴 수 있었을 것이다.

하지만 2020년 하반기 후반, 좀 더 정확히 말해 11월부터 1월 초까지

국내 증시는 바이든 대선 승리 이후 정책 기대감, 코로나 백신 및 치료

제 개발 소식 등으로 초유의 폭등장을 기록했던 시기였으니, 위와 같

은 결정을 내린 투자자들은 수익 기회를 놓쳤을 것이다. 만약 시가총액 대비 신용잔고 비율도 같이 주시했던 투자자라면 "그래, 신용잔고 절대금액은 사상 최고치로 부담스러운 수준이지만, 증시 분위기가 나쁘지 않다 보니 시가총액 대비 상대비율은 아직 전저점을 돌파하지 못하고 되레 하락하고 있군. 아직은 주식 시장에 더 머물러 있어도 되겠어."라는 판단을 내렸을 가능성이 높다. 박스권에서는 효용이 떨어지지만, 상승장 혹은 강세장에서 신용잔고 절대금액이 증가하는데 시가총액 대비 상대비율이 감소하고 있다는 것은 주식 시장의 추가 상승 여력이 남아 있다는 신호가 될 수 있다.

이제 두 번째 박스로 이동해보자. 이 시기는 올해 6~9월까지 증시가 두 번의 연저점을 기록했던 시기다. 6월 중 연중 첫 번째 저점 (2,300pt 선)을 향해 내려가고 있을 당시 신용잔고 절대금액도 같이 급감하고 있는 중이었다. 여기서 "주가 지수와 신용잔고 절대금액이 모두 많이 빠진 것 같은데, 이제 주식 매수하러 들어가도 되겠다."라고 판단했다면 이후의 추가 하락을 면치 못했을 것이다. 반대로 상대적인 관점에 주목해 시가총액 대비 신용잔고 상대비율이 오히려 상승하고 있었다는 사실을 발견한 투자자라면 위험을 피할 수 있었을 것이다. 주식 시장이 조정받고 있는 상황이라면 신용 대출 이자를 감당하며 버텨야 하겠지만, 눈앞에서 손실이 계속 쌓여가는 상황, 그것도 빚을 낸 주식 포지션에서 손실이 쌓여가는 것을 견디기란 여간 어려운 일이 아니다. 결국 이런 투자자들은 자의 혹은 타의(반대매매)로 인해 자신의 포지션이 청산되면서 증시의 추가 하락을 부추기게 된다.

6월 이후 다음의 연저점(2,155pt 선)을 기록하고 있었던 9월 시장 급락기에도 이와 유사한 현상이 발생했다. 이때는 주가 지수와 신용잔고 금액 모두 7월 이후 단기 반등장에서 상당 부분 회복되기는 했는데, 시가총액 대비 신용잔고 비율은 되레 연중 저점 수준에 육박할 정도로 빠른 속도로 치솟았다. 단기 과열이라는 위험 신호가 출현했던 것이다. 앞서 첫 번째 박스 이야기 결론과 유사하게 하락장 혹은 약세장에서 신용잔고 절대 금액이 감소하는데 시가총액 대비 상대비율이 증가하고 있다는 것은 주식 시장에 추가 하락이 출현할 수 있다는 신호가 될 수 있다.* 지금 사례로 든 내용이 사후에 확인하고 나서 "거봐 내 말이 맞지?"라고 말하는 사후 확증 편향으로 들릴지도 모른다. 이런 편향 가능성을 무릅쓰면서 이야기하는 이유는 신용잔고를 자신의 투자 지표로 활용할 때는 절대적인 금액뿐만 아니라 상대적인 비율도 함께 참고해야 한다는 점을 강조하기 위함이다. 지금까지는 코스피와 코스닥이라는 주가 지수 관점의 신용잔고 데이터를 보여줬지만, 증권사 HTS를 통해 업종별, 종목별 신용잔고 금액도 확인할 수 있다. 위에 이야기한 신용잔고 분석 논리는 업종이나 종목에도 적용되는 것이니, 업종 ETF나 개별 종목을 매매하기 전에 HTS에서 업종별, 종목별 신용잔고 금액과 시가총액 대비 신용잔고 비중을 확인해보는 것도 도움이 될 것이다.

이제 신용매매가 증시에서 화두가 될 때 빼놓을 수 없는 이슈인

---

* 두 번째 차트는 코스닥 신용잔고와 코스닥 시가총액 내 신용잔고 비중으로 코스피와 유사한 내용이니 참고하길 바란다.

반대매매에 대해 이야기해보고자 한다. 강세장이나 상승장보다는 약세장이나 하락장에서 수많은 투자자들이 반대매매에 민감하게 반응하고 이들의 물량 출회를 주시한다. 그 이유는 단순하다. 주가에 영향을 미치는 핵심 요소 중 하나가 바로 수급이기 때문인데, 펀더멘털이나 매크로상의 이유로 주가가 하락하는 구간에서 반대매매라는 단순수급 매도 물량이 출회된다면 주가 하락세가 가속화되는 경우가 허다하다. 2022년 6월 한국 증시가 한 달 동안 10% 넘게 급락하면서 다른 국가들의 주가 하락에 비해 상대적으로 강도가 거셌던 것도 지금 이야기하려는 반대매매의 영향이 컸던 것으로 판단한다. 반대매매를 이해하고 나면 하락장에서 상대적으로 위험관리를 잘 할 수 있고, 또 새로운 투자 기회를 발견할 수 있다.

우선 반대매매를 간단히 정의하자면 빚을 내 투자한 금액을 갚지 못했을 때 증권사가 임의로 그 주식을 처분하는 것을 의미한다. 기본 프로세스는 다음과 같다. 12월 1일에 한 투자자가 증권사로부터 돈을 빌려서 투자하는 신용거래를 통해 주식을 매수했다. 이렇게 빚을 내 투자한 이유는 자신이 사려는 종목의 주가가 오를 것이라는 데 베팅했기 때문이다. 그런데 일주일이 지난 12월 8일, 주가가 급락하면서 신용을 사용한 계좌에 있는 금액(보유 주식 평가 손익분 포함)이 증권사가 요구하는 담보유지비율*을 하회했다고 치자. 그러면 장 마감 후

---

* 신용거래 시 융자로 매수한 주식에 대해 신용거래보증금으로 납부한 대용증권의 시세변동으로 인한 담보가액의 하락을 막기 위해 당해 신용거래융자액 이상으로 담보를 유지하도록 정한 비율, 통상 140%

증권사에서는 해당 투자자에게 연락해 다음 날인 9일까지 담보 비율 140%를 하회하는 분만큼 추가 담보를 납부하라고 요청한다. 만약 연락받은 투자자가 수중에 돈이 없어서 추가 담보를 납부하지 못하면 어떻게 될까? 투자자에 돈을 빌려준 증권사는 이틀 뒤인 11일 아침 8시 30분 동시호가에 부족 금액에 대해서 반대매매를 통해 임의로 상환처리를 한다. 게다가 증권사에서는 담보유지비율 부족 금액을 최대한 빨리 회수하기 위해 동시호가로 주문을 낼 때 하한가(-30%)로 주문을 내는 만큼, 투자자들이 겪는 반대매매의 공포는 크다. 2022년 6월 중 국내 주식 시장이 연이은 급락세를 보였을 때 아침 동시호가에서 특정 종목이 -30%로 시작하는 현상이 속출했던 것도 바로 반대매매 물량에서 기인했던 것으로 보면 된다.

그렇다면 반대매매 물량이 언제 나올지 또 어떤 규모로 나올지 알

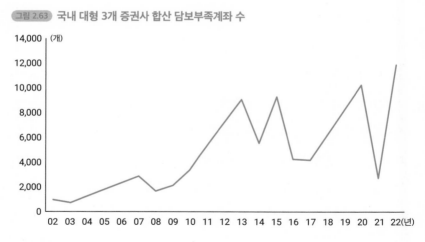

그림 2.63 국내 대형 3개 증권사 합산 담보부족계좌 수

자료: 한국경제

수 있는 방법은 없을까? 이것만 알아도 하락장에서 위험 관리를 할 수 있으니 말이다. 하지만 안타깝게도 반대매매 물량에 대한 데이터를 확보하기는 쉽지 않다. 그림 2.63은 2022년 6월 〈한국경제〉에서 발표한 것으로, 국내 대형 3개 증권사에서 발생한 담보부족계좌*를 보여주는 것이다. 위와 같이 스스로 데이터를 확보해 관리한다면 더 할 나위 없지만, 대형 경제지조차 증권사에 일일이 물어봐 계좌를 조사한 것인 만큼 일반인이 데이터를 구하기는 어려울 것이다.(증권사에서 애널리스트로 활동하는 나조차도 원 데이터를 확보하지 못했다). 또 신용거래에는 몇 가지 유형이 있다. 지금까지 설명했던 증권사로부터 돈을 빌려서 투자하는 신용융자, 저축은행이나 캐피탈에서 주식을 담보로 대출받는 스탁론, 전문 투자자로 등록된 개인 투자자들이 이용할 수 있는 차액결제거래CFD 등 반대매매가 나갈 수 있는 거래 종류가 여러 가지라는 점도 반대매매 물량의 예상 규모와 예상 출회 시점을 정확히 파악할 수 없게 만든다.

김새는 이야기로 들릴 수도 있었겠다. 하지만 다행히도 길은 있고, 대안은 존재한다. 반대매매 데이터를 확보할 수 있는 신용거래 지표로 위탁매매 미수금 반대매매 금액이 있다. 위탁매매 미수금을 통한 신용거래는 증권사로부터 돈을 빌려서 하는 신용융자 거래와 성격이 조금 다르다. 주식 투자를 해본 사람들은 알겠지만, 오늘 내가 주식을 산다고 해서 바로 주식 대금이 결제되는 것이 아니라 2영업일

---

* 담보비율 하회로 인해 증권사로부터 추가 담보 납부를 요청받은 계좌

후에 주식 대금 결제가 이뤄진다. 예를 들어 오늘이 월요일이라고 했을 때 삼성전자 주식 100만 원어치를 매수 주문한다면 증권 계좌에는 삼성전자 주식이 바로 들어와 있지만, 실제 주식이 입고되고 대금 결제가 이뤄지는 시기는 수요일이다. 이렇게 실제 결제가 2영업일 후에 이뤄지는 과정에서 투자자들의 편의를 돕기 위한 증거금 제도라는 것이 등장한다. 증거금 제도는 증거금*만 있으면 주식 매수 주문을 체결할 수 있다. 이를 미수 거래(외상거래)라고 부르기도 한다. 여기서 증거금을 제외한 나머지 부족분은 일단 증권사에서 납부하고, 투자자는 실제 결제가 이뤄지는 2영업일 전까지 증권사가 납부한 금액만큼 입금하면 된다. 만약 투자자가 기한 내에 돈을 납입하지 못하면 증권사는 신용융자 반대매매와 비슷하게 전일 종가 기준으로 하한가를 적용해 수량을 책정한 뒤 다음 날 아침 동시호가에 임의로 주식을 처분하는 반대매매를 실행한다. 그리고 이러한 미수금 반대매매 금액은 금융투자협회 통계에서 데이터로 확보할 수 있다.

그림 2.64는 위탁매매 미수금 반대매매 금액을 나타내고, 그림 2.65는 전체 위탁매매 미수금에서 반대매매가 출회된 금액 비중을 나타낸 것으로, 증시가 급락할 때마다 반대매매 금액이 늘어나고 있음을 확인할 수 있다. 위탁매매 미수금의 총액 자체가 크지 않은 관계로 일간으로 출회되는 반대매매 금액이 최대 400억 원대에 불과한 것은 사실이다. 그렇다 보니 미수금 반대매매 금액이 증시에 미치는 실질

---

* 20~100% 증거금을 설정할 수 있으며, 종목마다 설정 한도가 다르다. HTS나 MTS 종목 창에서 이를 확인할 수 있다

그림 2.64 코스피와 반대매매 금액

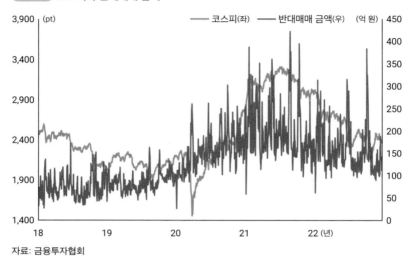

자료: 금융투자협회

그림 2.65 코스피와 미수금 대비 반대매매 금액 비중

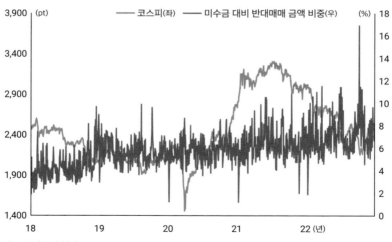

자료: 금융투자협회

적인 영향력은 크지 않을 것이라는 판단을 내릴 수 있다. 하지만 미수금 반대매매는 신용거래의 유형 중 하나이며, 해당 거래에서 나오는 반대매매 금액이 급증하는 시기가 신용융자 등 다른 신용거래에서 나오는 반대매매 급증 시기와 유사한 경향이 있다는 점에 주목할 필요가 있다. 따라서 위탁매매 미수금 반대매매 금액이 급증하거나 전체 위탁매매 미수금 내 반대매매 금액 비중이 급증하는 시기에는 주식 시장 분위기가 냉각되고 있다는 신호로 활용해볼 만하다. 개인적으로는 후자 쪽인 위탁매매 미수금 내 반대매매 금액 비중을 보는 것을 추천한다. 위탁매매 미수금 자체의 흐름은 변동성이 매우 큰 편이라 노이즈에 휩쓸릴 수 있다는 단점이 있고, 신용융자잔고와 비슷하게 상대적인 관점에서 보는 것이 적절하다.

끝으로 자신이 역발상 투자자라고 생각한다면 반대매매가 급증하는 시기를 매도 기회가 아닌 새로운 매수 기회로 볼 수 있다. 반대매매는 주식 시장에서 수급 측면에서 추가적인 주가 하락을 유발하는 악성 매물로 인식되는 편이다. 반대매매가 출회되는 종목들은 피하자는 게 일반적인 증시 투자 논리이기도 하다. 어느 정도 맞는 말이기는 하지만 냉정하게 생각해보자. 반대매매는 단기적으로 신용거래를 통해 투기적인 베팅을 한 투자자가 빚을 감당하지 못해서 발생한 일이며 사실상 해당 기업의 펀더멘털과 무관한 이슈다. 물론 기업의 사업 환경 악화, 실적 쇼크 등 개별 펀더멘털 악재로 인해 주가가 빠지는 경우도 있다. 하지만 사업 환경이나 실적 전망은 크게 변하지 않았음에도 매크로상 시장의 전반적인 투자 심리가 악화되거나 반대매매와 같은 수급상의 일시적인 교란 요인으로 인해 주가가 하락하는 경우라면 오히려 매수 기회로 바라보는 것이 적절하다.

그림 2.66　금융투자협회 종합통계서비스 페이지
(미수금 반대매매 관련 추이 확인 및 엑셀데이터 다운로드 가능)

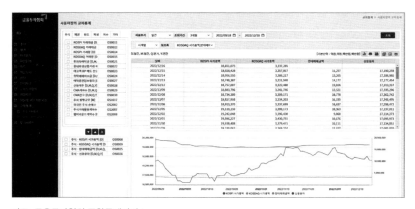

자료: 금융투자협회 종합통계서비스

주식 투자 생존 전략

신용 잔고

주식 시장 중요도	★★★★☆
중요한 이유	• 빚을 내서 투자하는 자금의 증시 유입 수준을 통한 시장 분위기 파악 가능 • 신규 매수 혹은 신규 매도 시기를 정할 때 유용한 기술적 보조 지표
관련 지표	신용융자잔고, 반대매매 금액
발표일	매 영업일(하루 지연된 데이터로 발표)
발표 사이트	금융투자협회 종합통계서비스(http://freesis.kofia.or.kr)
데이터 다운로드	금융투자협회 종합통계서비스(http://freesis.kofia.or.kr)

※ 지표 발표 시기는 각국의 현지 시간 기준
※ 경제 지표는 관련 부처 홈페이지에서 확인 가능하지만, 편의성 측면에서는 Investing.com 홈페이지나 Investing 애플리케이션 내 캘린더를 활용하는 것이 좋음

외국인 수급은
기계적으로 진행된다

경제학의 기본 원리인 수요와 공급의 법칙은 주식 시장에서도 그대로 통용된다. 따라서 본문 중간중간 수급에 관해 이야기해왔으며 직전에 신용잔고라는 레버리지 수급도 분석해봤다. 이번에는 수급 주체에 관해 이야기를 해보고자 한다. 주식을 사려는 사람이 많다면 주가는 상승하기 마련이고, 주식을 팔려는 사람이 많다면 주가는 하락하기 마련이다. 이런 기본적인 관계를 넘어서 여러분이 앞으로 주목해야 할 것은 주식 시장에 존재하는 수급 주체들 사이에서도 그 영향력이 다르다는 점이다.

그림 2.67은 2008년 이후 국내 증시의 수급 변화를 나타낸 것이다. 국내 증시의 수급 주체는 크게 기관, 외국인, 개인 세 가지로 구분되고 거래소, 증권사 HTS, MTS 등 주요 단말기나 데이터베이스에서도 매일 이들이 얼마를 사고팔았는지 보여준다. 위의 그림은 2008년

이후 각 수급 주체들의 누적 순매수 추이이며, 아래 그림은 2008년 이후 각 수급 주체들의 연간 순매수 데이터다. 여기서 직관적으로 한눈에 알 수 있는 것은 외국인과 개인의 순매수 패턴이 음의 상관관계, 즉 서로 방향성이 다른 경향이 짙다는 것이다. 공모 펀드, 은행, 보험, 연기금 등이 포함된 국내 기관의 수급 역시 외국인만큼은 아니더라도 개인의 순매수와 방향성이 사뭇 다른 편이다. 특히 동학개미 열풍이 불었던 2020~2021년 개인 투자자의 주식 투자 대유행 시기를 보면 개인은 공격적으로 주식을 사고 기관과 외국인은 공격적으로 주식을 팔았다.

당시의 현상에 대해 '왜 개인은 사고, 외국인과 기관은 팔았을까?'라는 의문점이 들 것이다. 이 의문점에 대한 정답은 없다. 개인 투자자들 사이에서도 그리고 개인, 외국인, 기관 간에도 저마다 서로 다

그림 2.67 2008년 이후 기관, 외국인, 개인 코스피 누적 순매수

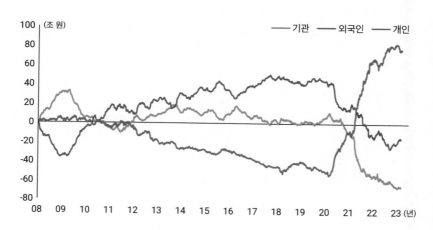

른 의도와 목적을 가지고 매매에 나섰을 것이기 때문이다. 대략적으로 추정해보자면 개인 투자자들은 과거의 대위기 시절 증시 폭락 이후 반드시 반등했던 과거의 사례가 재연될 것이라는 믿음이 작용했을 수 있다. 아니면 부동산 가격 폭등을 놓친 것에 대한 두려움과 후회를 만회하고자 또 다른 자산 시장인 주식 시장에서 승부를 보겠다는 마음가짐이 매수 기제로 작용했을지도 모른다. 기관 투자자들이 이 시기에 순매도를 한 것은 개인들이 직접 투자에 나서기 위해 기존에 가입했던 공모 펀드에서 돈을 인출했기 때문일 수도 있다. 아니면 유례없는 저금리와 재정 부양정책이라는 유동성 홍수 현상이 출현했지만, 단기간에 주가가 1,400pt 선에서 3,000pt 선을 넘어가는 현상이 비정상적이라고 판단해 기존 보유주식을 처분한 것일 수도 있다. 외국인도 기관과 비슷한 논리가 작용했을 수 있다. 그게 아니라면 2020~2021년 대유동성 장세는 한국 증시뿐만 아니라 미국, 유럽, 인도 등 다른 국가에서도 연출됐던 만큼 다른 나라 증시가 더 매력적이라고 생각해 한국 증시를 팔았을 수도 있다. 혹은 첫 번째 그림에서 확인할 수 있듯이 2010년 이후 2019년 말까지 외국인의 누적 순매수가 0조 원에서 약 40조 원대로 증가했었다. 따라서 한국 증시를 장기간 매집했던 외국인들이 동학개미운동이 만들어 낸 한국 증시 급등을 차익 실현의 계기로 삼았던 것일 수도 있다.

이처럼 각 수급 주체가 서로 다른 판단하에 매매 의사결정을 내려왔고, 앞으로도 이런 매매 프로세스는 계속될 것이다. 이를 전제로 해서 수급 주체 중 누가 가장 영향력이 큰지 알아둘 필요가 있다. 일상

생활에서 동일한 제품을 누가 구매하는지에 따라 그 제품에 대한 선호도나 유행 정도가 차이가 나는 것과 마찬가지다. 예를 들어 특정 브랜드의 운동화를 친구 혹은 동네 사람이 신었을 때와 연예인이나 인플루언서가 신었을 때를 비교한다면 후자 쪽을 봤을 때 제품을 구매하고 싶은 욕구가 더 강해지는 경향이 있다. 주식 시장에서도 마찬가지다. 특정 주식을 어떤 수급 주체가 사는지에 따라 언론의 관심 정도, 주가의 움직임이 차이가 난다. 그렇다면 한국 증시에 가장 영향력이 높은 수급 주체는 누구일까. 아마도 주식 투자를 하는 사람이라면 대부분 공감하겠지만, 2020~2021년 동학개미운동이라는 특수한 사례를 제외하고 한국 증시 역사를 돌이켜보면 외국인의 영향력이 가장 높을 것이다. 그림 2.68에서도 이를 확인할 수 있다. 2010년 이후 코스피 추이와 외국인의 순매수 추이를 비교해보면 2020~2021년을 제외한 모든 기간에서 외국인이 순매수를 하면 코스피가 상승하고, 순매도를 하면 코스피가 하락하는 패턴이 나타났다. 지금 당장 포탈 사이트에서 외국인 순매수, 기관 순매수, 개인 순매수를 검색해보면 외국인 순매수와 관련된 기사나 웹페이지가 가장 많이 나올 것이다. 경제 뉴스, 유튜브 채널, 증권사 보고서에서도 외국인이 주목하는 종목, 외국인 매매 따라잡기, 외국인의 바이 코리아(한국 증시를 계속 사는 것) 혹은 셀 코리아(한국 증시를 계속 파는 것) 지속 여부 등 외국인 수급과 관련된 이야기가 자주 등장하는 것도 외국인이 한국 증시 전반에 미치는 영향력이 개인이나 기관보다 크기 때문이다. 단순하게 생각해보면 한국 증시에 국내 개인 투자자나 기관이 투입할 수 있는 총 자금

그림 2.68 2010년 이후 외국인 순매수와 코스피

> 외국인 순매수(좌) ── 코스피(우)

(조 원)
60
50
40
30
20
10
0
-10
-20
-30
-40

(pt) 3,500
3,000
2,500
2,000
1,500

10 11 12 13 14 15 16 17 18 19 20 21 22 (년)

자료: 거래소

보다 미국, 유럽, 중국, 일본, 중동 등 한국을 제외한 전 세계 모든 국가의 투자자, 즉 외국인이 투입할 수 있는 총 자금이 더 큰 것은 당연한 일이다.

위에서 잠깐 이야기했듯이 외국인이 한국 증시를 매매하는 배경에는 여러 가지가 있다. 수출이나 인플레이션 등 매크로 지표나 이에 영향을 받는 한국 기업의 실적을 보면서 매매하는 외국인들 비중이 높을 것으로 생각한다. 하지만 이렇게 매크로나 펀더멘털적인 요인 외에도 반강제적으로 외국인의 수급을 변화시키는 요인이 존재한다. 3장에서 다루는 내용 중 일반 독자가 이해하는 데 있어서 가장 난이도가 높은 주제일 수도 있다. 하지만 우리는 투자 레벨업을 목적으로 하기 때문에 내용의 어려움을 감내하고서라도 이야기하고자 일단 2019년으로 돌아가 보자. 그림 2.69는 2019년 중 코스피 주가 흐름과 외국인 순매수 흐름을 나타낸 것이다. 여기서도 이 둘 간의 관계는 같은 경로를 형성하고 있었는데, 박스로 표기된 3개의 기간(5월, 8월, 11월)에 주목해보자. 5월에는 4.7조 원 순매도, 8월에는 2.6조 원 순매도, 11월에는 7.4조 원 순매도를 기록했다. 즉, 해당 기간의 외국인 순매도가 상대적으로 거셌고, 이로 인해 코스피의 하락세도 심했으며, 8월에는 코스피가 2,000pt 선을 하회하는 참사까지 벌어졌었다. 무엇이 외국인의 대규모 순매도를 자극했던 것일까? 당시에 2018년부터 이어진 미국과 중국의 무역분쟁 협상이 여러 차례 불협화음을 내면서 영향을 미쳤고, 최근과 비슷하게 연방준비제도의 금리 인상에 대한 불확실성이 증시에 수시로 일어났던 영향도 있었다. 그런데 무역분쟁, 연방준비제도 정책 이외에도 MSCI 지수 리밸런싱이라는 수급 관련 이벤트가 외국인의 순매도를 한층 더 강화시켰고, 이 때문에 5월, 8월,

그림 2.69 2019년 외국인 순매수와 코스피

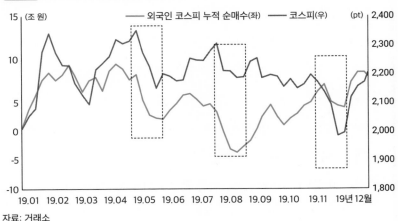

자료: 거래소

11월 중 증시 조정이 커졌다.

MSCI 지수는 무엇이고, 또 그 지수를 리밸런싱한다는 것은 무슨 의미일까? 한국 증시를 대표하는 주가 지수는 거래소에서 만든 코스피이며, '펀드 매니저들이 초과 수익을 냈다. 어느 개인 투자자가 시장을 이기는 수익을 냈다.'라고 할 때 그 초과 수익의 대상, 즉 시장에 해당하는 것이 바로 코스피라는 벤치마크 지수다. 어떤 성과를 측정하는 데 있어서 기준이 되는 지수라는 이야기다. 하지만 외국인은 한국 증시에 투자할 때 코스피를 벤치마크 지수로 잘 활용하지 않는다. 대신 한국 거래소보다 더 큰 글로벌 기관이자 지수를 산출하는 업체인 MSCI에서 만든 지수를 벤치마크 지수로 활용하는 편이다. MSCI는 모건스탠리캐피털인터내셔널Morgan Stanley Capital International의 약자로 대형 투자은행 모건스탠리가 만들어낸 지수다. 코스피 내에서 업종별, 시가총액별 지수가 따로 있는 것과 유사하게 MSCI 지수도 대륙별(선진국, 신흥국, 프론티어 등), 국가별(미국, 중국, 한국 등)로 지수를 세분화해서 발표한다. 그림 2.70이 MSCI의 지수 분류 현황으로 크게 미국과 유럽 등 23개국 선진국 시장을 대상으로 한 선진국 지수, 아시아와 중동, 남미 등 24개국 신흥 시장을 대상으로 한 신흥국 지수, 유럽 일부 국가와 아프리카, 중동, 아시아 21개국을 포함한 프론티어 시장 지수로 분류된다. 이중 한국이 속한 분류는 신흥국 지수이다. 삼성전자, LG에너지솔루션, 네이버, 현대차 등 각 주식들의 시가총액이 코스피에서 차지하는 비중이 상이하듯이, 신흥국 지수에서도 중국, 한국, 브라질, 인도 등 국가 간 비중이 저마다 다르고 시간에 따라 변하기도 한다.

그림 2.70 MSCI의 대륙 및 국가 분류

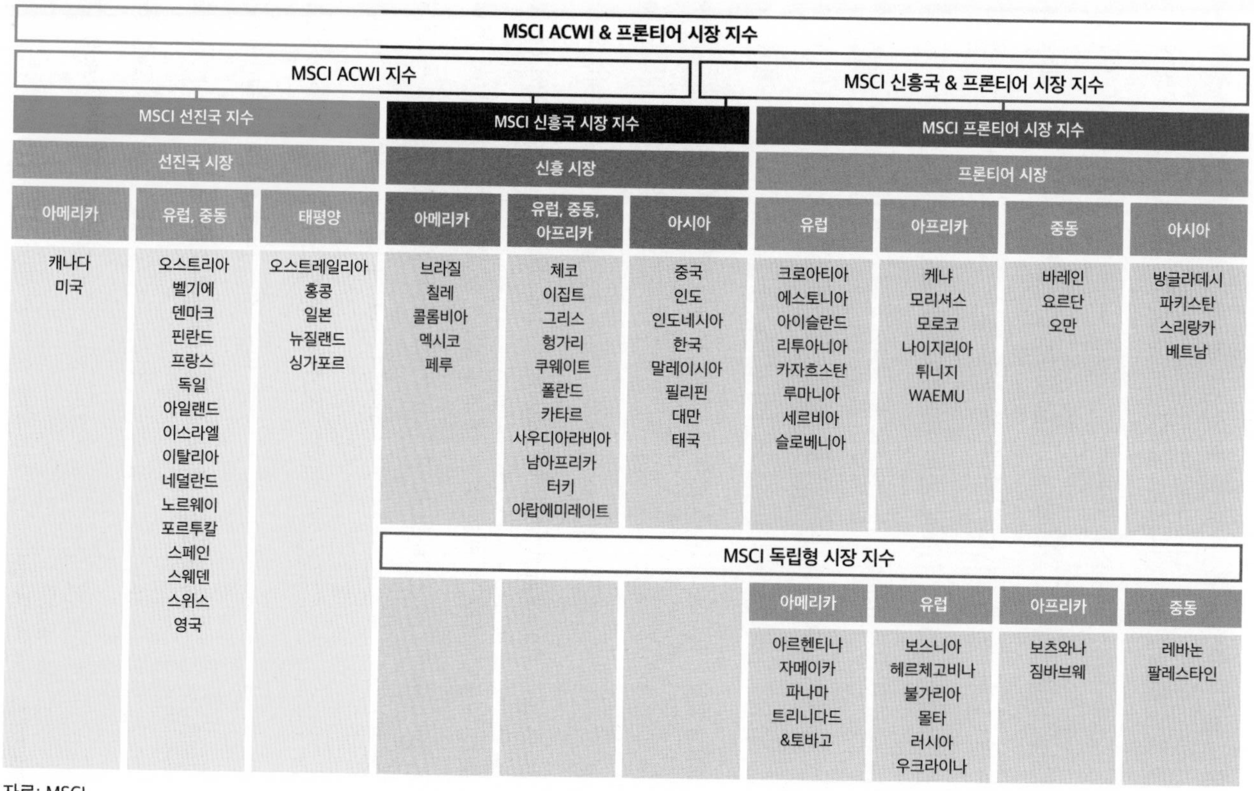

MSCI ACWI & 프론티어 시장 지수

MSCI ACWI 지수

MSCI 신흥국 & 프론티어 시장 지수

MSCI 선진국 지수

MSCI 선진국 시장

아메리카	유럽·중동	태평양
캐나다 미국	오스트리아 벨기에 덴마크 핀란드 프랑스 독일 아일랜드 이스라엘 이탈리아 네덜란드 노르웨이 포르투갈 스페인 스웨덴 스위스 영국	오스트레일리아 홍콩 일본 뉴질랜드 싱가포르

MSCI 신흥국 시장 지수

신흥 시장

아메리카	유럽, 중동, 아프리카	아시아
브라질 칠레 콜롬비아 멕시코 페루	체코 이집트 그리스 헝가리 쿠웨이트 폴란드 카타르 사우디아라비아 남아프리카공화국 터키 아랍에미리트	중국 인도 인도네시아 한국 말레이시아 필리핀 대만 태국

MSCI 프론티어 시장 지수

프론티어 시장

유럽	아프리카	중동	아시아
크로아티아 에스토니아 아이슬란드 리투아니아 카자흐스탄 루마니아 세르비아 슬로베니아	케냐 모리셔스 모로코 오만 튀니지 WAEMU	바레인 요르단 오만	방글라데시 파키스탄 스리랑카 베트남

MSCI 독립형 시장 지수

아메리카	유럽	아프리카	중동
아르헨티나 자메이카 파나마 트리니다드 &토바고	보스니아 불가리아 몰타 러시아 우크라이나	보츠와나 짐바브웨	레바논 팔레스타인

자료: MSCI

증권가에서는 코스피, 나스닥, MSCI 등 벤치마크지수에 투자하는 자금을 추종 자금이라고 부르는데, MSCI 지수를 추종하는 자금은 실로 막대하다. 표 2.5는 2021년 6월 기준으로 MSCI 전 세계(선진국, 신흥국 합산) 지수, 선진국 지수, 유럽 지수, 신흥국 지수, 미국, 유럽, 아시아 등 주요 대륙 및 국가들의 지수를 추종하는 자금의 현황을 나타낸 것이다. 총 자금 규모는 약 16.3조 달러(약 200조 원)에 달하며, 현존하는 글로벌 주식 투자 자금의 약 30%가 MSCI 지수를 추종하는 것으로 알려져 있다. 이중 펀드 매니저가 초과 수익을 내기 위해 자신만의 분석과 종목 선택을 통해 투자하는 액티브 자금(적극적 투자)이 약 11.8조 달러, 단순 벤치마크 지수의 성과를 그대로 따라 하는 패시브 자금(소극적 투자)이 약 4.6조 달러다. 여기서 한국(MSCI 한국 지수)이 포함된 신흥국 지수를 추종하는 자금을 살펴보자. 액티브 자금이 약 1조 4,440억 달러, 패시브 자금이 3,690억 달러로 총 약 1.8조 달러가 신흥국 지수를 추종하는 자금이다. 조금 어려운 이야기이지만, 액티브 펀드 대부분은 MSCI 신흥국 지수를 단순히 성과 평가 척도를 위한 지수로만 삼는다. 신흥국 지수 내 국가들의 비중이나 기업들의 비중 그대로 자금을 편입하지는 않는다. 이들 액티브 펀드가 얼마만큼의 금액을 한국, 중국 등 각 국가와 삼성전자, TSMC 등 각 국가 내 시가총액 상위 기업에 투자하는지 정확히 알 수 있는 방법은 없다. 따라서 3,690억 달러로 추정되는 패시브 자금에만 주목하는 것이 좋다.

MSCI 지수에 대한 기본적인 이야기는 여기까지 하고 리밸런싱 이야기를 해보자. 리밸런싱을 좀 더 쉽게 풀어서 설명하자면, 국가별

표 2.5   MSCI 지수 별 액티브 및 패시브 추종 자금(단위: 십억 달러)

종류	구성	엑티브	패시브	합계
ACWI❶	DM+EM❷	4,458	205	4,663
EAFE❶	DM	1,395	362	1,757
World❶	DM	2,850	643	3,493
EM	EM	1,444	369	1,813
미국	DM	168	464	632
유럽	DM+EM	602	185	787
아시아	DM+EM	398	504	908
기타	DM+EM	447	1,837	2,284
합계		11,762	4,569	16,331

주 ❶ ACWI: 전 세계 지수
　　 EAFE: 유럽, 호주, 극동(홍콩, 일본, 싱가포르)
　　 World: 선진국 시장을 의미
　　❷ DM: 선진국 시장을 의미
　　 EM: 신흥국 시장을 의미

자료: MSCI 및 Goldman Sachs(2022.2)

그림 2.71   MSCI 신흥국 지수 내 한국, 중국 등 주요 신흥국 주식 시장이 차지하는 비중

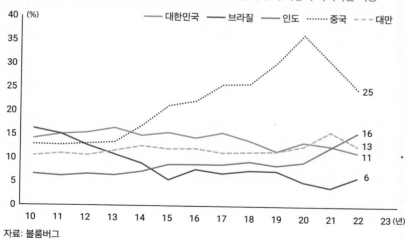

자료: 블룸버그

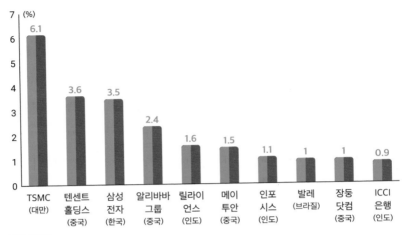

그림 2.72 2022년 11월 말 기준 MSCI 신흥국 지수 내 편입 비중 기업 상위 리스트

자료: MSCI

비중이나 특정 국가 지수 내 종목들을 교체(편입, 편출)하는 것을 의미한다. 이를 정기 변경이라고도 하며, 정기 변경은 매년 2월, 5월, 8월, 11월 네 차례에 걸쳐서 이뤄진다. 이때 발표한 국가별 비중 변화와 국가 내 기업의 편입, 편출은 그달 말 마지막 거래일에 시행돼 다음 달 첫 거래일부터 적용된다. 이제 2019년 외국인의 순매도 이야기로 다시 돌아가 보면 어째서 5월, 8월, 11월 외국인 순매도가 그리 거셌는지 알 수 있게 될 것이다. 2019년 2월 말 MSCI에서는 중국 경제와 주식 시장의 성장을 감안해 현재 MSCI 신흥국 지수 내 중국 A주 편입 비중을 기존 5%에서 20%로 확대하기로 결정했고 다음의 3단계를 거쳐서 진행한다고 발표했다.

- **1단계**: 2019년 5월 말, 중국 A주 대형주 편입 비중을 기존 5%에서 10%로 확대(Chinext 상장 대형주도 10% 편입) + 사우디아라비아, 아르헨티나를 각각 1.4%, 0.3%로 편입
- **2단계** 2019년 8월 말, 중국 A주 대형주 편입 비중을 기존 10%에서 15%로 확대, 사우디아라비아 편입 비중 기존 1.4%에서 2.7%로 확대
- **3단계**: 2019년 11월 말, 중국 A주 대형주 편입 비중을 기존 15%에서 20%로 확대(A주 중형주도 20% 편입)

따라서 중국 A주 20% 편입 완료와 사우디아라비아, 아르헨티나 편입 완료를 가정했을 때 MSCI 신흥국 지수 내 중국 비중은 30.9%에서 31.9%로 확대되는 반면, 한국 비중은 13.5%에서 12.7%로 0.8%p 축소된다는 이야기였다. 이로 인해 MSCI 신흥국 지수를 추종하는, 다시 말해 해당지수를 기계적으로 따라서 투자하는 외국인 패시브 펀드들은 MSCI의 발표 시기에 맞춰 국가별 비중을 조정할 수밖에 없었다. 그 과정에서 편입 비중이 확대된 중국과 새로 편입된 사우디아라비아, 아르헨티나에 대한 외국인들의 매수는 5월, 8월, 11월에 계속된 반면, 편입 비중이 축소되는 한국 증시에서는 외국인들의 매도세가 이어졌던 것이다.

이후 2022년까지 신흥국 지수 내 국가 편입 비중이 변경되는 이벤트는 벌어지지 않았으나, 향후에 얼마든지 일어날 수 있기에 MSCI 리밸런싱 이슈에 대해서 기본적인 사항을 알아 두는 것이 좋다. 그렇

다면 MSCI에서도 자신들의 기준에 따라서 국가별 편입 비중을 결정할 것인데, 그 기준에는 어떤 것들이 있는지 표 2.6을 통해 살펴보자. MSCI는 1) 경제 발전 수준, 2) 사이즈(시가총액) 및 유동성, 3) 시장 접근성이라는 3개의 큰 기준을 토대로 비중을 결정한다. 자본시장 연구원에 의하면 한국은 경제 발전과 주식 시장 규모, 유동성 측면에서 선진국 지수에 포함시킬 만한 요건을 충족하고 있지만, 외국인 주주에 대한 개방성, 자본유출입의 용이성, 투자상품의 이용가능성 등 시장 접

표 2.6 MSCI의 각 국가 편입 비중 결정 시 활용하는 기준

기준	프론티어	신흥국	선진국
A. 경제 발전 수준			
A1. 경제 발전의 지속가능성	요구사항 없음	요구사항 없음	1인당 GNI가 World Bank 고소득 기준치의 25%를 3년 연속 상회
B. 사이즈 및 유동성			
B1. 아래 표준 지수 기준을 충족하는 기업 수	2	3	5
기업 규모(전체 시가총액)	USD 1,171mm	USD 2,343mm	USD 4,685mm
유가증권 규모(유동 시가총액)	USD 88mm	USD 1,171mm	USD 2,343mm
유동성	2.5% ATVR	15% ATVR	20% ATVR
C. 시장 접근성	최소한의 수준	상당함	매우 높음
C1. 외국인 주주에 대한 개방성	최소한의 수준	상당함	매우 높음
C2. 자본 유입/유출의 용이성	보통	양호	매우 높음
C3. 운영 체계의 효율성	높음	높음	제한 없음
C4. 투자상품의 이용가능성	보통	보통	매우 높음
C5. 제도의 안정성	최소한의 수준	상당함	매우 높음

자료: MSCI

근성 측면에서는 선진국 지수 요건에 미흡한 상황이다. 3개의 평가 기준과 그 안에 있는 여러 가지 세부 평가 기준을 일일이 파악한 후 어느 국가가 이번 정기 변경에 얼마나 많은 비중으로 편입될지 예측하는 일은 사실상 어려운 일이다. 또 해당 기준에는 정량적인 요소뿐만 아니라 MSCI 평가 위원회 사람들의 정성적인 요소도 포함되어 있어 일반인들이 MSCI 지수 변경을 예측하기는 어렵다.

따라서 MSCI 지수 내 국가별 비중 변경에 대해서는 이 정도까지만 알아도 충분하고, MSCI의 2월, 5월, 8월, 11월 정기 변경 발표 결과를 사후적으로 확인만 해도 괜찮다. 국가별 비중이 어떻게 변경될지 고민하는 것보다는 국가 내 기업들의 비중이나 신규로 편입 혹은 편출되는 기업들을 파악해 실제 투자에 적용하는 것이 더 유용하다. 지수의 움직임보다 개별 종목 주가의 움직임이 더 큰 법이기 때문이다. MSCI 국가 지수 내 특정 기업의 편입 비중을 결정할 때는 통상적으로 유동 시가총액*을 기준으로 이뤄진다. 이제 MSCI 신흥국 지수 내 MSCI 한국 지수에 A라는 종목이 11월 이후로 편출되고, B라는 종목이 새롭게 편입됐다고 가정해보자. 그럼 MSCI 신흥국 지수를 추종하는 외국인 패시브 펀드 자금은 기존에 들고 있었던 A 종목을 정리하고 B 종목을 새롭게 담으려고 할 것이다. 이에 더해 외국인 액티브 펀드 자금뿐만 아니라 한국 내 액티브 펀드 자금들도 같이 따라서 움직일 수 있다. 새롭게 편입된 B 종목이 기계적, 자동적으로 추종해 유

---

* 최대주주, 대주주, 자사주 등 묶여 있는 성격의 주식을 제외한 나머지 주식을 유동 주식이라고 하며, 이러한 유동 주식 수를 기준으로 주가를 곱해준 것이 유동 시가총액이라고 한다

입되는 외국인 패시브 펀드 자금으로 인해 주가가 수급상 단기적으로 상승할 것이라는 데 베팅할 만한 유인이 생기기 때문이다. 일반 개인 투자자들도 이런 액티브 펀드들의 매매를 따라 할 수 있으며, 역발상 투자를 좋아하는 투자자들이라면 편출 대상에 포함됐다는 이유로 펀더멘털, 실적 변화와 무관하게 주가가 수급상 급락하는 기업을 되레 매수하는 기회로 활용해봐도 좋다. 기업 편입 및 편출 결과는 그림 2.73에서 보듯 MSCI 홈페이지에서 PDF 파일을 다운로드해 확인할 수 있다.

끝으로 외국인 수급에 대해 관심이 있다면 금융감독원에서 매달 두 번째 주에 보도자료로 발표하는 '월간 외국인 증권투자 동향'도 챙겨보는 것을 추천한다. 종목 투자를 할 때 직접적으로 도움이 되지는 않지만, 미국이나 영국, 프랑스, 일본, 케이맨제도 등 국적별로 자금이 얼마나 들어오고 나갔는지를 알 수 있다는 점에서 유용하다. 표 2.7은 '2022년 11월 외국인 증권투자 동향'에서 가져온 것인데, 국가별로 한국의 상장주식에 대한 매월 순매수 변화와 보유 현황을 확인할 수 있다. 개인적으로 주의 깊게 보고 있는 국가의 자금은 미국이다. 상장주식 보유 현황으로 1위인 미국계 자금은 장기 투자성 자금으로 인식되는 편이다(401k 등 퇴직연금 펀드를 포함해 미국에 장기 투자 문화가 정착된 영향이 큰 것으로 보인다). 따라서 미국계 자금이 순매수 기조를 유지하고 있다면 이들은 한국 증시를 중장기적으로 낙관하고 있다고 해석할 수 있다(2022년 말이 그러한 상황이다). 영국, 싱가포르, 룩셈부르크, 아일랜드 등 미국 다음으로 상장주식 보유 현황이 높은 국가들의 자금 성격은

그림 2.73 MSCI 홈페이지 내 Index review 페이지

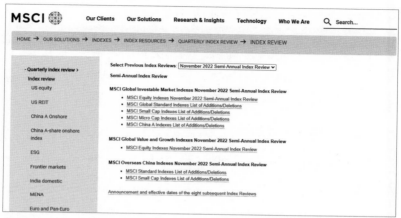

자료: MSCI(https://www.msci.com/index-review)

그림 2.74 2022년 11월 반기 리뷰의 MSCI 한국 지수 내 편입, 편출 종목 리스트

```
MSCI KOREA INDEX
Additions
HYUNDAI MIPO DOCKYARD          Deletions
                              ALTEOGEN
                              AMOREG
                              CJ ENM CO
                              CJ LOGISTICS CORP
                              GREEN CROSS CORP
                              GS ENGINEERING & CONSTR
                              LG H&H PREF
                              MERITZ FINANCIAL HOLDING
                              SEEGENE
                              SK CHEMICALS (NEW)
```

자료: MSCI

어떨까? 장기 투자보다는 시장 상황에 따라 매수와 매도를 반복하는 헤지펀드성 자금이 많은 것으로 알려져 있는 만큼, 이들의 자금 흐름은 단순 참고만 하는 게 좋다.

표 2.7 외국인 국적별 한국 주식 순매수 현황 및 보유 현황

○ 국가별 상장주식 순매수 동향(단위: 십억 원, 결제 기준)

국적	21년	22년	9월	10월	11월
영국	-5,821	-8,204	-2,202	308	2,295
미국	-7,787	5,139	-783	1,142	1,427
프랑스	-1,210	-219	-171	581	393
호주	-1,156	-50	-209	-215	220
몰타	1	26	0	-3	193
말레이시아	-311	70	-31	-76	156
덴마크	200	-434	-41	-48	-111
네덜란드	-2,311	-2,515	-71	8	-115
싱가포르	-826	640	1,782	465	-250
일본	-897	315	109	205	-405
룩셈부르크	314	-5,073	-932	-166	-468
케이맨제도	-990	-1,461	303	338	-488
기타	-4,136	227	-87	1,039	80
합계	-24,931	-11,537	-2,333	3,579	2,928

○ **국가별 상장주식 보유 동향**(단위: 십억 원, %, 결제 기준)

국적	20년 말	21년 말	22.11월 말	증감률	비중
미국	317,435	316,228	261,377	△17.3	41.0
영국	61,007	65,831	55,095	△16.3	8.6
싱가포르	40,916	53,350	43,276	△18.9	6.8
룩셈부르크	52,113	53,686	38,676	△28.0	6.0
아일랜드	33,248	33,709	26,622	△21.0	4.2
캐나다	22,053	22,970	18,601	△19.0	2.9
노르웨이	20,358	20,847	18,550	△11.0	2.9
네덜란드	25,007	22,389	17,105	△23.6	2.7
중국	17,665	17,064	13,970	△18.1	2.2
호주	17,255	17,005	13,838	△18.6	2.2
일본	16,603	16,463	13,632	△17.2	2.1
스위스	14,303	15,376	12,011	△21.9	1.9
케이맨제도	13,264	15,865	11,972	△24.5	1.9
사우디아라비아	12,729	12,533	9,966	△20.5	1.6
홍콩	11,506	14,910	9,906	△33.6	1.5
쿠웨이트	7,880	9,087	7,673	△15.6	1.2
스웨덴	7,357	7,933	5,792	△27.0	0.9
기타	73,628	69,982	58,849	△14.5	9.4
합계	764,329	785,225	637,910	△18.8	100.0

자료: 금융감독원

MSCI 리밸런싱, 외국인 증권투자 동향

주식 시장 중요도	★★★☆☆
중요한 이유	• 벤치마크 지수를 추종하는 외국인 패시브 자금의 흐름 이해 • MSCI 지수 편입 및 편출 기업들에 대한 역발상 투자 기회 제공 • 국적별 외국인들의 한국 증시 투자 목적 파악 가능
관련 지표	MSCI 리밸런싱(정기 변경), 외국인 증권투자 동향
발표일	• MSCI 리밸런싱: 3월, 5월, 8월, 11월 중순(13일 전후) 혹은 수시로 발표 • 외국인 증권투자 동향: 매월 두 번째 주 이후
발표 사이트	• MSCI 리밸런싱: MSCI(https://www.msci.com) • 외국인 증권투자 동향: 금융감독원(www.fss.or.kr)
데이터 다운로드	• MSCI 리밸런싱(https://www.msci.com) • 외국인 증권투자 동향(https://www.fss.or.kr)

※ 지표 발표 시기는 각국의 현지 시간 기준
※ 경제 지표는 관련 부처 홈페이지에서 확인 가능하지만, 편의성 측면에서는 Investing.com 홈페이지나 Investing 애플리케이션 내 캘린더를 활용하는 것이 좋음

3

투자
아이디어
찾기

INVESTMENT STRATEGY

Investment Strategy

버블에서 얻는
투자 아이디어

거시경제, 톱다운 방식으로 주식 시장을 바라보는 투자 전략 애널리스트로 지내고 있지만 모임이나 방송에 나가면 "무슨 종목을 사는 게 좋은가요. 좋은 종목 있으면 귀띔 좀 해줘."같은 이야기를 종종 듣고는 한다. 내가 개별 기업과 산업을 분석하는 기업 분석 애널리스트였다면 담당하고 있는 산업에서 유망한 종목을 추천할 수 있다. 물론 한국의 대표 기업인 삼성전자 주식을 추천할 수도 있다. 하지만 삼성전자는 남녀노소 누구나 알고 있는 주식인 만큼, 추천한다고 해도 특별한 인사이트가 없는 사람의 종목 추천처럼 들릴 것이다.

　이 책을 집어 든 독자 중에서도 일부는 "이 책에서 일주일 안에, 아니면 한 달 안에 몇십% 상승할 종목을 추천해 주는 것은 아닐까."라고 생각할 수도 있겠다. 이 책은 특정 기업의 주식을 사면 수익이 난다는 종목 추천의 바텀업 중심 서적이 아니라는 것을 다시 한번 강조한다. 이 책은 2020년 이후 처음으로 주식 시장에 뛰어든 초보 투자자들이 한 단계 레벨업하는 데 조금이나마 도움이 될 수 있는 투자 방법론을 톱다운 중심으로 접근하는 책이다. 종목을 추천하는 것은 어렵지만 바텀업 관점에서 종목을 선정할 때 최소한 투자 아이디어를 제공할 수는 있다. 좋은 결과물은 좋은 아이디어에서 나오는 것처럼 투자 아이디어를 도출할 때 도움이 될 만한 생각을 몇 가지 이야기해보고자 한다.

버블에 대한 일반적인 인식은 그리 좋지 않다. 버블의 정확한 사전적 정의는 내려져 있지 않으나 1년 동안 주가가 100배 상승하는 주식처럼 자산의 가치, 기업의 이익에 비해 주가가 단기간에 폭등하는 현상을 버블이라고 한다. 물론 내가 지금 보유한 주식에 버블이 끼면 그것만큼 반가운 일을 없을 것이다. 하지만 버블이 형성되기 전에 우

 그림 3.1 버블 형성과 붕괴의 4단계 과정

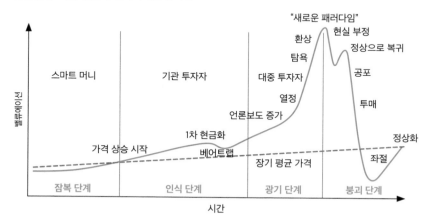

자료: 《마법의 돈 굴리기》, 김성일

주식 투자 생존 전략

연이든 의도적이든 미리 주식을 보유할 확률은 지극히 희박하며, 버블이 형성되기 시작하고 나서야 그 주식을 보유하는 경우가 일반적이다. 역사적으로 자산 시장에서 유명했던 버블은 1637년도 네덜란드의 튤립 버블, 1720년대 영국의 남해회사 버블, 1980년대 일본의 부동산 버블, 2000년도의 닷컴 버블, 2007년도 미국의 부동산 버블 그리고 가장 최근 코로나 팬데믹 당시의 언택트, 암호 화폐 버블 등이 있다. 버블의 끝은 당연히 좋지 않다. 영원히 가격이 상승할 것이라는 자산이 갑작스레 하락세로 전환하면서 가격이 반토막을 넘어 4분의 1토막이 나는 것으로 귀결되는 사례가 많기 때문이다. 그 과정에서 수많은 투자자의 돈이 허공으로 증발되어 버린다.

버블이 수많은 희생자를 만들어내는 좋지 못한 결과물만 양산해내는 것처럼 보이지만, 모든 버블이 그런 것만은 아니다. 부동산이나 특정 식물 혹은 수집품에서 발생하는 버블은 피해자만 양산하거나 경기를 불황에 빠뜨리는 주범이지만, 기술과 관련된 버블은 인류가 혁신을 이뤄내기 위한 대가일 수 있다. 2000년도 닷컴 버블 열풍 당시 한국이나 미국 주식 중 사명을 -닷컴, -소프트와 같이 바꾸면 주가가 천정부지로 급등했다. 실체가 없고 수익을 전혀 내지 못하는 기업의 주가가 단기간에 수십 배 폭등하는 현상 자체는 잘못된 것이 맞다. 그러나 그 당시 IT 기업을 중심으로 형성된 버블은 단순히 주식 시장으로만 돈이 흘러가게 만든 것이 아니라 해당 산업으로도 돈이 흘러가게 만들었다. 해당 산업에 돈이 몰리면 인재도 몰리게 된다. 대학교 졸업 후 취업 경로를 IT 기업이나 벤처 기업으로 정한 대학생들

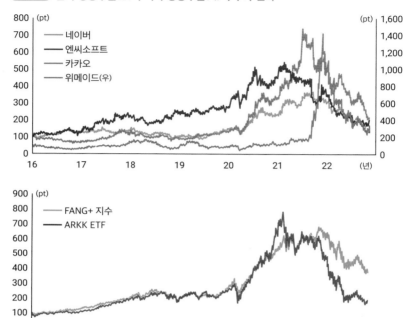

그림 3.2 한국 성장주들(상)과 미국 성장주들(하)의 주가 변화

주: 2016년 1월 1일의 주가를 100으로 삼아 계산한 값
자료: 네이버 증권, 야후 파이낸스

이 그곳으로 몰려들었고, 돈과 인재들이 몰린 산업에서는 기술 발전, 기술 혁신이 일어나기 마련이다.

오늘날 아마존, 애플, 마이크로소프트, 구글 등 미국의 빅테크 기업과 네이버, 카카오와 같은 국내 플랫폼 기업도 2000년도 닷컴 버블 이후 돈, 인재, 기술 발전이라는 삼박자에 힘입어 성장한 기업으로 보면 된다. 그림 3.2에서 보다시피, 2020년 코로나 팬데믹이 만들어낸 언택트 수요는 한국의 네이버나 카카오 등의 플랫폼주, 엔씨소프트나 위

주식 투자 생존 전략

메이드 등의 게임주 혹은 혁신 기업들만 편입하는 미국의 ARKK ETF 의 주가를 1~2년 사이 3배 이상 뛰게 만들었다. 물론 지금은 연방준비 제도의 긴축과 인플레이션 문제 등으로 인해 주식 시장에서 유동성이 빠져나가다 보니, 이들 주식도 같이 조정을 받으면서 버블이 소멸되고 있기는 하다. 하지만 코로나 팬데믹이 만들어 낸 산업 혹은 테마에 형성된 버블은 부동산이나 수집품에 형성된 성격의 버블이 아니라 신기술과 차세대 문화가 중심에 있는 산업군에 돈과 인재가 몰렸던 버블의 성격이 짙다. 과거에는 소수의 분야나 니치 마켓에서만 활용됐던 기술이 유동성과 스토리의 조합에 힘입어 세상 바깥으로 나와 한사회의 패러다임을 바꿀 수도 있다. 그걸 가능하게 만드는 것이 버블이다.

버블이 터지면 어떤 투자자들은 순식간에 큰 손실을 입을 수 있다. 하지만 기술과 관련된 버블은 인류가 비약적으로 발전하기 위해 필요한 혁신의 기회를 제공해준다. 2000년도 닷컴 버블 이후 옥석 가리기 과정에서 빅테크 기업이 등장했던 것과 마찬가지다. 2020년대 언택트, 암호 화폐 버블 이후 소멸 과정에 있는 지금도 아직까지 여기에 해당하는 기업들의 옥석 가리기가 진행되고 있다. 주가도 대부분 고점 대비 50% 이상 하락한 만큼 과열 부담, 진입 가격 부담이 덜한 상태다. 과연 살아남아서 제2의 애플, 구글이 될 수 있는 기업은 어디가 될 것인가? 그게 네이버와 같은 플랫폼주가 될 수도, LG에너지솔루션과 같은 이차 전지주가 될 수도, 아니면 엔씨소프트와 같은 게임주가 될 수도 있다. 그런 기업들은 애플과 아마존과 같은 빅테크 기업들이 그랬던 것처럼 향후 수년 동안 장기적으로 투자자들에게 높은 수익을 제공해줄 것이다. 이것이 우리가 기술과 관련된 버블을 무조건적으로 비난해서는 안 되는 이유다. 특정 산업이나 테마에 속한 주식들이 순식간에 주가가 폭등하면서 버블이 형성되는 것을 비판적으로 바라보되, 해당 산업군에 돈과 인재가 몰리고 있는지를 파악해보자. 그러면 그곳에서 새로운 투자 기회를 발굴할 수 있을 것이라 생각한다. 분명 어떤 버블은 혁신의 대가다.

가치주와 성장주, 어디에 투자할까?

주식 투자자 사이에도 취향이라는 게 있다. 가치주 투자와 성장주 투자는 주식 투자자 사이에서 엇갈리는 대표적인 취향일 것이다. 사람마다 정의는 다르겠지만, 내가 생각하는 가치주 투자는 주가가 싸게 거래되는 기업을 사서 올라갈 때까지 기다렸다가 파는 투자 방법이고, 성장주 투자는 시장에서 각광받으며 주가가 올라가는 기업을 사서 더 비싸게 파는 투자 방법이다. 수치를 통해 이야기하자면 가치주는 이익 대비 주가가 거래되는 비율을 의미하는 주가수익비율PER이나 장부가치 대비 주가가 거래되는 비율을 의미하는 주당순자산비율PBR이 낮은 기업들을 의미한다. 성장주는 PER이나 PBR이 높은 기업을 의미한다.

일반적으로 성장주가 가치주에 비해 더 나은 성과를 보이는 기간은 전반적인 시장의 이익 모멘텀 혹은 이익 증가율이 정체되는 국면

그림 3.3 가치주와 성장주

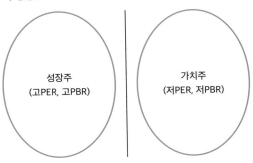

성장주
(고PER, 고PBR)

가치주
(저PER, 저PBR)

자료: 네이버 증권, 야후 파이낸스

이다. 이런 국면은 일반적으로 경기가 둔화되거나 불황에 빠지는 경우라고 할 수 있다. 허나 그런 불황 속에서 "그래도 우린 팔면서 성장한다."라는 이익의 희소성을 가진 기업들이 있으니, 바로 이들의 대부분이 성장주라는 것이다. 같은 맥락에서 가치주가 더 나은 상대 성과를 보이는 시기는 경기가 회복에서 확장세로 들어가는 기간이라고 판단해볼 수 있다. 확장 국면에는 가치주가 강세를 보이고 경기 둔화 혹은 수축 국면에는 성장주가 강세를 보이는 셈이다. 이익의 희소성을 놓고 벌이는 게임이라고도 할 수 있다. 2020~2021년 미국 빅테크 기업이나 국내 언택트 기업과 같이 성장주들의 주가가 좋았던 것도 코로나로 인해 오프라인 활동이 제약되는 시기에도 인터넷, IT 기술을 이용한 비대면 수혜를 집중적으로 받으면서 이익 성장을 낼 수 있는 덕분이었다. 반면 2021년 이후 에너지, 화학, 철강 등 전통적인 경기 민감주로 불리는 가치주들의 주가가 상대적으로 좋았던 것도 코로나로 인해 침체에 빠졌던 경기가 회복하면서 성장주뿐만 아니라

가치주도 이익 성장을 누릴 수 있다는 기대감에서 기인했다. 또 인플레이션이 발생하는 시기였기 때문에 가치주에 해당하는 경기 민감주들이 상대적으로 고객에게 가격을 전가하기 쉬웠고 그 과정에서 이들 기업의 실적이 추가로 좋아진 영향도 있었다.

코로나 이전 약 10년이라는 기간 동안에는 전 세계 경제가 금융위기 이후 장기적인 저성장 국면에 빠지면서, 가치주에 비해 성장주의 주가가 좋았다. 그리고 최근 1~2년 동안에는 성장 회복, 인플레이션이라는 매크로 환경의 조합이 성장주에 비해 가치주의 주가가 높은 상승세를 기록하게 만들었다. 그렇다면 앞으로는 성장주가 좋을까, 가치주가 좋을까? 취향 차이가 있겠지만 솔직히 말하면 어떤 주식이 유망할지 이야기하기 어렵다. 성장주가 득세할 수 있는 환경에서도 중간중간 가치주가 좋은 성과를 보일 수 있으며, 가치주가 득세할 수 있는 환경에서도 성장주에게 유리한 기회가 수시로 주어질 것이다. 결국 다시 취향의 문제로 넘어가서 성장주 투자자들은 중간에 가치주로 갈아타지 않고 계속 성장주에 투자하는 것이 유리할 수 있고, 이것은 가치주 투자자들도 마찬가지일 것이다.

하지만 이 지점에서 이야기하고 싶은 게 있다. 성장주와 가치주, 이렇게 이분법으로 투자하지 말고 균형 잡힌 접근 방식을 취하자는 것이다. 그림 3.4는 그림 3.3에서 보여준 성장주와 가치주 도식을 한 번 더 세분화해 만들어본 것이다. 성장주 영역(2사분면, 3사분면)을 보면, 주가가 비싼(고PER, 고PBR) 성장주로 분류됨에도 불구하고, 실적 성장성에 따라 성장주의 성격이 크게 엇갈린다. 가치주 영역(1사분면, 4사

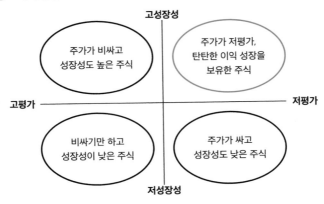

그림 3.4 4개의 유형으로 구분한 성장주와 가치주

고성장성

주가가 비싸고
성장성도 높은 주식

주가가 저평가,
탄탄한 이익 성장을
보유한 주식

고평가 ——————————— 저평가

비싸기만 하고
성장성이 낮은 주식

주가가 싸고
성장성도 낮은 주식

저성장성

분면)을 봐도 그렇다. 주가가 싼(저PER, 저PBR) 가치주 사이에서도 실적 성장성에 따라 성격이 크게 나뉜다.

성장주와 가치주라는 이분법적인 접근을 지양해야 하는 이유도 여기에 있다. 앞에서 경기를 회복하고 인플레이션이 발생하는 구간에서는 가치주 투자가 유리하다고 했었다. 그렇다면 대부분의 사람은 네이버 증권란이나 증권사 보고서에서 추천한 종목 중에 PER과 PBR이 낮은 종목을 가치주라고 생각하고 매수하면서 수익을 낼 기회를 기다릴 것이다. 아마 독자들 중에도 직접 경험한 사람이 있겠지만, 그렇게 매수하고 난 뒤의 수익 기회는 생각보다 잘 발생하지 않는다. 4사분면에 해당하는 기업들, 즉 주가는 싸지만 실적 성장이 나오지 않는 기업을 매수했기 때문이다(나쁜 가치주). 성장주 투자도 별반 다를 것이 없다. 저성장, 저물가 등 성장주에 유리한 환경이 도래할 것으로 예상하고 PER과 PBR이 높은 종목을 매수하더라도 원하는 결과가 나오지 않을 수 있다. 2사분면에 해당하는 기업, 즉 주가도 비싸고 성장성도 나오지 않는 기업을 매수했을 것이기 때문이다(나쁜 성장주).

이제 남은 후보는 1사분면과 2사분면에 있는 유형의 주식인데, 취향의 차이가 존재할 뿐 둘 다 투자를 하기에 좋은 유형이다. 2사분면에 있는 유형의 주식은 시장에 돈이 많을 때, 즉 신규 매수자들이 많을 때 성과가 좋다. 반대로 시장에 돈이 없으면 성적이 나빠지는데, 실적 성장이 나오긴 하지만, 이미 많이 오른 주가에 대한 부담으로 선뜻 사려는 사람이 나오지 않기 때문이다. 그래서 1사분면에 있는 유형의 주식이 가장 이상적일 수 있다. 주가는 2사분면에 있는 주식보다 싸면서도 꾸준한 성장률을 낼 수 있기 때문이다. 어찌 보면 이상적인 것을 넘어 비현실적으로 보일 수도 있다. 대체 주가는 싸고 이익 성장도 탄탄히 나오는 기업이 어디 있겠냐는 반문도 충분히 나올 법하다. 이익 성장이 잘 나오면 주가는 이미 상당 부분 이를 반영해 상승한 상태일 것이다. 시장은 이런 기회를 가만두지 않을 것이기 때문이다. 종목 선택을 통해 수익을 내는 것 자체가 어려운 일이며, 그게 주식 투자자가 감당해야 하는 필연적인 숙명일 수도 있다. 하지만 지금 이야기한 것처럼 투자자들 사이에서 가장 취향이 엇갈리는 성장주와 가치주의 문제를 이분법적으로 접근하는 것부터 벗어나 보자. 실적에 기반한 균형 잡힌 접근 방식을 취해보는 것이 투자 레벨 향상에 유용한 도구가 될 수 있다. 주가는 결국 실적의 함수다.

ETF,
최적의 분산 투자 기법

2020년 이후 개인 투자자들이 본격적으로 주식 투자에 나섰던 동학개미운동의 열기는 이제 다소 식었지만, 주식에 관심을 갖는 사람은 이전에 비해 늘어났다. 이들 대부분은 삼성전자, 네이버, 카카오, 현대차 등 이름만 들으면 아는 대기업 주식들, 즉 개별 종목을 매매하는 경향이 있다. 대기업 주식은 톱다운(매크로)에도 영향을 받고, 바텀업에도 영향을 받는 만큼 투자자가 일일이 체크하고 공부해야 하는 것들이 많다. 물론 톱다운과 바텀업을 둘 다 고려해 소수의 개별 주식을 보유하는 것이 투자 수익률을 극대화할 수 있기는 하다. 하지만 "위험이 있는 곳에 수익이 있다."라는 증시 격언처럼 수익률을 높이기 위해서는 손실을 입을 각오도 단단히 해야 한다. 더 중요한 것은 사람마다 손실을 감내할 수 있는 인내심, 용기가 천차만별이라는 점이다. 누군가에게는 감당할 수 있는 최대 손실률이 -30%일 수도 있고, 다른 누군가에게는 -10%일 수도 혹은 -5%일 수도 있다.

이처럼 높은 수익률을 향유할 수 있는 소수의 개별 종목 집중 투자는 매력적인 방식이지만, 이 책에서 여러 번 강조했던 것처럼 주식 시장은 단기간에 높은 수익률을 내는 것보다 오래 생존하는 것이 중요하다. 그렇다면 생존 확률을 높일 수 있는 방법은 무엇일까? 소수 종목이 아니라 다수 종목을 두루 보유하는 분산 투자가 하나의 방법일 수 있다. 달리 말해 공격적인 성향보다 보수적인 성향으로 주식 시장에 접근하는 것인데, 이에 해당하는 최적의 분산 투자 방법이 바로 ETF(상장지수펀드) 투자다. ETF를 간략히 설명하면 나스닥, 코스피, 선진국, 신흥국 등 특정 국가 혹은 특정 대륙 주식 시장 자체를 통째로 사는 펀드로 주식 시장에서 개별 주식을 매매하는 것처럼 거래할 수 있는 상품이다. 펀드의 성격인 만큼 소수 몇 개의 종목이 아니라 수십 개에서 수백 개의 종목이 담겨 있어 ETF에 투자하면 자연스럽게 분산 투자 효과를 누릴 수 있다.

최근 10년 동안 가장 빠르게 성장한 기술이나 산업에는 무엇이 있을까? 아마도 우리가 한 몸처럼 가지고 다니는 스마트폰이 가장 먼저 떠오를 것이다. 아마존, 쿠팡과 같은 전자상거래나 인스타그램, 트위터와 같은 소셜미디어도 스마트폰의 태동과 더불어 급성장하고 있는 분야다. 여기서 흥미로운 사실은 ETF도 결코 뒤쳐지지 않는다는 것이다. 글로벌 대형 자산운용사 블랙록에서는 2009년 이후 10년 동안 가장 빠르게 성장한 산업을 분석한 결과, 1위가 스마트폰(연평균 24% 성장)이었으며 뒤를 이어 ETF(연평균 18% 성장)가 2위를 차지했다.

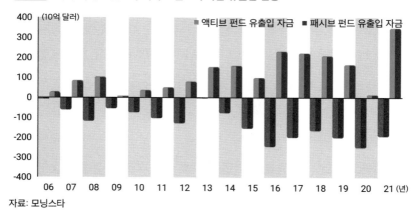

그림 3.5 미국 패시브 펀드와 액티브 펀드의 자금 유출입 현황

자료: 모닝스타

소셜미디어(연평균 13.0% 성장), 전자상거래(연평균 12% 성장), 산업용 로봇(연평균11% 성장)이 오히려 ETF보다 성장세가 뒤쳐졌던 것이다. ETF가 투자자들에게 각광을 받고 있다는 것이 잘 와닿지 않는다면, 시중의 돈이 어디로 흘러가고 있는지 살펴보면 된다. ETF처럼 개별 주식을 보유하는 것이 아닌 특정 국가 주식 시장이나 테마 혹은 산업을 추종하는 투자 방식을 패시브 투자 방식이라 하고, 펀드 매니저가 다양한 연구를 통해 종목을 발굴하고 이에 투자하는 방식을 액티브 투자 방식이라고 한다. 그림 3.5는 2006년 이후 연도별로 미국의 패시브 투자 펀드와 액티브 투자 펀드의 자금 유출입을 보여준다. 액티브 투자 펀드에서는 매년 돈이 빠져나가고 있는 반면, 패시브 펀드에서는 매년 돈이 들어오고 있는 것을 확인할 수 있다.

ETF 같은 패시브 펀드가 인기를 끄는 이유는 무엇일까? 우선 액티브 펀드에 비해 수수료가 저렴하다 보니 수수료에 매겨지는 복리

효과가 상대적으로 적다는 데에 있다. 수익률 측면에서 시간은 투자자들의 친구이지만, 비용 측면에서 시간은 투자자들의 적이다. 전설적인 투자 대가이자 인덱스펀드의 창시자인 보글은 "모든 운용보수, 중개수수료, 판매보수, 광고비용, 운영비용 같은 금융 중개 비용을 공제하면 투자자 집단의 수익은 정확하게 이 비용 합계액만큼 시장 수익보다 떨어지게 되어 있다."라고 이야기했다. 수수료는 일종의 가격표 역할을 한다. 마트나 인터넷에서 물건을 구입할 때 가격 비교를 하는 것처럼 어느 펀드가 가장 좋은지를 판단할 때 수수료를 고려하는 투자자들이 늘어나고 있다는 것이다. 저렴한 수수료가 ETF의 대표적인 경쟁력 중 하나이지만, 개인적으로는 ETF만으로 어떤 시장 상황에도 대응할 수 있다는 점이 핵심 경쟁력이라고 생각한다. 오늘날 ETF는 코스피나 나스닥 지수를 추종하는 지수형 상품 이외에도 반도체나 이차 전지 등을 추종하는 섹터 추종, 로봇이나 메타버스, 게임 등을 추종하는 테마 추종, 채권이나 부동산, 원자재 등을 추종하는 자산군 추종 등 다양한 것들에 사람들이 투자할 수 있도록 발전해오고 있다.

그림 3.6은 ETF에 대한 생각을 도식화한 그림이다. 개별 종목 투

그림 3.6 차원 관점에서 바라본 개별 종목, 분산 투자, 자산 배분, ETF 투자

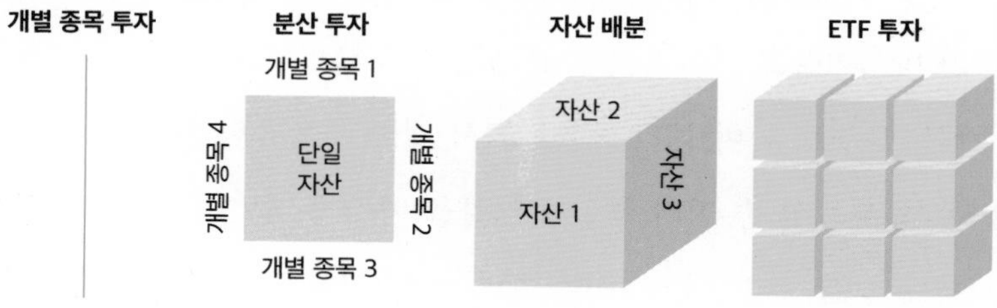

자는 1차원의 선으로 표현할 수 있다. 단일 종목 혹은 소수 종목에 집중하는 만큼 기대 수익률은 높지만 그만큼 외부 리스크에 취약하다. 선을 방패로 비유했을 때 개별 종목 투자는 방패(선)가 1개이기 때문에 상하좌우에서 동시에 들어오는 공격(리스크)을 방어하기 어렵다. 분산 투자는 2차원의 도형으로 표현할 수 있는데, 방패가 4개이므로 상하좌우에서 공격이 동시에 들어와도 방어가 가능하다. 하지만 주식 시장이 아닌 채권 시장이나 원자재, 환율 시장에서 들어오는 공격에는 취약하다. 자산 배분은 이러한 취약성을 보완한 투자다. 2차원의 도형이 여러 개가 붙은 3차원 도형으로 구성되어 있기 때문에 주식 시장에서 손실을 보더라도 채권이나 원자재 등 주식과 상관관계가 낮거나 음의 상관관계를 갖는 다른 자산군으로부터 수익을 얻어 손실을 상쇄할 수 있다. ETF는 여기서 한발 더 나아간 '다차원' 투자 방법이다. 단일 ETF만으로도 다양한 지수, 섹터, 테마, 자산군 등에 분산 투자하는 개념이 내재된 만큼, 블랙 스완 급 이벤트가 발생하지 않는 이상 웬만한 시장 환경에서는 ETF만으로도 대응이 가능하다.

이처럼 ETF는 개인 투자자, 기관 투자자 할 것 없이 누구에게나 유용한 투자 수단이지만, ETF 시장이 성장할수록 부작용도 커질 수 있다는 점에 유의해야 한다. ETF는 기계적으로 주식을 편입하는 패시브 투자 방식이라고 이야기했다. 문제는 특정 섹터, 테마, 혹은 지수를 추종하는 ETF로 돈이 몰리는 과정에서 개별 주식들의 밸류에이션이나 변동성, 유동성 등 여러 측면에 영향을 미치게 되면서 잠재적인 리스크를 유발할 수 있다는 것이다. 예를 들어 이차 전지 산업을 추종하는 가상의 ETF에 LG에너지솔루션, 삼성 SDI, 에코프로비엠, 엘엔에프 등이 포함되어 있다고 가정해보자. 그런데 ETF 특성상 반년 혹은 1년마다 의무적으로 리밸런싱(ETF 내 포함된 종목들 교체)해야 하는데, 이에 따라 어떤 종목은 ETF에서 편출되고, 어떤 종목은 새롭게 편입되기 마련이다. 만약 이차 전지 ETF에서 엘엔에프가 편출되고 천보라는 기업이 새롭게 편입되면 어떤 일이 발생할까? 엘엔에프는 실적이나 개별 사업상 아무런 이슈가 발생하지 않았는데도 단지 이차 전지 ETF에서 편출됐다는 이유만으로 엘엔에프에 투자했던 ETF 자금이 빠져나가게 된다. 반대로 천보는 개별 이슈가 없음에도 불구하고 이차 전지 ETF에 새로 편입됐다는 이유만으로 ETF 자금이 기계적으로 유입된다. 특정 ETF 내 종목 편입과 편출이 이뤄지는 과정에서 어떤 종목은 펀더멘털과 무관한 자금 유출입 및 주가 급등락을 겪게 된다는 것이다. 또 어떤 대형 투자자가 특정 산업을 추종하는 ETF를 대거 보유하고 있다가 갑자기 ETF를 전부 처분한다고 가정해보자. 그러면 해당 산업 ETF에 포함돼 있는 종목들은 산업에 문제가 생기거나 각자의 사업 환경에 별다른 악재가 발생하지 않았는데도, 대형 투자자의 ETF 처분 물량만으로도 인위적인 주가 급락이나 변동성이 확대될 수 있다. 이는 역발상 투자자들에게 또 다른 기회가 될 수 있다. ETF가 만들어내는 펀더멘털과 무관한 주가 급락은 오래가지 않는다. 주가는 궁극적으로 실적과 같은 펀더멘털에 수렴한다고 했다. 이런 관점에서 ETF에 투자하지 않고 톱다운 투자나 바텀업 투자를 중시하는 독자들도 표 3.1에 나와 있는 ETF 특성은 알아 둘 필요가 있다.

표 3.1　ETF의 특징과 잠재 리스크

유형	특징	잠재적 리스크
밸류에이션	인덱스에 편입됨에 따라 추가적인 패시브 자금 유입	펀더멘털과 무관한 인위적인 주가 상승 및 하락, 밸류에이션 확대 및 축소
변동성	시장 급락 시 ETF 물량 추가 출회로 주가 변동성 심화	플래시 크래시(Flash Crach) 사태처럼 알고리즘 매매 등에 의한 지수 하락 → ETF 손절성 물량 출회 → 지수 추가 하락 → 개별 종목의 물량 출회
유동성	액티브 이외에 패시브 수급 추가 유입에 따른 시장 유동성 증가	ETF 물량 청산 시 전반적인 시장 유동성 고갈 가능성
동조화	인덱스 편입 기업들 간 주가 움직임 동조화	업종 간 상관관계 증가, 분산 투자 효과 감소, 전체 시장 급등 및 급락 시 업황과 무관한 주가 급등락 출현

자료: 보스턴 연방준비은행

그림 3.7　주식 시장에서의 액티브 펀드와 패시브 펀드 관계 모식도

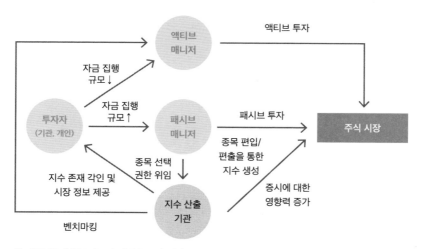

주: ETF 등 패시브 펀드의 성장은 주식 시장에서 액티브 펀드 매니저보다 패시브 펀드 매니저, 거래소, MSCI 등 지수(인덱스) 산출 기관의 영향력을 크게 만들고 있다

NBA 3점 슛 열풍과
투자 전략의 유연성

잠시 스포츠 이야기를 해보겠다. 농구에서 득점하는 방법은 골대 바로 밑에서 던지는 골밑 슛(2점), 골대 밑과 3점 라인 중간에서 던지는 중거리 슛(2점), 3점 라인 바깥에서 던지는 3점 슛(3점) 3가지로 구분할 수 있다. 그런데 최근 수년 동안 미국 프로 농구인 NBA에서 3점 슛 열풍이 불고 있다. 키 작은 가드들의 전유물이라고 여겨졌던 3점 슛을 이제는 키가 크든 작든, 포지션이 가드든 포워드든 센터든 상관없이 너도나도 던지고 있다. 골대에 가까울수록 성공률이 높다는 것은 일반적인 상식인데, 오늘날 NBA에서는 2점 슛보다 3점 슛을 더 많이 던지고 있다. 그림 3.8을 보면 더 와닿을 것이다. 이 그림은 2001-02 시즌과 2019-20시즌에 NBA 선수들이 가장 많이 슛을 시도한 200개 지역을 분포도로 나타내 비교한 것이다. 2000년대 초반만 해도 선수들은 골밑 슛, 중거리 슛, 3점 슛을 골고루 던졌지만, 최근 들어서는 골

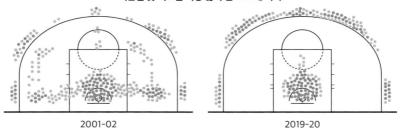

그림 3.8 2000-01시즌, 2019-20시즌 NBA 선수들이
가장 많이 슛을 시도한 지역 200개 분포도

시즌별 슛 시도를 가장 많이 한 200개 지역

2001-02   2019-20

자료: Kick Golds Berry, ShootTracker

밑 슛 아니면 3점 슛 두 가지만 던지는 극단적인 모습을 보여주고 있
다.

이처럼 NBA에서 3점 슛 열풍이 불게 된 배경은 2010년 이후 골든
스테이트 워리어스Golden State Warriors의 스테판 커리Stephen Curry 같은 3점
슛 장인들이 슈퍼스타가 된 영향도 있다. 하지만 기댓값의 관점에서
도 설명이 가능하다. 2018-19시즌에 NBA 선수들의 중거리 슛(2점) 평
균 성공률은 40.5%이며, 3점 슛 평균 성공률은 35.5%다. 기댓값을 계
산해보면, 중거리 슛 기댓값 = 2점 × 40.5% = 0.81점, 3점 슛 기댓값
= 3점 × 35.5% = 1.07점으로 3점 슛의 기댓값이 높은 것을 확인할 수
있다. 득점의 효율성 측면에서 3점을 던질 만한 유인이 충분한 것이
다. 이외에도 3점 슛을 중심으로 플레이하게 되면 코드를 더욱 넓게
활용함에 따라 과거에 비해 다양한 농구 전술을 전개할 수 있다는 장
점도 있다. 이렇다 보니 82게임으로 진행되는 매년 NBA 시즌에서

3점 슛을 잘 던지는 팀이 더 많은 승리를 하게 되는 경향이 있다. 그런데 NBA에서 3점 슛 열풍이 부는 것과 주식 투자가 대체 무슨 관련이 있을까? 3점 슛을 잘 던지는 팀이 시즌 중 더 많은 승리를 거둘 가능성이 높은 것은 맞다. 하지만 시즌이 종료된 이후 순위가 높은 팀끼리 그해 우승팀을 결정하는 플레이오프로 넘어가면 이야기가 달라진다. 플레이오프에서는 3점 슛의 중요도가 떨어지고, 시즌 중 소외받았던 중거리 슛의 중요성이 더 높아진다. 시즌 중에는 이번 게임에 지더라도 다음 게임에 이겨서 승수를 적립하겠다는 마음가짐을 갖는 것이 부담스럽지 않지만, 7전 4선승제로 치러지는 플레이오프에서는 경기 하나하나가 무척 중요해진다. 선수들은 플레이오프에 들어가면 "여기서 지면 끝이다."라는 마음가짐으로 죽을힘을 다해 수비하게 되고, 그로 인해 공격하는 팀의 3점 슛 성공률이 부진해진다. 또한 클러치타임(경기 종료 10여 초를 남기고 승패를 예측할 수 없는 상황)에서도 3점 슛보다는 성공률이 높은 중거리 슛이 승패의 관건인 경우가 많다. 최종 결승전에서 파이널 MVP를 차지하는 선수들을 보면 3점 슛을 잘 던지는 선수보다는 중거리 혹은 올라운드 플레이어가 MVP를 획득할 확률이 높다. 2010년 이후 2022년까지 총 12회 NBA 파이널 MVP를 받은 선수 중 10명의 선수들이 3점 슛보다는 중거리 혹은 올라운드 플레이를 주류로 했다는 사실이 이를 뒷받침해준다(NBA에서 파이널 MVP는 선수들에게 명예 중의 명예로 인식된다). 결국 인기 있는 스타일 혹은 전략이 언제나 유효한 것은 아니다. 그때의 상황과 맥락에 따라 유연하게 대응하는 것이 좋다. 이는 주식 투자도 마찬가지다.

"사람들은 세상에 마법과 같은 투자 대상이 있어서 시장보다 낮은 변동성
으로 시장 수익률을 얻을 수 있지 않을까 하는 생각에 빠지곤 한다. 그러나
그러한 투자 대상이 있다면 모든 자산운용사가 그곳에 투자할 것이다. 자
산운용사도 전부 사라질 것이다. 자기 돈부터 투자하느라 바쁠 테니. 그러
나 적어도 불법이 아닌 그러한 투자 대상은 존재하지 않는다"

《주식시장은 어떻게 반복되는가》, 켄 피셔, 라라 호프만스

    켄 피셔가 이야기한 것처럼 주식 시장은 유행을 좋아한다. 주식
시장에 유행이 생긴다는 것은 그곳으로 수많은 투자자들의 돈이 몰
린다는 것이다. 돈이 몰린다는 것은 특정 주식을 사려는 수요가 증
가한다는 것이며, 이는 결과적으로 그 주식의 가격을 솟아오르게 만
든다. 그렇게 주가가 솟아오르는 주식은 코스피, 나스닥과 같은 벤치
마크 지수뿐만 아니라 유행에 편승하지 못한 다른 대형 우량주들보
다 높은 수익률을 투자자들에게 제공한다. 이것을 테마주라 부르기
도 하며, 테마주에 장기적인 이익 성장성까지 담보된 주식을 장기 주
도주라고 부른다. 유행은 특정 주식이나 산업에만 생기는 것이 아니
다. 투자 전략에도 유행이 있다. 가령 연말에는 기업들이 다음 해 3월
사업 결산 후 주는 배당을 받기 위해 삼성전자나 KT&G 같이 배당금
을 주는 주식에 투자하는 '배당 투자 전략'이 계절적으로 유행한다. 또
2020년 코로나 팬데믹 이후에는 비대면 수요 증가로 인해 네이버, 카
카오, 아마존, 넷플릭스 같은 온라인, 전자상거래, 스트리밍 기업에 투
자하는 '언택트 투자 전략'이 유행했었다. 혹은 주식 시장에 경기 불

황, 전쟁, 전염병 등 공포가 만연하면 대부분의 기업은 펀더멘털과 무관하게 주가 급락세를 면치 못하는데, 그때마다 낙폭이 다른 경쟁 기업들에 비해 과도하게 컸던 기업들을 매수해 단기 주가 상승을 획득하려는 '낙폭과대 투자 전략'이 성행한다.

지금 이야기한 투자 전략은 모두 좋은 전략이다. 특정 전략이 인기를 끌기 시작하면 그 전략에 대한 세간의 인식은 "그 전략이 무적의 전략이야. 이건 완전히 마법의 공식을 지닌 전략인데?"라는 식으로 변해간다. 하지만 언제나 100%의 승률을 보장해주는 전략은 주식시장에 절대로 존재하지 않는다. 특정 시기에 인기를 끄는 전략을 살펴보면 단 한 번의 실패 없이 우상향하는 성과를 가져다주지 않았다. 인기 있는 전략이라는 것의 본질을 생각해보면 된다. 예를 들어 주식시장에서 인기를 끄는 전략이 하나 등장했다고 가정해보자. 그 전략은 우리가 따라서 수행할 수 있을 만큼 쉬운 전략(대표적으로 우량한 언택트 기업으로 구성된 QQQ와 같은 나스닥 100지수 추종 ETF)일 수도 있으며, 유명 자산운용사에서 출시한 공모 펀드일 수도 있겠다. 이제 회사, 대학교, 모임 등 주변 곳곳에서 A라는 전략은 무적의 전략이자 돈을 쉽게 복사해준다는 이야기가 확산되기 시작한다. 그러면 투자자들은 돈을 넣고 있는 다른 공모 펀드에서 환매를 하거나 기존에 직접 수행하고 있던 투자 전략을 정리해 그 돈으로 A 전략에 뛰어들 것이다. 하지만 타이밍상 불행하게도 그 전략을 수행하려는 거래 비용, 시장 충격(특정 대형 펀드에서 주식을 사고팔 때 생기는 매수, 매도 호가 변동성) 등이 발생하게 됨에 따라 수익률은 갈수록 부진해진다. 그런데도 뒤늦게 뛰어드

그림 3.9 주자 투자 전략 사이클 및 각 국면에서의 심리 변화

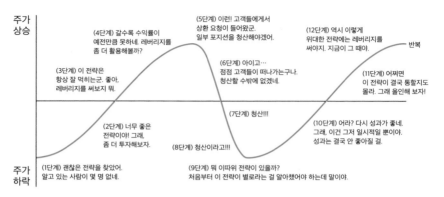

자료: The Aleph

는 투자자들이 계속 생기면서 수익률 부진 현상은 더 커질 것이다. 이런 부진함을 커버하고자 빚을 내서 투자해 1%만 수익을 내도 2%의 수익을 얻을 수 있는 레버리지를 활용하게 된다. 하지만 이내 수익률은 더 안 좋아지고, 결국 고객들의 청산 요구 혹은 투자 전략 철회 현상이 일어난다. 그리고 이런 사이클이 반복된다. 이를 도식화해서 표현한 것이 그림 3.9다.

이처럼 특정 투자 전략의 인기가 오래 지속되지 못하는 이유에 대해 미국 레그 메이슨Legg Mason 투자 회사의 수석 전략가인 로버트 해그스트롬은 자신의 저서 《현명한 투자자의 인문학》에서 다음과 같이 이야기했다.

"뉴턴의 세계에서는 변화가 없다. 당신이 뉴턴의 물리학 실험을 수천 년 동

안 수천 번을 하더라도 항상 동일한 결과를 얻을 것이다. 하지만 다윈의 세계, 다윈의 경제에서는 그럴 수 없다. 얼마 동안은 기업과 산업, 경제가 눈에 띄는 변화를 전혀 보이지 않을 수 있다. 하지만 결국에는 변한다. 점진적으로 또는 급격하게 익숙했던 패러다임이 무너져 내린다.

(중략) 복잡계의 핵심은 피드백 루프다. 시스템 내 행위자들은 우선 어떤 예상을 하거나 모형을 만든 다음, 그 모형이 제시한 예측에 따라 행동한다. 하지만 시간이 지나면 모형이 환경을 얼마나 잘 예측했는지를 보며 모형을 수정한다. 모형이 유용하다면 모형은 유지되지만, 유용하지 않다면 행위자는 모형의 예측성을 높이는 방향으로 모형을 바꾼다. 주식시장 참여자에게 예측의 정확성은 매우 중요한 관심사이다. 주식시장 역시 복잡계의 한 유형이라는 것을 깨닫는다면, 시장을 더욱 폭넓게 이해할 수 있을 것이다.

(중략) 투자 전략은 왜 그렇게 다양할까? 파머는 기본 전략에 따라 행동 패턴이 달라진다는 사실에서 해답을 찾는다. 어떤 행동 패턴이 수익을 내면, 행위자들은 이 명백한 패턴을 이용하려고 몰려들고, 결국 부작용을 일으킨다. 많은 행위자들이 동일한 전략을 사용하기 시작하면 수익성이 떨어진다."

《현명한 투자자의 인문학》, 로버트 해그스트롬

주식 투자의 목적은 수익을 내는 것이기 때문에 현재 시장에서 인기 있는 투자 방법을 따라 하는 것은 좋은 전략이 될 수 있다. 하지만 앞서 말한 '쏠림 효과'로 인해, 그 전략의 유효성이 단기에 그칠 수 있음에 유의하는 것이 좋다. 주식 시장은 서로가 누군지도 모르는 수많은 투자자가 한데 어우러져 움직이는 곳이다. 그렇기에 효율적으로 돌아가는 곳도 아니고, 기업의 주가와 그 기업이 지닌 본질적인 가치가 항상 일치하는 곳도 아니다. 어쩌면 주식 시장에서 가장 중요한 사고방식은 '유연성'일지도 모르겠다. 지금 내가 실행하는 투자 전략, 보유하고 있는 개별 주식 혹은 자산이 항상 잘 나가리라는 법은 없다는 점을 인식하자. 상황에 맞춰서 비중을 조절하거나 혹은 특정한 곳으로 쏠림 현상이 일어난다면 과감하게 시장의 힘과 맞서 싸울 수 있는 유연성이 필요하다.

잔혹 그 자체였던 주식 시장의 냉정한 현실(1장), 그럼에도 우리가 주식 시장과 친해지면서 투자를 해야 하는 이유와 예측을 업데이트하기 위한 다양한 도구 습득(2장), 그렇게 습득한 도구의 효용성을 높여줄 수 있는 아이디어(3장)까지 때로는 어렵고 지루하기도 했던 긴 여정을 끝내고 여기까지 온 여러분에게 진심을 담아 수고와 감사의 말을 전하고 싶다. 반쯤 농담 삼아 이야기하자면 이 책을 끝까지 다 읽은 독자분들은 인내심이 상당할 것이니 주식 시장에서 그 인내심의 반만 발휘하더라도 소기의 성과를 낼 수 있지 않을까 싶다.

2023년에도 높은 불확실성이 이어져 참으로 만만치 않은 한 해가 될 것 같다. 아니, 2023년뿐만 아니라 여러분이 주식 시장에 몸담은 한 수많은 불확실성에 직면할 것이다. 하지만 주식 시장에는 언제나 불확실성이 존재했다. 불확실성은 피해야 하는 대상이 아니라 대응해야 하는 대상이라고 생각한다. 2000년대 초 도널드 럼스펠드Donald Rumsfeld 미 국방부 장관은 불확실성을 '알려진 불확실성Known Unknowns'과 '알려지지 않은 불확실성Unknown Unknowns'으로 구분해서 접근해야 한다고 이야기했다. 가령 2023년에 한해서 알려진 불확실성으로는 경기침체, 기업 실적 부진, 연방준비은행의 긴축 정책, 러시아-우크라이나 전쟁 종결, 신흥국 자본 유출 등이 있을 것이다. 반면 알려지지 않은 불확실성에는 중국의 대만 침공, 크레딧 시장 위기의 주식 시장 전이 혹은 러시아-우크라이나 전쟁처럼 아무도 예상하지 못했던 블랙스완급 이벤트가 해당된다. 후자의 경우는 그야말로 예측 불가능 영역이자 발생 확률이 낮은 영역이고 그 충격조차 예상할 수가 없다. 이처럼 알려진 불확실성, 알려지지 않은 불확실성을 넘나드는 주식 시장이지만, 장기적인 부의 증식을 위해서는 반드시 투자를 해야만 한다. 사전적이든 사후적이든 불확실성에 대응만 할 수 있으면 된다.

책은 여기서 끝났지만, 진정한 주식 투자는 이제부터 시작이다. 전쟁터에서 중요한 것은 생존이다. 수많은 미사일과 포탄, 총성이 오가는 전장에서 일단 살아남아야 승리를 쟁취하거나 다음 전투에 승리하기 위해 대비할 수 있다. 상대방이 누구인지도 잘 파악되지 않고 실제 전쟁터보다 수시로 판세가 뒤바뀌고 예측이 어려우며 불확실성으로 점철된 주식 시장에서는 생존하는 것이 더욱 중요하다. 주식 시장이라는 전쟁터에 맨손으로 뛰어들 때, 소총을 들고 뛰어들 때, 아니면 비행기나 탱크를 타고 뛰어들 때의 생존 확률은 엄연히 다르다. 이

책을 "주식 시장은 장기적으로 상승하니까, 없는 돈이라 생각하고 우량주에 투자해서 묵혀 놓으면 무조건 수익이 날 것이다."라는 마음가짐으로 맨몸 참전한 투자자들이 생존 확률을 높이기 위한 도구로 활용했으면 하는 바람이다.

끝으로 나는 아이언맨, 캡틴 아메리카, 스파이더맨 등 히어로물로 유명한 마블 시리즈 중에서 〈왓 이프…?What if〉라는 애니메이션 드라마를 좋아한다. 드라마 제목 그대로 기존에 우리가 알고 있었던 스토리 라인과 달리 또 다른 스토리 라인을 가정하고 전개되는 내용이다. 2023년은 검은 토끼의 해라고 한다. 토끼와 관련해 가장 먼저 떠오르는 이야기는 전래동화 〈토끼와 거북이〉다. 토끼는 빠르고, 거북이는 느리다. 토끼는 거북이를 무시한 채 경주를 시작했다. 아주 여유롭게 거북이를 제치고 결승선 근처에 도달했지만, 여유가 너무 넘쳤던 것인지 결승선을 통과하지 않고 낮잠을 자다가 끝내 거북이에게 지고 만다. 거북이처럼 꾸준함을 발휘하는 것이 좋다는 것이 동화의 교훈이다. 여기서 한발 더 나아가 What if를 적용해보자. 만약 토끼와 거북이가 이후에 시합을 한 번 더 했으면 그때는 누가 승자가 됐을까? 이번에도 꾸준함을 무기로 한 거북이가 될 수도 있겠다. 하지만 나는 지난번 실패를 반면교사 삼아 자기반성을 하고 절치부심의 마음가짐으로 본인 역시 꾸준함과 성실함으로 시합에 임하는 토끼가 될 것이라고 생각한다. 토끼는 두 번 지지 않을 것이다. 지난 1년여간 약세장은 투자자들에게 첫 번째 경주였다. 2023년은 두 번째 경주를 치르는 토끼의 해가 될 것이다. 이 책의 독자들은 그 경주에서 승리할 수 있기를 바란다.

참고 문헌

- 《돈의 심리학(The Psychology of Money)》, 모건 하우절, 2021

- 《블러프(The Biggest Bluff)》, 마리아 코니코바, 2021

- 《투자의 비밀(Your Money & Your Brain)》, 제이슨 츠바이크, 2021

- 《주식시장 흐름 읽는 법》, 우라가미 구미오, 2021

- 《디플레 전쟁》, 홍춘욱, 2020

- 《주식시장은 어떻게 반복되는가(Markets Never Forget)》, 켄 피셔, 라라 호프만스, 2019

- 《투자와 마켓 사이클의 법칙(Mastering the Market Cycle)》, 하워드 막스, 2018

- 《현명한 투자자의 인문학(Investing: The Last Liberal Art)》, 로버트 해그스트롬, 2017

- 《소음과 투자(Navigate the Noise)》, 리처드 번스타인, 2017

- 《행운에 속지 마라(Fooled by Randomness)》, 나심 니콜라스 탈레브, 2016

- 《투자에 대한 생각(The Most Important Thing)》, 하워드 막스, 2012

- 《환율과 연애하기》, 사카키바라 에이스케, 2007